追尋現代中國

革命與戰爭

The Search for Modern CHINA

史景遷作品集 8

史景遷 Jonathan D. Spence

溫洽溢、孟令偉、陳榮彬 ———— 譯

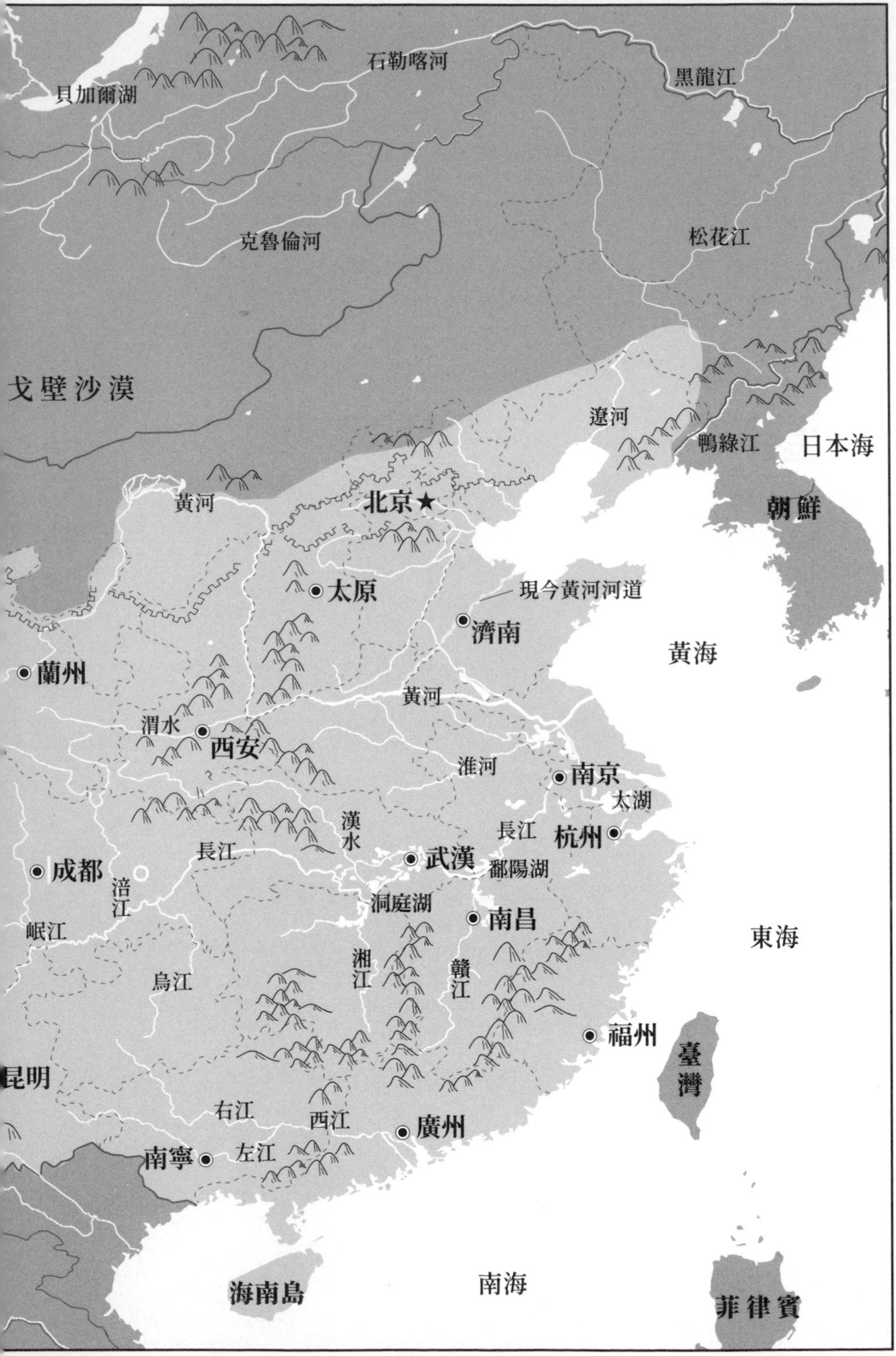
貝加爾湖
石勒喀河
黑龍江
克魯倫河
松花江
戈壁沙漠
遼河
鴨綠江
日本海
黃河
北京★
朝鮮
太原
現今黃河河道
濟南
黃海
蘭州
黃河
渭水
西安
淮河
南京
太湖
漢水
長江
杭州
長江
武漢
鄱陽湖
成都
涪江
洞庭湖
南昌
岷江
東海
湘江
贛江
烏江
福州
臺灣
昆明
右江
西江
廣州
南寧
左江
海南島
南海
菲律賓

中國晚明
現代邊界參考
巴爾喀什湖
阿爾泰山
天山
塔克拉瑪干沙漠
阿爾金山
祁連山
崑崙山
羅布泊
青藏高原
唐古拉山脈
長江
喜馬拉雅山
雅魯藏布江
湄公河
恆河
孟加拉灣
英里
0
300

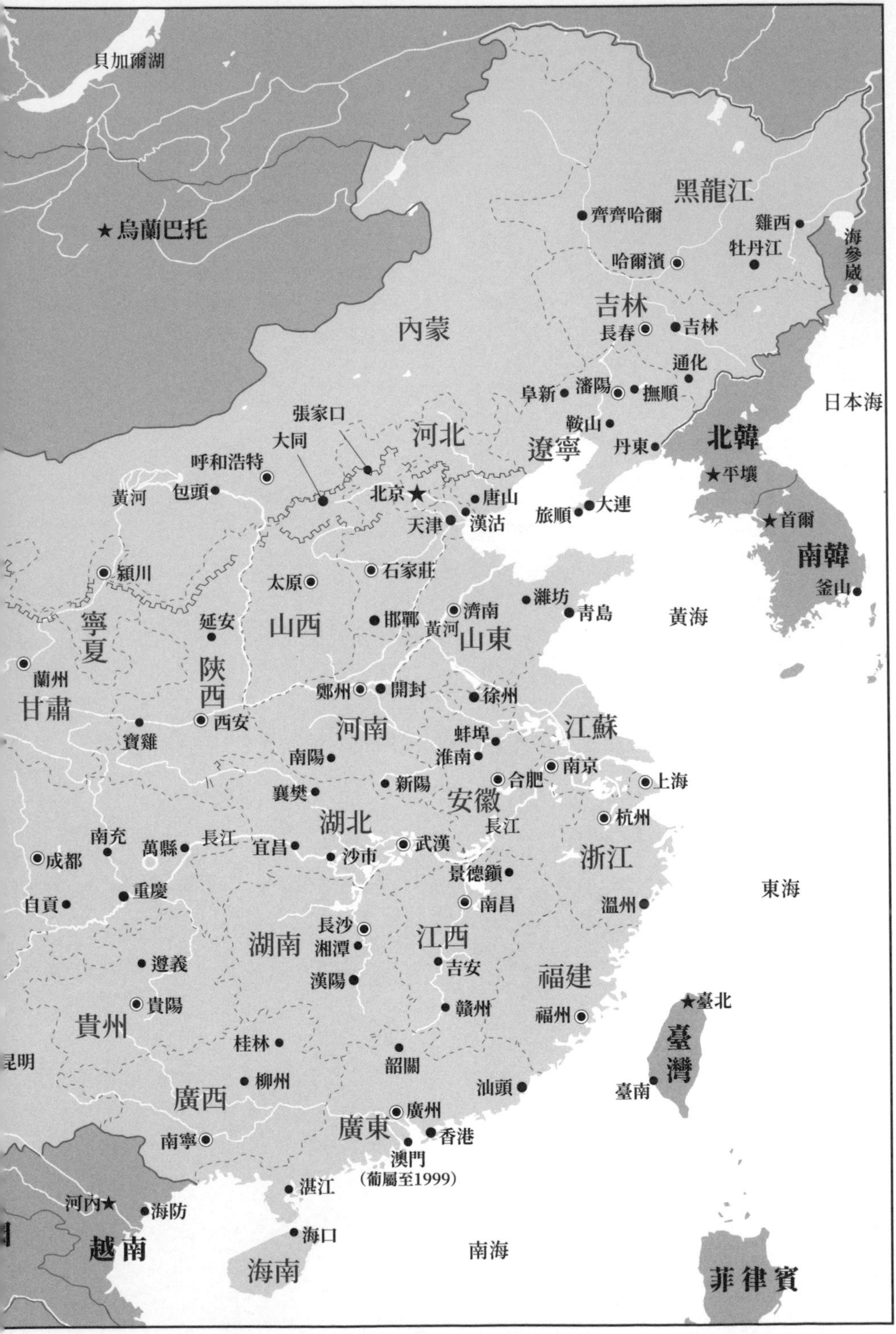

貝加爾湖
★烏蘭巴托
黑龍江
齊齊哈爾
雞西
海參崴
牡丹江
哈爾濱
吉林
長春
吉林
內蒙
通化
阜新
瀋陽
撫順
日本海
張家口
鞍山
河北
遼寧
丹東
北韓
大同
呼和浩特
★平壤
黃河
包頭
北京★
唐山
大連
旅順
★首爾
天津
漢沽
南韓
寧夏
潁川
太原
石家莊
濰坊
釜山
延安
山西
邯鄲
濟南
青島
黃海
黃河
山東
蘭州
陝西
甘肅
西
鄭州
開封
徐州
西安
寶雞
河南
江蘇
蚌埠
南陽
淮南
南京
合肥
上海
襄樊
新陽
安徽
湖北
杭州
長江
南充
萬縣
長江
宜昌
武漢
成都
沙市
浙江
景德鎮
自貢
重慶
南昌
東海
溫州
長沙
湘潭
湖南
江西
遵義
吉安
福建
漢陽
★臺北
貴陽
贛州
福州
貴州
桂林
臺灣
昆明
韶關
柳州
汕頭
臺南
廣西
廣州
廣東
香港
南寧
澳門
（葡屬至1999）
湛江
河內★
海防
海口
越南
南海
海南
菲律賓

當代中國

俄國
哈薩克
巴爾喀什湖
科布多
吉爾吉斯
烏魯木齊
吐魯番
巴里坤
哈密
喀什
新疆
塔吉克斯坦
甘肅
阿富汗
敦煌
葉爾羌
巴基斯坦
青海
長江
西藏
新德里
尼泊爾
拉薩
加德滿都
廷布
不丹
孟加拉
達卡
印度
加爾各答
緬甸
孟加拉灣
英里
0
300
泰國

目次

中冊

革命與戰爭

目次

下冊

從共產主義到市場經濟

第五部　生活在人間

第三版序

才沒多久以前，二十世紀中葉的中國在外界眼中仍舊是個謎。白天靜悄悄，入夜後的黑暗時刻也沒有任何照明設備開著，馬路上幾乎沒有汽車或卡車，僅有的幾部車輛也為了省油、節約花費等原因不開大燈。這個國家的人民好似都以步行或腳踏車作為交通方式，在路上也不發一語。即便在理應車水馬龍的交通要衝上，也難得聽見一聲腳踏車鈴響。這裡的體制似乎會限制人們發聲，國內儘管確實存在大規模的政治集會運動，但多半屬於向國家公示威，或是精心策畫過的愛國歌曲頌唱活動。除此之外，入夜後的街道與不開大燈的汽車一般，陷入靜謐、幽暗的氛圍之中。那寥寥無幾的車輛在腳踏車與行人之間安靜、緩緩地滑行著，它們在黑暗中隱約存在的輪廓令路旁行人提高警覺，因為那車內應該坐著共產黨高官。大家身上的衣服多半是深藍色、卡其色或是黑色，整體看來也是灰暗無光，與身處的時空相符。任何人見如此場景，都會認為當今的中國人已遭噤聲。

到了一九七〇年代，中共政權成功取代國民黨政府在聯合國的中國代表地位。與此同時，毛澤東欽點的接班領導忽地離奇死亡*，接著在一九七二年，當時的美國總統尼克森

（Richard Nixon）在訪華期間祕密拜訪年邁的毛澤東。即便局勢出現如此巨變，異樣的沉默仍然籠罩著這片大地。不過，毛澤東在一九七六年病逝後，微小的聲響與光線逐漸浮現，穿透這層層迷霧。新的中共領導人從文革清算後的倖存者中異軍突起，其中最具影響力的鄧小平，便是毛澤東時代最頑固，同時也最精明幹練的副手。漫長的政治生涯中曾三度下臺，但在毛澤東死後重獲自由的他，便大膽握起權柄，展現自己的領導作風。鄧小平快速地掌握了藉著開放國際貿易、旅遊自由、語言學習與文化交流所產生的機會，公然揭露了他心目中國家應有的未來，以精練的四個字「致富光榮」**一言以蔽之。整個國家正開始迎接大量觀念的改變。人們開始重新思考農耕的本質與獲利的方式、開拓新的市場、以驚人的速度開發不動產投資、大量鋪建鐵路、高速公路、港口與機場，並大量縮減國營產業的數量，轉型成為私營。顯然一直以來中國的情勢並不總是靜默無聲，而如今也已經準備好迎接改變了。在這一波充滿改革動力的浪潮下，鄧小平在一九八〇年代早期特別准許國家進行大規模的實驗，甚至允許中國重新探索自身在文化方面的種種機遇與可能性。但向世界重啟進入中國的大門，即便不提國家未來成長的可能性為何，改革開放也為國家領導階級帶來許多麻煩。當前的「開放局勢」顯然依舊受到共產中國從前固有的規則與政治方針限制：人們不難察覺他們的領導階層在呼籲進行激進革命與團結一心時，會暫時把自己身上已經逐漸習慣的西裝、領帶等西式服裝換成傳統的暗色中山裝——也就是毛澤東的標準服飾。

第三版《追尋現代中國》的敘述時序，多少與前兩版有著相同之處。故事的起點是明朝開始走向頹敗的十七世紀初，最後畫上句點之處，是共產黨為了迎接全球貿易而進行經濟變革的二十一世紀初。儘管本書仍隨著時間推移的順序進行敘述，但我為了回應中國學界與閱聽人迅速變化的關注重點，這次重新編輯、改寫第三版時我希望呈現的核心已有所不同。這些年來，中國陸續面臨了大規模的變化，其中不乏極度痛苦的變革。如今，不論是研究中國的外國學界或一般外國民眾，由於這段時間巨變頻仍，大家關注中國歷史的視角肯定已有所轉移，重視的地方已經不同。面對這樣的時勢，而且為了不讓本書篇幅過於冗長，我必須去蕪存菁，大量刪修原有的文字，藉此為新發掘的史料、論證核心與史學方法留下論述的空間。

第三版《追尋現代中國》的敘事主軸依舊緊緊圍繞著中國的政治領導人以及在文化上活躍的人士。但我也將一些採取不同研究方法的新興學術研究例證納入了去蕪存菁後的空白篇幅之中。我們當今會提及的這些新興研究之中，來自「滿洲」（Manchu）的中國統治者，不論從族群或文化的角度切入，都相當難以精確定義其確切的起源為何，而近年的新興研究所產生的相關詮釋也從不間斷。但為了理解中國國內在帝制年代晚期的弱點以及外族統治的問

＊　譯注：此處應指一九七一年的林彪與九一三事件。

＊＊　譯注：許多西方媒體都曾報導過鄧的這一句「名言」：to get rich is glorious。但他是否真的說過，仍有爭議，因為沒有人能找出中文原文。

題，探究中國的滿洲統治者起源顯然是必要的舉動。進一步將滿洲人視為中國統治者及論述主軸的作法，迫使我們使用更多篇幅將中國視作一個「整體」，觀察中國近現代明確的族群分野如何從此時開始逐漸成為人們習以為常的觀念，是一個相當有趣的過程。而反過來說，上述的那種思考方式，會將以往還沒有映入歷史學家眼簾的領域，重新納入我們過去所建構的歷史敘事之中，這些研究領域包括國際法的理論與實踐、外國人士旅居中國的情況，以及那些在當時迅速發展，包括大英帝國、中國、印度與美國等國在內的新興國際貿易模式。

第三版中，也許是受到我們當下重視經濟取向的顯著影響，關於「金錢」的細節將會比前兩版多上不少。其中我新增的內容之一，在於滿清歷任皇帝確實曾經嘗試著灌輸八旗軍民一種得以累積自身資本的創業精神（entrepreneurial spirit）。雖然這些嘗試並不總是有所成效，但此類政策確實有效影響了國內外的商人。十九世紀初，滿洲人與漢人擁有了一定程度的資本，得以進一步了解他們主動挑起的中英鴉片戰爭背後的意義與動機。第三版中收有另一個迥異的例子：本書內容依舊為讀者保留了了解中國共產黨創建與發展的縝密細節與背景，但與此同時，本書也就當時共產黨以外的知識分子在面對諸如「自由主義」、「民主」等概念時，究竟如何處理、面對這些概念在語意方面的可能性進行初步探究。在這些探究的過程中，我們可以看到如毛澤東這種政治與意識形態的先驅，究竟採取了何種方式針對上述概念進行了有效的詮釋，以便獲取並鞏固自身權力。就今日而言，這樣子的探究依舊相當重要，得以幫助我們描述中國在一九七六年後超乎預期的發展軌跡，在毛澤東死後、鄧小平開始主導政局的背景。

第三版的內容也反映了一些我們在研究中國歷史時所產生的「重大問題」，即便這些問題根本難以解答，我們依舊在書中進行論述。舉例來說，歷史學者一直以來都認為乾隆朝（一七三六年至一七九六年）是中國在近現代期間國勢鼎盛、人民富足的年代。但我們是否可以主張，正是因為乾隆朝晚期皇帝的治理顯然開始出現瑕疵，甚至還有一廂情願的傾向，以至於國勢於一八三〇年代開始衰敗，更在一八四〇年代導致鴉片戰爭爆發？這種主張是否會比過去盛讚乾隆盛世的說法更加準確？或者，用另一種方式來表述這個問題：滿清政權在二十世紀初統治的全面崩潰，是不是肇因於十八世紀末顯而易見的社會動盪？還是傳統的解釋才對，滿清覆沒是因為中國的社會秩序在一八五〇、六〇年代全面崩毀而導致的？書中提及的這個問題以及其他問題，為中國拖沓的「現代性」歷史研究進程揭開了新的視野，即便有些研究者如今也認為「現代性」這個詞彙過於狹隘而排斥這個觀念。

在此，有些人則試圖將「公共空間」的成長視為中國尋求進一步變革的關鍵要素，而第三版的內容之中，則提及其他與社會現象發展相關的主題，並與這個主題建立起了連結。其中包括且不限於國內商幫集會空間的快速成長等等，其他與其相關並涉及較廣層面的主題，包括女性如何在晚近出現的通訊網絡中建立自身地位以及女子學校的參與，而女子學校的建立，又受到基督、天主教會及傳教士的顯著影響。然後，我們也會探索地方社會如何透過「祕密結社」的活動形成極其緊密且迥異的社交網絡。這些祕密會社中，四處遊走並居無定所的幫眾在宗教或戲劇表演場合及儀式中占據一席之地，得以順勢挑起混亂局面，要脅甚至直接動手破壞各個村落社群。同樣顯而易見且充滿挑戰性的問題，在於商業市鎮與行政中心地貌與意義的改變，會隨著交通的快速發展而劇烈改變。人們的生活方式與目標也隨著這些變革有所勃發。

我曾在本書一九八九年初版的〈序〉中寫道：

了解中國並無捷徑，一如並無方便之門去認識其他異質的文化，甚至了解我們自身。但中國的故事總是令人心往神馳，且足堪我們借鑑，據此，這樣的企圖總是值得去嘗試。本書用意在於，欲認識今日的中國就必須了解其過去；然就某種意義而言，我們應將追索的時間軸回溯至何時仍值得深究。

即便距離第一版發行至今，已度過二十三個寒暑。上述的問題依舊是本書的核心問題，也依舊是個難以回答的問題。但在第三版的修訂過程所進行的反思之中，我依舊認為從十七世紀早期開始談中國史在邏輯上具有一定的說服力，而不僅僅是那種古文物研究學者一廂情願的懷古而已。追尋中國歷史的歷程必然漫長，完整的答案依舊未得完整的詮釋。也許在我學生的這一代，這個核心問題的答案終將完整。至少我認為這個願景是有可能成真的。

史景遷寫於耶魯大學，二〇一二年一月

第三版增譯、修譯序

——陳榮彬（臺大翻譯碩士學位學程專任助理教授）

猶記得約莫二十年前我剛剛取得碩士學位，在康寧專校兼任，教授中國現代史課程時，選用的教材便是史學大師史景遷的中國近現代史巨著《追尋現代中國》（*The Search for Modern China*）。身為一位讀者，當時我的感覺是，這三冊書籍的史料豐富，鉅細靡遺，且作者能把中國史的各個方面，包括社會、政治、經濟、文化等串在一起，變成一個敘事的整體，對於任何缺乏相關背景的讀者來講都能有很大幫助；而且另一個特色是譯文流暢、用字遣詞優雅，這在翻譯的歷史書籍中確屬難能可貴。在此要感謝譯者溫洽溢教授為史景遷大師華麗代言，讓臺灣讀者能享受到不一樣的閱讀經驗。

但事實上，史景遷初次被譯介到臺灣，並不肇始於時報出版社找溫洽溢來翻譯《追尋現代中國》。據我粗淺的了解，在臺灣，史景遷的作品最早是由臺北絲路出版社於一九九三年出版，也就是《知識份子與中國革命》（*The Gate of Heavenly Peace: The Chinese and Their Revolution, 1895-1980*），譯者為張連康，而且那時候甚至沒有把作者的名字翻譯成他的漢名史景遷，而是音譯為「史班斯」。後來還有唐山出版社推出《胡若望的疑問》（*The Question of Hu*）、臺灣商務印書館出版《大汗之國》（*The Chan's Great Continent: China in Western Minds*），接著才是時報出版社於二〇〇一年委託溫洽溢譯出《追尋現代中國》，而且他幾乎成為史景遷在臺灣的御用譯者，陸續有《雍正王朝之大義覺迷》、《康熙》、《前朝夢憶》、《改變中國》等譯作，也重譯了*The Gate of Heavenly Peace*，將書名從舊譯的《知識份子與中國革命》改成《天安門》，繼而更有《前朝夢憶：張岱的浮華與蒼涼》、《曹寅與康熙》等書的推出，且全由時報出版社出版。

《追尋現代中國》是史景遷於一九九〇年推出的代表作，後來又於一九九九、二〇一二分別推出二版與三版，而二版就是溫洽溢舊譯所根據的文本。史景遷在三版的序言中言明，三版《追尋現代中國》與先前最大的差異，就是經過他大幅刪修，去除過多的細節，藉此挪出更多篇幅，放入一些新的資料、新的觀點，還有新的歷史發展。從章節結構看來，三版《追尋現代中國》把原有的第二十一章〈深化革命〉拆成兩章，變成第二十一章〈深化革命〉與第二十二章〈文化大革命〉，前者只論述文革前的「百花運動」、「大躍進」等由毛澤東發起的社會革命；其次，則是新加上第二十八章〈突破？〉，始於一九九七年鄧小平去世、香港回歸中國、二〇〇〇年臺灣政黨輪替，終於中共前總理溫家寶任內處理的幾件大事，例如汶川大地震、溫州高鐵追撞事故等等。

細心的讀者如果把二〇〇一年的舊版《追尋現代中國》拿出來與這一套全新增譯、修譯的新版加以比較，會發現兩者之間有數百處不同之處。首先是新增文字多達幾十處，從一到二十七章大多由我翻譯，全新的二十八章之譯者則為孟令偉。從這部分我們就可以看出，作者史景遷在推出三版《追尋現代中國》時雖已高齡七十六，但仍能重新檢視整本書，增補各種新的史料，此等創作活力實屬難能可貴。其次，由於這近二十年來《追尋現代中國》的譯文享有極高討論度與關注度，備受兩岸讀者矚目，因此時報出版社編輯團隊感覺有必要把誤譯或可以譯得更為流暢的部分重新修正改譯，所以特別與臺大翻譯碩士學位學程合作，由黃怡瑋、吳侑達、蔣義、蔡惟方、Jonathan Lee（李小慧）與徐嘉煜等六位同學對照一至二十七章中英文，校訂出值得商榷的譯文，最後由我進行修正改譯。

當然，我的原則是尊重原譯者的創作，唯有在讀起來真的非常難以理解或明顯有錯誤之處才會修改。不過，我的另一原則是尊重原文，凡有漏譯之處全都會補上去，也會力求在語意上貼近原文。例如，第一章第一段作者用了「most sophisticated」一詞，原譯是「人文薈萃」，並不能算錯，但修譯後改為比較接近英文原意且也符合前後的「各方面發展最為成熟」——因為「人文」顯然特指文化、文學等方面，不過「most sophisticated」卻可能包含政經體制、典章制度等各種文明面向，意味著中國在明朝已經發展出人類文明極致的國家與社會。

最後，除了感謝令偉、怡瑋、侑達、蔣義、惟方、小慧與嘉煜等七位同學在過去一年多來的辛苦付出，也衷心向相關人員致敬：時報出版社人文線主編怡慈提供的各項協助與百分百的信任，責編佩錦、璦寧在編輯上花費了無數心血與時光，鉅細靡遺的程度令我印象深刻。能夠讓《追尋現代中國》這一本中國近現代史巨作以全新風貌問世，與新一代的臺灣讀者見面，我想對於推廣歷史教育與促進歷史思考來講是很有意義的；當然，我們也很期待那些跟我一樣，已經把舊版《追尋現代中國》納為藏書的老讀者再度把這一套三版《追尋現代中國》帶回家，肯定會有不太一樣的閱讀經驗。

三版《追尋現代中國》總審訂兼增譯、修譯者

陳榮彬

二〇一九年八月二日

第二版中文版序

《追尋現代中國》是我試圖縱觀中國過去四百年歷史的著作，對於中譯本能在臺灣出版，個人深表欣喜。我是在一九六三年秋天初次造訪臺灣，為了我在耶魯大學撰寫有關曹寅生平的博士論文查閱中文史料。那時，清史檔案還存放在霧峰的山上；而中國的「大躍進」餘波蕩漾，「無產階級文化大革命」山雨欲來，所以我無從接觸中國大陸方面蒐羅的清史檔案。

如今回頭重新瀏覽《追尋現代中國》，我很驚訝自己竟會貿然嘗試如此艱鉅的工作。重讀此書也提醒了我，費正清（John King Fairbank）在六〇年代、徐中約（Immanuel Hsu）在七〇年代能以英文寫出兩部中國歷史的巨著，想必是舉步維艱。我受教於這兩本著作之處甚多，一如這兩位作者曾受益於蕭一山、錢穆和其他幾位先輩中國學者。為了把這些學者之後新出爐的歷史素材設法納入，我不得不割捨中國人經驗中的某些重要面向，尤其是在外交史和智識史的領域；這使我有餘裕收入過去幾十年來對中國經濟、社會和文化史所做的新詮釋。同時，我還試著至少放進一些令人雀躍的新素材，這些材料或從滿人的角度來理解清朝政權的特質與意識形態，以及滿人自己對於一個多元語系之「大中華」亞洲中心帝國的看法。

今日的讀者當然一眼就會注意到，臺灣無疑值得一書，但拙著並未將之含括在內。原因是我寫作時大多是在回應我所了解的北京、南京、重慶決策者心中羈絆的要務，而不是鉅細靡遺地追索臺灣迥然不同的發展軌跡。不過我還是希望，我起碼已賦予臺灣在八〇、九〇年代發展經濟與實施民主制度方面驚人成就應有的意義。臺灣的故事凸顯了中華人民共和國的中國人依然無法體驗到臺灣所做的種種變革，尤其是別具意義的民主制度變革。我深信，西方人無權要求東亞國家（或者其他地區的國家）應該追隨西方的政治模式。話雖如此，臺灣跨越隔閡，在個人與集體自由達致新的境界，在二十一世紀曙光乍現之時，臺灣人民得享自由，這個事實必須被視為是所有中國人故事中的一個重要章節。

我期盼臺灣以及其他地區的讀者，不會覺得由我這位寄居在美的英國人為理解中國近代史所做的嘗試太過於膚淺。這是一部發自內心深處、而非僅是在故紙堆裡寫成的書。種種伏流勢必匯而聚之，以對中國在過去漫漫四百年來所做的巨大奮鬥有個可掌握的敘述，而本書也反映了我對這個過程的著迷。

耶魯大學歷史系講座教授　史景遷

二〇〇一年三月三十一日

第二版序

《追尋現代中國》第一版完稿之時，適值中國政府如火如荼展開鎮壓八九年六月的天安門民主運動。事後觀之，這些事件在我心裡正凸顯了中國人在對抗國家所發出的聲音，而變革的契機似乎是如此渺茫。過了九年，我完成了第二版，此時中國與世界的局勢又大不相同。應為八九年暴力鎮壓負最大責任的鄧小平已於一九九七年初歿故；鄧小平的馬前卒、持強硬路線的總理李鵬，也於一九九八年初卸下總理職位。蘇聯瓦解成十幾個憲政共和國，由幾個東歐國家所形成的蘇聯附庸國亦各自步上不同的發展途徑。八九學運期間最傑出的學生領袖現已出獄，流亡美國，一如為七八年民主經驗代言的魏京生。

中國政府藉著否認了這兩場運動的重要性，而與這兩場運動的幽靈相安共處。更何況，整個國家把全副心力放在國內經濟成長和參與國際金融所萌生的挑戰、回饋和混沌不明。這些重要的變革讓人權人士——不管是在國內、流亡在外或外國人——難以持續經營中共領導階層拒採代議政治並騷擾異議分子等重要議題。隨著香港於一九九七年夏天安然回歸中國，臺灣已經更引人注目：中國的對港政策成為盱衡未來經濟整合模式的法碼。

在這九年間，我們對於中國過去的知識也大為增加。中國境內豐富的考古發現，扭轉了我們對於早期中國社會以及早期統治理論的見解。而在我們這個時代的無數領域中，中外學者的研究成果亦深刻改變了我們昔日的所思所知。

我為了把這些新發現納入第二版，不得不修正許多舊看法，引進新的觀點。有關清朝部分，舉其大者有：十八世紀清朝皇帝把自己變成亞洲中心統治者的途徑；自十八世紀末以降，祕密會社在不同階段挑戰國家時所扮演的主導角色；清代女性讀寫能力與受教育的特質，這些特質可用來形塑女性在當時奴從政治的圖像；中國民族主義自晚清發展以來的各種類型，以及新形態的印刷媒介對於宣揚中國民族主義的影響。

對於中華民國這個階段（一九一二至一九四九年），也必須重新思考論題的剪裁：中國共產主義的先驅者，尤其是他們與無政府主義（anarchism）、唯意志論（voluntarism）思想的關聯性；與毛澤東意見相左的共產主義積極分子，他們的人生進程與求生存的策略；中國城市商業、社會生活的特質，以及在詮釋、彰顯現代性時，城市所展現的轉變模式；毛澤東透過操縱歷史評價和高壓手段，以塑造其英雄形象；一九三七年對日抗戰爆發前後，共產黨員與國民黨民族主義分子的地下鬥爭。

至於一九四九年以降的中華人民共和國部分，我們可以注意：最近解密檔案所披露有關一九四九年在莫斯科和一九五〇年韓戰爆發時毛澤東與史達林兩人的關係；可以被視為是逐步引向一九五七年大躍進運動之不可抗拒的內在因素；開啟一九六六年文化大革命的（領導者與被領導者的）心理動機；鄧小平領導下經濟彈性政策的漸進發展；共產黨政府所公布的農業政策與農民本身自發性創新之間的關聯性；二十年來思想與文化領域的多元發展。

我盡量把這些新發現融入第二版之中，並增補新的一章，來涵蓋自一九八九年到一九九八年這段時期。為了控制第二版的篇幅，我做了許多割捨，少則略微剪裁，若我覺得可以刪減，多則一頁，甚至一整節。其結果，新版不僅內容更新，分量也較第一版為輕。此外，為使本書更容易閱讀，我在新版中先引入基本的經濟和人口分析，改變論述國民黨和共產黨那幾章的架構，以不同的形式來呈現各種外交政策的議題，並重新安排節次，來呈現自一九五八年大躍進到一九六六年文化大革命的過渡。

若干第一版的讀者和評論家希望能依論題或概念的序列、而不是依循年代的順序來組織本書的內容，也希望本書能更為關注廣泛性的社會趨勢以及各個政治中心以外地區的經驗。他們也企盼拙著能多重視時下流行的各種西方理論，像是後現代主義（postmodernism）、底層研究（subaltern studies），以及新馬克思主義（neo-Marxism）學派繁衍出的各種支系。對於這些建議，我還是不改初衷。畢竟，教歷史的老師和學歷史的學生在探究事情何以發生之前，必須先知道事情是何時發生。中國社會內部醞釀的各種力量當然會影響領導人或接班人的觀念和生活，外國強權加諸中國的力量或觀念也會有所影響。不過我還是認為，以這種歷史導論的方式，立足中心往外看待這種種衝擊，是最為恰當的。若是強依理論準則來篩選、組合歷史材料，雖然有些讀者會蒙其利，但卻會讓別的讀者迷惑、窒礙不前；從當前西方文化世界的性質來看，今天流行的理論不久也可能棄之如敝屣。

所以，在新版本的架構，中心像是一面透鏡，讀者可以用來觀照中國人經驗的大千世界。讀者若想對個別章節有更清楚的了解，可參考（英文版）附錄的進階書目。中國欲在驚濤駭浪中探索她在這個世界的定位，一九八九年是如此，一九九八年也仍是如此。我期盼，新版的《追尋現代中國》將能引領新的讀者以同理心，以及對中國人覺得迫在眉睫的議題有所認識，來跟隨中國人的探索。

第一版序

幾個世紀以來，沒有一個國家可以自外於動盪與悲劇。彷彿人心深處總是躁動不安，也有施暴的能力，是故沒有任何社會能達致完美的靜謐。然而，在每一個國度，人又往往表現出對美的愛好、對知識探究的熾熱之情、儒雅、豐美的感性、對正義的渴望，凡此皆照見幽暗，讓世界充滿光華。人須常宵旰勉行，以認識這個世界，以期免受此世摧殘，更有效率地去構築這個世界，使子孫得免於飢餓、恐懼所苦。

中國歷史的豐饒與陌生與其他國家無異，而中國在與其他國家競逐稀有資源、進行貿易往來、擴展知識之時，其命運也與其他國家休戚相關。長久以來，西方人莫不對中國感到茫然，縱然物換星移，時值今日，中、西之間仍因語言、習慣與態度的隔閡而產生嫌隙齟齬。現今，中國人口逾十億，所承受的內在壓力我們僅能揣度；中國政治的劇烈擺盪，中國文化氛圍的跌宕起伏，中國經濟的蹣跚踉蹌，在笑臉迎人的背後總是潛伏暗藏對外來影響力的敵意，以上諸多因素往往讓我們如墜五里雲霧，而不察中國的真實本質。

了解中國並無捷徑，一如並無方便之門去認識其他異質的文化，甚至了解我們自身。但中國的故事總是令人心往神馳，且足堪我們借鑑，據此，這樣的企圖總是值得去嘗試。本書用意在於，欲認識今日的中國就必須了解其過去；然就某種意義而言，我們應將追索的時間軸回溯至何時仍值得深究。中國歷史源遠流長；也沒有一個社會能像中國般縱貫歷史近四千年而活力依舊綿延不絕，並且不憚其煩地記錄下所作所為的每個細節。因此，我們可以從任一切入點鑽進這個歷史紀錄之中，找到種種事件、典範人物和文化氛圍，並以縈繞腦海、揮之不去的方式與現今呼應。

我的敘事起自一六〇〇年，因為我認為唯有從這個時間點啟始，才能認清中國當前問題的緣由，以及中國人可以訴諸哪些知識、經濟與情感上的資源來解決問題。藉由把這一故事命名為《追尋現代中國》，我個人衷心盼望能夠彰顯以下幾點旨趣。

一、在這將近四百年間，無論是統治者或他們的批評者莫不殫精竭慮，以各種策略來強化邊疆防務、讓官僚體制運作更為順利、並將己身資源的效用發揮到極致，藉此避免外國勢力介入，對內則是力求知識工具的銳利精準，如此才能衡量政治行動是否符合效能與道德上的要求。

二、儘管中國不一定有必要遵循西方列強或日本的「發展軌跡」，但在這近四百年間總是能夠在某些重要的方面做出調適與改變，同時仍勉力保有某些亙古不變的價值。在此，我所剖析的泰半歷史，無不充塞為了追求進步而展開的瓦解與鞏固、革命與演化、征服與運動的交疊循環。

三、本書敘述的是尋尋覓覓的過程，而非尋索的結果。我能理解，一個「現代的」（modern）國家既是融會一體，又能兼容並蓄，既有明確的自我認同，也能以平等的地位競逐新市場、新技術、新觀念。倘若我們能以這種開放的胸襟來使用「現代」這個概念，我們應不難察覺這個概念的含義是隨著人類生活的開展而時時刻刻處在遞嬗之中，因此不能就此把「現代」的底蘊歸隸於我們所處的當代世界，而將過去託付給「傳統」（traditional），把未來寄望於「後現代」（postmodern）。若從上述標準看來，我個人傾向於認為，到了西元一六〇〇前後已有「現代國家」出現，且在後來的幾世紀之間陸續又有更多這種國家誕生。然而在這段時間裡，中國都算不上是現代國家，在二十世紀末亦然。

四、我把「追尋」現代中國看成正在進展的行動，我希望以此為焦點可以釐清中國當前的狀況，可以從歷史得到啟示。中共政府當然可以宣稱自己是個具有正當性的革命政權。但中共政府的官僚機制依舊是一個龐然大物，其領導人仍以超絕真理之名堅持其權力，約制人民在各個生活領域中的遠大抱負。這亦與十七世紀晚明、清初的國家面貌並無二致。在與外界的關係方面，中國同樣有權宣稱她在開創自己的路。然而試圖援引外國先進技術解決自身的迫切問題，但又希圖避免人民受到腐化流風的濡染，這仍是十九世紀一再俯瞰眺望的探險之域。在單一政治體之內統治十億公民無疑是史無前例。然在十八世紀時期，中國的人口壓力即已告尖銳化；人口成長對土地、經濟、治理民間社會所形成的壓力自那時就可看得很清楚。

除了上述的政治之外，我們也可以從社會與文化領域來觀察一六〇〇年以降的中國歷史，例如導致女性社經地位持續低落的風俗習慣、讓年輕世代學會遵從長輩與孝悌等道德觀，以形成某種行為模式的教育方式、家庭作為一種組織單位所散發出的力量，還有地方社群裡若干人士如何擷取，甚至濫用權力。此外，曾經對中國做出深層改變，且至今猶存的，還包括文藝領域的美學志趣與語言創新，以及對於行政結構與程序的追根究柢式監督。

藉著以十六世紀末作為敘述的起點，也可達致另一個目標。我們可以看到，中國尋常百姓在惡劣、甚至瀕臨絕望的環境中，自己掌握命運，投身對抗國家力量的次數有多麼頻繁。我們可以認識到，一六四四年，復於一九一一年，再於一九四九年，對現況絕望，以及緬懷夙昔的情愫和懷抱未來希望的赤忱是如何彼此融會，又是如何粉碎既存的秩序，開啟了一條通往新時代的不確定道路。倚仗有關中國過去奮鬥的歷史知識，我們便能更深切體會中國內部面對彼此扞格的力量，以及中國最終能否在這現代世界中索求一席之地的機會。

推薦序一

許倬雲（中央研究院院士）

史景遷先生是中國研究的高手。在美國的漢學家中，他以文筆優美、敘事清楚著稱。他原籍英國，受過英國教育的經典訓練，因此語文根柢深厚，落筆文采斐然，不是一般美國學者能望其項背。史氏更令人欽佩之處，則是其洞察的史識，是以他能由一個焦點透視一連串的變化。他的早期著作，有一本是以清代一個民婦的生死當著眼處，鋪陳清代的社會與文化。他的《天安門》（*The Gate of Heavenly Peace*）一書，其實是從天安門的學生運動，上溯百年來中國知識分子的志業與活動。

史氏也擅長於由個別歷史人物作為焦點，上下左右，論述其時代的變化及諸於文化與社會因素交織為一時風流人物，他曾經描述康熙、洪秀全、毛澤東的生平，及其出現的背景、因素。在他的筆下，有宏觀的歷史大框架、歷史人物的行為與性格，於是歷史是活生生的人生，而不是乾燥的排比史事。

史景遷先生是西方文化孕育的漢學家。由於他有西方文化的修養及知識，他在觀察中國的歷史時，也會將西方的角度編織於中國的變化中。他有一本名著《大汗之國：西方眼中的中國》（*The China's Great Continent*），即介紹歐洲人對於中國的評價及不同時代人物對中國的愛憎與褒貶。史氏對於利瑪竇及在華耶穌會士的研究更是兼具從中國化與西方文化交流的研究中，找出一層一層的折射與映照，其中有過濾，也有選擇，甚至有誤解，以中國文化研究者的詞彙來說，他的研究正是將文化交流所發生的discourse，一層又一層地揭開——這一工作，不是為了還原，而是彰顯歷史發展的過程。

有了這些專著的研究工作為基礎，史景遷先生才能寫成這一本中國尋索「現代」的歷史。本書分為五個大段落；在每一個段落，史氏都十分注意當代人物的思想背景及思維的方式。例如，為了處理中國近代的幾次革命，他花了不少筆墨討論達爾文生物演化論，以及這一理論與社會進化論之間互為影響的過程。於是掌握了近代中國知識分子在文化方面持「進步」的理念，在政治方面給予社會主義成長的溫床。

不過，史氏並不只以思想與文化為其主題，在近代的幾個分段，他都分別提出社會與經濟發展的重要指標，既作當時情形的說明，也提供時間軸線上可為比較的尺度。例如，從清末洋務運動的業績，南京時代的十年建設，中共建國第一個五年計畫的成果，以至鄧小平改革開放以後的發展。合在一起看，讀者可有清楚的數據，觀知中國經濟發展的曲折途徑及其整體的方向。

正如史氏在他幾本專著中擅長的手法，在本書中，他描寫歷史人物的性格，也往往從細節見到性格，於是這些人物不是平面的面譜，而是有笑有淚的古人。康有為、孫中山、毛澤東……都在他的筆端復活了。中國的歷史學傳統，本來盼望史德、史識、考訂與文筆四項並重。中國史學的祖宗，太史公司馬遷，其文筆之優美，使《史記》不僅是歷史記載，也是文學作品。這一傳統，自從清代考證之學獨擅勝場，文章之美，已不受重視。史景遷先生的著作，堪為我人借鏡。國內史學界同仁，當可見賢思齊，有所激勵。

一本好的歷史著作，當有作者自己的觀點，太史公所謂「成一家之言」，亦是聲明其觀點自有獨特的角度。為此，我們不能要求任何歷史著作都滿足不同讀者的願望。雖然如此，我還是不能不表示自己的一些遺憾！我屬於在抗戰中長大的一代，我們對於那一時代的記憶刻骨銘心，永不能忘。有人詢問「抗戰的意義何在？」我的答覆是「中國人九死一生，幾乎亡國，而不肯投降，只為了打出個『國格』。」民族主義是中國當年歷史的主調。史景遷先生的大作於抗戰一役，著墨不多。抗戰八年，單以人命的損失、軍民傷亡即數千萬人，工業基礎全遭破壞，本書於中國犧牲之慘重沒有給予應有的敘述。這是我個人深以為憾的省墨！

本書的脈絡，把整個中國的發展線索放在大陸，於是臺灣部分的中國，只占了很少的比例。中國與中國社會的走向現代，五十年來的臺灣發展，在中國歷史上仍是重要的一部分。這一遺憾，不能向本書求全責難，我們自己不能逃避補足的責任。

本書（二版）以魏京生出獄及朱鎔基矢志發展經濟為發展一章的結束。史景遷先生提出了一段期許，盼望中國人能從文化遺產與歷史教訓中尋求意義，走向和諧的現代化，並提供中國人的新視野，供人類世界抉擇。他在第五部的敘言中，也向中共提出忠告，要中共自己記得他們曾經許諾終結不平，開拓未來美景；他更盼望他們不要自己成為進步的最大障礙——這兩段結語，毋寧是全書精神所注。這一位畢生研究中國文化與中國歷史的西方學者，畢竟不是僅將中國作為研究課題，他對中國一往情深，有耽憂，也有期許。為此，我向史景遷先生致敬，也致謝！

許倬雲　謹序

二〇〇一年四月四日　清明

推薦序二

陳國棟（中央研究院歷史語言研究所研究員）

時報出版公司要我為史景遷老師的《追尋現代中國》寫一個序，一時把我拉回到當年在耶魯的往事回憶。特別是史景遷老師提起這本書是在「那不勒斯披薩店」與「十字校園圖書館」完成寫作的，而在多年前，我也曾在那些地方流連。

《追尋現代中國》一書的英文版交付印刷是一九八九年年底的事。那時距我把博士論文提交給學校當局、束裝回國才兩、三個月吧！倒算回去的一整年，我自己也在為博士論文的寫作奮鬥；再繼續倒算回去一年（一九八七—一九八八），我在倫敦的印度辦公室圖書檔案館（India Office Library and Records）蒐集論文資料。看來好像也沒什麼機會看到這本書的成長。

事實倒未必如此。因為史景遷老師正是英國人，老家就在倫敦肯辛頓花園（Kensington Garden）附近。我在那裡時，他回家探望母親，與我約在國會俱樂部（Athenaeum）見面時，已曾和我談過寫這本書的事。更直接的是：我不得不在最需要時間寫作的時刻擔任史景遷老師講授的「中國近現代史」（Modern Chinese History）這門課的助教。一九八八至一九八九那年，我們拿這本書的書稿當教材。

史景遷老師在耶魯大學部教「中國近現代史」這門課，大約從一九七〇年左右就開始了。這是一學期的課，兩年才開一次，修課的學生真是如過江之鯽，多得不得了。為了確保學習品質，每次開課都要找很多助教，隨班上課，然後幫學生做課後輔導。因為助教需求量大，我的領域又靠近，因此每次都跑不掉。

在《追尋現代中國》的英文版出版以前，美國各大學差不多都用徐中約的《現代中國的興起》（*The Rise of Modern China*）當課本。我第一回當史景遷老師的助教時（一九八五年秋、冬），也是那樣的。可是隨著時間下移，徐中約的書開始變得有點過時，社會上期待一本新的綜論性的中國近現代史。史景遷老師教這門課已經很多年，他的文筆更是好得沒話說。於是，在完成《胡若望的疑問》（*The Question of Hu*）一書後，史景遷老師就開始了《追尋現代中國》的寫作。

史景遷老師在「那不勒斯披薩店」裡寫作，他用筆寫。他的筆跡雖然不能說極度潦草，卻也只有熟悉的朋友能辨認。但他不用煩惱。在一九九五年耶魯歷史系的大祕書佛羅倫斯（Florence Thomas）女士退休以前，她總是能幫他整理出一份漂漂亮亮的打字稿——史景遷老師自己是不打字的。

史景遷老師的文筆好，在他出道後不久即已受到肯定。但他為什麼文筆好，其實還有「用筆來寫」這個小訣竅。槖著一枝筆，找一個讓思緒可以自由馳騁的空間，振筆直書，文思自然泉湧。

對詩人或散文作家言，要這麼做顯然並不困難，而且說不定還正是他們普遍採用的方式呢！可是這對歷史學家來說很難；對學院派的歷史學家而言，更幾乎是種夢想。

先別說人們越來越倚賴電腦吧。只說歷史學家的職業習性通常叫他們被資料左右著工作的空間。寫作過程中，隨時都有需要去找出出處，必須字字有來歷、言說有依據。他們需要經常查資料。於是他們的書房才是最佳寫作地點。然而在書房裡，寫作的思路卻也就經常被查閱資料的便利所打斷。

史景遷老師幸免於此。然而這不表示他不科學、不尊重史實。他博采周咨、反覆詳讀相關的著作，其實早將素材融會於心中；而片片段段的念頭也早在腦海中蕩漾。於是，在「那不勒斯披薩店」角落的一張黝黑的小桌子上，他把他獨到的見解，按照既定的構思，讓文字在稿紙上沙沙作響。「用筆來寫」，完成一個一氣呵成的草稿。接下來的工作才是查證必要的細節，於是工作現場當然就轉移到「十字校園圖書館」了。經過幾回修改，初稿漸次成形。他的博士班學生自然成了第一批讀者，然後就成了我們的試教教材。

試教是為了了解讀者的反應——史景遷老師是一位十分在乎讀者的作家。因為在乎讀者，因此在動筆時始終把讀者放在心上，特別是那些對中國歷史有些好奇、卻又所知無多的人。為了幫助這些人理解、或者加深他們的印象，他在敘事之餘，往往會來段對比。好比說，在提到中國歷史上由於政治權力高漲，因此宗教勢力相對受到壓抑，而城市也沒有獨立發展的機會，這時候他是拿歐洲來對照著說的。美國或其他英語系的讀者，多少會有點歐洲史的底子，這樣的對照也真能幫助了解。又如，在提到滿清入關與後續征服過程中，滿洲軍隊的運動路線時，他也巧妙地藉由說明這樣的行進途徑與一九四九年共產黨統一中國時的模式如出一轍，從而加深讀者的印象。

於是，親愛的中文本讀者！你們不難明白：史景遷老師的令名部分得自於他使用英文寫作在文字與風格上的成功——英語世界的讀者是他寫作時心目中預期的訴求對象。那麼，你們一定要問：把史景遷的作品譯成中文，還能保存多少文字的精髓與風格的特色？是的，是會有相當大的影響！所以，任何喜歡史景遷的人，最好讀一讀原著。

然而，拋開文字與風格不論，有中譯本可以批覽，仍然是件極幸福的事情。讀者當然因此省掉一些力氣，而且本書的優點本來也不只是寫作上的優美而已。

史景遷老師讀書甚多，而且「很會讀書」——真正能夠抓住作者的重點。這從他經常為《紐約時報》、《泰晤士報》等書評專欄寫作就看得出來。正因為這等能力，他也嫻熟地掌握住西方人研究中國文史的脈動。而在《追尋現代中國》這本綜論的大著裡，他總在最適當的地方採用或批判一九八九年以前已經出現的形形色色的議題與觀點。詳讀此書，一方面可以分享史景遷老師多年的心得，一方面也可以迅速掌握西方「近現代中國研究」的學術史。

溫洽溢先生為這本書的中譯工作花了很大的工夫，譯筆也流利通暢。外國書譯成中文時，把意思正確地說到，本來就很夠了。可是學術書，尤其是有關中國歷史的書，讀者總期待譯者能找出原來的用字。溫先生已經盡了很大的努力，雖然還有不少地方沒有完全達到這個嚴格的要求。幸好這種「還原」文字的問題，並不十分干擾閱讀。

近年來史景遷老師的書在臺灣與大陸地區似乎很受歡迎，中譯本已經出現了很多種。這本《追尋現代中國》可能是涵蓋面最廣、篇幅也最大的一本。作為學生輩的我當然覺得它的出版是件可喜可賀的事，更希望中文世界的讀者也能從閱讀的享受中獲益良多。

二〇〇一年一月二日，寫於荷蘭萊頓大學

第三版謝辭

自從二版《追尋現代中國》於一九九九年問世以來，許多讀者便持續提出仔細的評論，無論是對一、二版做出評價，抑或為三版提供建議，都令我受惠良多。儘管對於種種評論我並非照單全收，但在此要特別感謝英屬哥倫比亞大學的齊慕實（Tim Cheek）、伊利諾大學的克拉克·康寧漢（Clark E. Cunningham）、哈佛大學的沈艾娣（Henrietta Harrison）、鮑登學院的詹姆斯·霍吉（James Hodge, Bowdoin College）、密西根州立大學的艾敏妲·史密斯（Aminda Smith）、鮑登學院的趙凱倫*，還有向宰**、葉厄尼***與其他多位表示不願具名的人士。多年來我的許多學生在教書時以《追尋現代中國》為教材，或是前往中國時把書帶去用，並且與我分享他們的心得，同樣令我有很多收穫。一如往昔，耶魯大學有許多出色的圖書館與豐富資源皆能供我使用，為此我特別致上謝忱。儘管我還是不太會使用網際網路，但內子安平時時給予誠懇指引，似乎有用不完的耐心，而梅欽與亞伍****雖然忙於自己的事業，但總能撥出時間來當我的後盾。諾頓出版社（W. W. Norton）的編輯史帝夫·佛曼（Steve Forman）跟前兩版的表現一樣有條不紊，他總是有使命必達的本領。

史景遷於西哈芬（West Haven）
二〇一二年七月二十四日

* 譯注：Karen Teoh，音譯。

** 譯注：Xiang Zhai，音譯。

*** 譯注：Ernie Yeh，音譯。

**** 譯注：Mei Chin and Yar Woo，音譯。金安平的一對兒女，史景遷的繼女、繼子。

第三部

國家與社會的展望

清政局紊亂的潛在根源之一，在於中央與地方權力關係的失衡。中國的革新派政府官員在百般艱困中致力於建構可行的共和體制，以取代威信盡失的帝國體系，希望締建新的政府組織，將中國改造成現代化的民族國家。若這樣的願景得以實現，在北京召開的議會將由各省代表組成，把中央與地方結合在一起。選民的人數近四千萬，將可確保不同區域和各方利益能得到照顧。地方政府體制也將恢復生機，一方面安撫滿足地方利益，另一方面也會有新歲收上繳中央，使中央得以進行改革，並壓制外國勢力。

然而，就在一九一二年中國第一次全國普選之後不到數月，這樣的夢想破滅了。多數黨領袖遭人刺殺，臨時大總統袁世凱同時限制其所屬組織進行活動。儘管袁世凱胸懷復興中國的遠大抱負，但他欠缺強大的軍事力量以及圓熟的組織技巧，以致無法整合中央。於是政治權力流向城市和鄉村的地方精英，以及數百名即將主宰各地方權力的軍閥手中。中國政治的弱點隨著國際局勢發展而益形凸顯：日本的索求益加嚴苛，而即便在一次世界大戰期間，中國大膽派遣超過十萬名勞工援助西歐協約國，也無法贏得強權對中國領土主權的支持。

於是這個時期的中國，政治上杌隉不安、思想上經歷空前的反省與探索：許多受過教育的中國人深信國家滅亡在即，於是開始鑽研各種政治和制度理論，分析他們所處之社會結構的本質，論辯新的教育和文體形式的價值，探索那似乎正是西方科學核心進步的可能性。這時期通常稱作「五四運動」，雖然明清嬗遞之際、清末有關國家前途的爭論中也能觀察到類似的追尋過程，但是這般密集的智性勃發和懷疑精神，卻是中國兩千年來所僅見。

五四運動的思想家探討種種選擇方案，這些當時全中國最聰明的人才當中，有的在蘇聯派往中國的共產國際代表巧妙的牽引下，轉而醉心馬克思的社會主義學說。到了一九二〇年，中國共產黨的核心已然成形。一九二一年，中國共產黨舉行了第一次全國代表大會。雖然孫逸仙領導的國民黨聲望遠遠更高，追隨者亦眾；但是共產黨強烈表達出中國決心反抗軍閥、打倒地主、抵禦外國帝國主義的抱負，並為人數日眾的工人階級的困境發出不平之鳴。共產黨員聯合國民黨的激進派，攜手統籌了一連串令人印象深刻且富成效的罷工，儘管有時這類行動須以罷工工人的生命為代價。

共產黨與國民黨的結盟，既起因於共同的絕望，也奠基在共同的希望之上。絕望之情來自中國的分崩離析，軍閥割據混戰和外國勢力特權更是火上加油；共同的希望則是要汲取中國人的精神、能力和智識，建立一股讓中國重新統一並長治久安所不可或缺的力量。共產黨和國民黨長程發展目標雖然不同，黨員的氣味也不相投，但至少在聯合軍事力量和社會改革的手段以重新統一國家的企圖上，還能達成共識。在南方廣州，共產黨和國民黨攜手訓練一批新的軍事精英，成立了農民協會，讓農民得以加入已經組織化的工人行列中。一九二六年，成軍不久的軍隊大舉北上，推進至長江流域，這次軍事行動的成功令人刮目相看。然而迅速推倒軍閥只不過暴露了國共雙方強烈的社會政策歧見。對共產黨而言，一九二七年是災難的一年，當時他們試圖以計謀打擊國民黨盟友，並改變新國家的走向，結果卻只能眼看著他們的運動慘遭挫敗。

共產黨被逐出城市，企圖在偏僻的農村自我重整，此時國民黨則試圖鞏固對全中國的統治。一九二八年後，從滿洲到廣東，都已在同一面旗幟之下。蔣介石為了應付左支右絀的財政，集中精力重新改造國家的行政組織，同時獎勵交通運輸、城市公共服務，及教育設施的發展。在這個時期，中國的都市文化出現極大的轉變，汲取了許多西方國家的特色，許多地區都抹上了現代化的胭脂，其中以上海為最。此時有幾個外國強權對中國政治有特別大的影響，除了差派傳教士之外，美國提供資金和技術人員；德國支援軍事專家，並擬定數個涉及德國軍事設備及中國稀有礦產的計畫；然而日本依然故我，成立傀儡政權加強對東北的控制，並將勢力擴張至長城以南，直到中國同意宣布華北的「非軍事化」。心生不滿的知識分子轉而反對國民黨姑息日本的侵略行徑，而共產黨奠基於自創的土地改革和游擊戰略的激進組合，開始建構起龐大且強韌的農村政府組織。於是，建立一個生氣蓬勃的中國的夢想再度破滅。

一九三〇年中期，日本一度成為促進中國民族復興的推手，同時又是中國的國家大敵。中國共產黨受到蔣介石軍隊持續不斷的攻擊，最後退出江西蘇區這個最大最好的基地，展開「長征」，轉進貧瘠的北方。共產黨一到陝西，成功挑起百姓對骨肉相殘、兩敗俱傷的厭倦情緒。蔣介石被叛軍綁架的事件則再度給予共產黨進行「統一戰線」的機會，團結一致，抵抗外侮。儘管無數中國人在國家分合與改革的過程中歷經苦難，但中國人的國家觀念依然存留延續。

第十二章

共和國的肇建

民主試驗

一九一二年二月，滿清末代皇帝退位之際的中國，與一六四四年四月明崇禎皇帝自縊時不無雷同。各地方政府入不敷出，以致國庫空虛，國家財政幾近癱瘓。知識分子與官僚對於形同虛設的政權的強烈不滿，已經到無法忽視的地步了。駐紮北京的軍隊雖然不少，但忠誠度不足、難以掌控，而軍餉給付若延遲太久，還可能引發兵變或是逃兵。鄉下地區天災肆虐，糧食歉收，哀鴻遍野；而地方政府礙於財政短缺，亦無力賑濟饑荒，災民流離失所。仍效忠昔日統治階級的舊勢力或許是未來政局紊亂的主軸。外患的壓力日現，侵略迫在眉睫；具獨立意識的分離主義政權很有可能出現在中國中部、西部和南方，更進一步弱化中央的統治權威。

當然，這兩個過渡時期亦有迥異之處。其中較重要者有四：首先，相較於明朝滅亡時僅受一個外患威脅，一九一二年至少有七大掠奪成性的強權在中國擁有特殊利益，而且中國已積欠這些國家大筆債務。其次，在一九一二年，通訊、運輸和工業發展的新模式，使國家經濟結構處於劇烈的轉型階段。第三，儒家思想能否作為中國人核心的哲學體系，適切地解決中國人所有的問題，已經受到質疑。第四，一九一二年，儘管多數中國人仍傾向支持強大、集權的權威中心，但是整個帝制體系與君主立憲這種折衷之計同遭大部分知識分子的拒斥。

在這段高度緊張的時期，暴力是難以預測且稀鬆平常的，舉國上下也無人能斷言中國將走向何方。正是在這樣的背景之下，兩位領袖即將在二十世紀中葉之前崛起，而兩人之間的鬥爭更將影響中國革命的方向和面貌；毫無意外地，他們亦在此時初嚐暴力衝突的滋味，開始從事政治活動。一八九三年，毛澤東誕生於湖南的農家，學生時代於長沙加人志願軍。毛澤東親眼看見清軍潰散之速，他剪掉髮辮，亦曾目睹兩位革命軍領袖*橫屍街頭，這兩位革命軍領袖不是被清軍所害，而是被支持共和、擁護湖南軍政府的參議院議長譚延闓所殺**，譚延闓主張必須替中國尋求一條不那麼激進的發展道路。毛澤東曾一度加入湖南的「共和軍」，接觸到社會主義思想家、曾在一九一一年十一月成立中國第一個社會黨「中國社會黨」的江亢虎所寫的幾本小冊子。不過，此時毛的政治立場仍十分保守：日後毛告訴一位訪問者***，他當時希望政府能請孫逸仙當總統、康有為任總理、梁啟超為外交部長。待戰事結束後，毛澤東即博覽群書，自修政治學和經濟學，準備直接參與中國未來的社會改造工程。

另一位領袖人物是蔣介石****，一八八七年出生於浙江通商口岸寧波附近的鹽商家庭。當時許多家境富裕的中國有志青年都前往日本接受軍事教育，蔣介石亦是如此，一九〇八至一九一〇年赴日就讀軍事學校。在密友陳其美的引薦下，蔣加入同盟會成為革命黨人。一九一一年十一月，陳其美膺任上海都督，拔擢蔣介石擔任其軍團的一名指揮官。蔣介石英勇地挺身參與杭州的攻堅戰役，並使這座城市歸入革命陣營。根據多項資料的記載，蔣介石策動或親自執行暗殺反對孫逸仙及蔣的導師陳其美的同盟會成員，經歷了個人暴力經驗的初次洗禮。

社會秩序的恢復有賴袁世凱將他在北京的根據地、北洋軍的支援與同盟會和南京的革命力量結合在一起，也仰賴袁世凱以立憲程序，將新軍和各省的議會結合成全國性的政體。然而袁世凱在走向目標的第一步便遭到阻礙。一九一二年一月一日被支持者推舉為臨時大總統的孫逸仙，自知武裝力量無法與袁世凱的軍隊抗衡，於是在一個月之後的二月十三日，也就是滿清皇帝遜位第二天，讓出了臨時大總統頭銜，由袁世凱擔任這個職位。同盟會諸位領袖

* 譯注：焦達峰、陳作新。

** 譯注：應為譚延闓的支持者所殺。

*** 譯注：即《西行漫記》（*Red Star Over China*）的作者斯諾（Edgar Snow）。

**** 原注：「Chiang Kai-shek」此一羅馬拼音係得自地方方言的發音，而終其一生，西方人都是以這個羅馬拼音的名字來稱呼他。所以，本書沿襲西方的習慣用法。

及其支持者要求袁世凱必須於南京就職，以期袁世凱遠離他北方的軍事根據地，此舉也是建立可行的平民政權極具象徵意義的一步。但是袁世凱選擇駐留北京，藉口軍情不穩，需要他坐鎮北京。一九一二年三月間，北京、天津、保定等地相繼發生叛亂與暴動，似乎證實了袁世凱的顧慮。但也有某些人士質疑，這些亂象也許是由袁本人所鼓動的，藉以證明北京不可一日無他。至於孫逸仙，則受袁世凱之邀前往北京，顯示出他振興中華的誠意，並草擬了改造中國鐵路系統的藍圖。

當務之急就是制定具實質意義的憲法，並在此憲政架構下舉行全國性的選舉，以建立新的兩院制議會。早在一九一〇年十月，於北京召集的「資政院」會議是達成此目標的第一步。資政院採取一院制，成員由各省諮議局選舉產生，或由朝廷欽定。不過，資政院開議後，卻聯合各省諮議局敦促朝廷應在慈禧太后原訂的一九一七年之前就召集全國性議會。於是一九一〇年十一月，清廷遂同意縮短預備立憲期限，預計在一九一三年舉辦國會大選。

雖然資政院是清代的產物，但是在中國未來憲政體制的發展上，仍扮演重要的角色。一九一一年十月三十日，正當清廷為政權殊死搏鬥之際，即授權資政院起草憲法。十一月三日，資政院會議有了初步共識。五天後，資政院會議推選袁世凱為中國首任國務總理大臣，賦予袁世凱的統治某種形式的民主合法性。

但在北京這種種事件發展的同時，各省在同盟會的鼓動下也紛紛召開會議——首先在上海，漢口繼之，最後則是南京。一九一二年一月二十八日，南京正式成立臨時「參議院」，每一省推派三名代表。對中國民主的成長而言，他們的角色至關緊要，因為孫逸仙以臨時參議院選舉袁世凱為臨時大總統的條件，換取袁世凱正式電告臨時政府，公開主張「共和國為最良國體」、「永不使君主政體再行於中國」[1]。二月十四日，就在孫逸仙的敦促之下，南京參議院一致通過，選舉袁世凱為中華民國臨時大總統。

袁世凱以目不暇給之速度，登上共和政體的頂峰。一八五九年，袁世凱出生於官宦世家。袁兩度科舉落榜，卻捐了一個小官職，這是不少清末青年人追求仕途的另一種方法。爾後，袁世凱在朝鮮歷任軍事及商務等職務十餘年，於是對以朝鮮為目標的日本擴張主義者所知甚深。一八九四至一八九五年中日甲午戰後，清廷指派袁世凱訓練中國第一支現代化軍隊，這段歷練使袁有機會在軍隊培植子弟兵，奠定日後的權力基礎。幾乎可以確定，袁世凱曾幫助慈禧太后推翻光緒皇帝與百日維新的改革者，但袁世凱亦成功清剿山東拳亂。一九〇一年後，袁世凱任直隸總督，在這段期間，袁將北洋軍訓練成中國最精良的軍隊（在七位中的五位統制官及其餘所有高階軍官皆為袁的親信），同時，袁也表現出強化自己領地的改革熱忱，推行地方自治、教育體系、警察制度等改革。袁世凱清末政治生涯的成就讓人寄予厚望，盼他領導共和國，成功回應中國所面臨的艱困挑戰。

孫逸仙在辭退臨時大總統一職時，曾要求袁世凱被推選為臨時大總統後，必須「誓守參議院所定之憲法，始能授受事權」[2]。為建立合法的共和政府，一九一二年三月十一日，臨時參議院頒布新起草的《中華民國臨時約法》。《臨時約法》保障包括少數民族在內的全體中國人應享有的平等地位，以及人身自由與財產權利，尊重宗教信仰與集會自由受法律保護；同時，《臨時約法》亦明定，應於十個月內舉行全國大選，並召集國會。屆時，臨時參議院即行解散，袁世凱當去職，重新舉行總統大選。此時已將每一行省的代表員額擴增為五名的臨時參議院，於四月五日投票決議臨時政府遷都北京，中華民國首度成為名副其實的共和國政體，前清設立的議會至此正式廢除。

依據《臨時約法》的規定，中國開始籌備首次的全國大選。依法，中華民國國會採取兩院制：「參議院」，法定席次兩百七十四席，任期六年，由各省議會選舉產生，每省得選舉十名代表，其餘則為華僑代表席位；「眾議院」，法定席次為五百九十六席，任期三年，大致上依據各省人口數，每八十萬人產生一名代表。

滿清皇朝終結之後，孫逸仙隨即著手領導同盟會改組，將之改造成中央集權式的民主政黨，在一九一二年十二月的國會選舉中推舉候選人。這一重新被命名為「國民黨」的政黨組織，是由宋教仁主導黨務；在孫逸仙流亡海外期間，宋是孫最得力的左右手之一。一九一二年，宋教仁年僅三十歲，即展現出政治組織的天賦，儘管宋傲慢自大的態度使他與同志有所隔閡。宋教仁最重視的議題，是總統的權力應受到限制，並適切保障國會及其代表的權力。一九一二年中葉，袁世凱顯然已經完全掌控由他提名所組成的內閣，並企圖大肆擴張總統職權。一九一二年，宋教仁周遊湘鄂寧滬各地，竭力宣揚他的政治主張，並不時直言抨擊袁世凱擴權的野心。十二月大選前夕，由宋教仁領導之國民黨情勢優於其他三個主要競爭對手：

共和黨（具有強烈的民族主義色彩）、統一黨、民主黨（由梁啟超領導）——三者於選後合併為進步黨。此外，尚有三百餘個政治黨團林立，於此次大選中競逐國會席位。

儘管全國的大選備受矚目，但當時農村地區的政治發展也很重要。晚清對於地方自治的討論中，有人怕議會制度的改革將淪為保守士紳鞏固權益的工具；因為士紳階級挾其田產和學識，在地方已經享有影響力，現在又多了官方的行政權力。清帝遜位後數月，這樣的憂慮果然成真了，勢力強大的地方官員占據各項新職並清算舊帳，設置這些新職是為了使中央政府的權威比過去滿清時代更加深入滲透鄉村社會。除非能遏制這個趨勢，否則將會窒礙中國民主政治的實踐。儘管在國民黨的黨綱中確實主張，必須落實地方自治的發展，然而此刻舉國正浸淫在全國大選的激情裡，這類問題就顯得無足輕重，並未為國民黨或其他競爭對手正視。

新的選舉法規於一九一二年公布，規定中國男性年滿二十一歲以上，擁有超過五百美元不動產，或是繳納兩美元以上的稅金，並具小學學歷者，才能取得投票權。據估計至少有四千萬人（約占總人口數的百分之十）符合上述條件。文盲、吸食鴉片者、破產者及精神疾病患者，均不具備投票資格。雖然清末以來，中國女性已經越來越有決斷力，婦女投票權也獲得當時幾位重要知識分子的支持，許多女性加入同盟會或資助同盟會，甚至某些女性加入革命軍直接參戰，或在戰場上擔任救護工作，但女性依然無法享有投票權。一九一二年，北京婦女參政權運動者唐群英率領數名女性同胞至南京臨時參議院，積極遊說議會將男女平權與女性投票權納入新憲法條文中，卻遭到悍然拒絕，她們於是強行闖入議會會場，大聲咆哮，並打碎會場的玻璃窗。嗣後，這群請願者被逐出會場，訴求也未得到允諾。

中國首度舉行全國大選的結果於一九一三年一月揭曉，國民黨明顯勝出，卻未贏得壓倒性的勝利。眾議院五百九十六個席次中，國民黨獲得兩百六十九席，餘者由其他三個主要政黨瓜分（在這次選舉中，許多政客同時隸屬於不同政黨，所以這四個政黨宣稱取得的席次加總後遠遠超過五百九十六席）。在參議院方面，總數兩百七十四席，國民黨囊括一百二十三席。按臨時約法的規定，國民黨將主導推選總理以及組織內閣；同時，依據臨時約法，待議會選舉之後，在國會全面監督下將舉行總統大選。

一九一三年春天，中國的新科議員分別取道鐵路、公路、河運、海路齊聚北京。三月二十日，才剛贏得勝利的國會多數黨領袖宋教仁與幾名友人前往上海滬寧鐵路車站。當宋教仁在車站月臺候車時，一名男子走上前來，近距離朝他開了兩槍。宋教仁隨即被送往醫院，兩天後辭世，而兩周後，正是宋的三十一歲生日。當時盛傳，宋教仁將會被提名為國務總理。多數人相信袁世凱是這樁刺殺案背後的首謀，因為所有證據皆指向國務院祕書與臨時政府的國務總理*涉及本案。但刺宋案的幾位主謀不是自己也被暗殺，就是離奇失蹤，因此袁世凱個人未曾被正式牽連到刺宋案。

其他國民黨籍代表齊聚國會後，急於遏止袁世凱的野心，主張建立永久性的憲政體制架構，並舉行全面且公開的總統大選。國民黨尤其猛烈抨擊袁世凱操控國家財政大權，袁世凱不著手解決徵稅問題，反而再度向外國銀行團舉債，這次是超過兩千五百萬英鎊（大約一億美元）的鉅額借款，亦即所謂的「善後借款」。袁世凱將這些詰責視為針對他個人的攻擊，決心進行反擊。一九一三年五月初，袁世凱解除幾名深具影響力的國民黨都督之職。經過夏天的激戰，效忠國民黨的勢力為袁的軍隊擊潰；九月，南京失守，為支持袁世凱的保守派將軍張勳占領，張的部隊依然蓄著滿清的辮子。十月，袁世凱強迫國會推舉他為五年一任的總統（國會進行了三次投票，袁世凱才獲得多數票）。最後，袁世凱稱國民黨為煽動人心的叛亂團體，下令解散國民黨，並將國民黨籍議員逐出國會。十一月底，孫逸仙黯然離開中國前往日本，再度被迫流亡海外，孫的「共和夢」終究是破滅了。

袁世凱的統治

外國列強密切觀察中國政治局勢的發展。各國已認清事實，知道繼續致力讓清廷苟延殘喘以確保自一八四二年以來所贏得的不平等條約權利，已沒有意義。於是，一九一一年至一九一二年間，列強嚴守中立，警示軍隊、船艦保護居住在中國的僑民，並在北京至沿海之間的走廊地帶巡弋，以防止類似義和團的排外事件再度爆發。列強的優先目標是護衛他們在

＊　譯注：即洪述祖、趙秉鈞。

1902與1914年的在華外資[3]

	1902年		1914年	
	百萬美元	百分比	百萬美元	百分比
英國	260.3	33.0	607.5	37.7
日本	1.0	0.1	219.6	13.6
俄國	246.5	31.3	269.3	16.7
美國	19.7	2.5	49.3	3.1
法國	91.1	11.6	171.4	10.7
德國	164.3	20.9	263.6	16.4
其他	5.0	0.6	29.6	1.8
總計	787.9	100.0	1610.3	100.0

華的投資利益，據估計，一九〇二年，列強在華的投資總額幾乎達到七億八千八百萬美元，及至一九一四年，則高達十六億一千萬美元。因此，各國傾向接受任何能創造有利經濟條件的政府。

雖然外人投資主要集中在上海和南滿，但是投資項目卻十分廣泛，大英帝國在華投資總額約六億零八百萬美元，投資項目包括香港至廣州的鐵路、海上運輸業、公用設施（如瓦斯、電力、電話系統等）、電車、煤礦、棉花廠、糖廠、紡織廠、製繩廠、水泥工程、不動產等。日本投資額約為兩億兩千萬美元（三億八千五百萬日圓），投資項目與英國近似。美國在中國的經濟利益比英、日兩國少得多，然而，一九一四年美國在華的投資金額也有四千九百萬美元，大部分為教會財產（包括醫院、學校）和上海的不動產；一九一五年美國在上海成立第一個商會，隨即有三十二家美國企業取得會員資格。[4]

最初，日本和歐洲列強對袁世凱的新政權不無懷疑，而拒絕正式承認共和國。相較之下，美國國內的輿論則較為支持袁世凱和新共和國的理念。許多赴華宣教的美國傳教士認同中國的共和運動，而許多具改革精神的中國人都曾在教會學校受教育。孫逸仙是基督徒；儘管袁世凱並不信基督教，但他在中國的新國會於一九一三年四月召開時，籲請美國的新教教徒到教堂為中國禱告，巧妙地利用了美國親基督教的情感。這項懇求登上美國報紙的頭條，並贏得威爾遜（Woodrow Wilson）總統和其內閣成員的好感。威爾遜說道，他不曾如此感到興奮和受鼓舞，他的國務卿布萊安（William Jennings Bryan）亦聲稱，袁世凱的懇求是這世代最了不起的官方文件。《基督教前鋒報》（*Christian Herald*）甚至將袁的作為與君士坦丁大帝（Constantine）、查理曼（Charlemagne）「引領外邦負基督的軛」[5]的作為相提並論。一九一三年五月，美國駐北京公使晉見袁世凱總統，並給予袁世凱政權全面的外交承認。

英國駐北京公使認為，美國承認袁政權「太過魯莽」，因為此時外國人在華的權利和投資並未得到袁世凱的正式保證。而袁踵武前清政策，宣稱西藏仍是中國的領土，故英國亟欲推動西藏的自治。英國對西藏問題抱持的強硬態度，引起中國人的憤慨；但是到了一九一三年十月七日，袁世凱其實已經承認了西藏的自治地位，儘管袁的決定並未得到當時內閣的認可或國會的批准。就在同一天，英國宣布給予共和國正式的外交承認。日本在與袁達成規模龐大的鐵路協議之後，亦正式給予袁政權外交承認。同樣地，俄國在獲得中國允諾外蒙古自治後，也承認了袁政權。

袁世凱分別取得列強對其政權的外交承認，但這並不意味著中國肇始的共和體制已經穩固。此刻，中國的憲政架構仍處在風雨飄搖中。一九一三年末發生了國民黨籍議員被驅逐出國會一事，袁先是命令手下的警察逐屋搜查據信效忠國民黨的議員住家，查出一共有四百三十八位議員擁有國民黨黨證，這些國會代表均被逐出議會殿堂。因為出席國會議員不足法定人數而無法開會，十一月底，參議院與眾議院兩院議長宣布無限期休會。一九一四年元月，國會正式解散；二月，公布解散省級議會和地方政府組織的命令。

袁世凱為了讓他的統治具有表面上的正當性，在一九一四年五月一日，從內閣和省級政府各部門召集六十六位代表開會，制定《中華民國約法》，以取代《臨時約法》。這部《新約法》授予袁世凱總統獨斷對外戰爭、財政、外交政策，以及公民權方面的權力。在向一位親近的幕僚解釋新約法擴張總統權力的體制設計時，袁世凱曾說過，「議會是一種難以運作的制度，八百人！當中，兩百位是好人，兩百位是痲雀，其餘四百人不適任，他們能做什麼？他們甚至連議會的程序都沒有共識。」[6]袁世凱對議會制度的揶揄，恰可作為中國民主希望破滅的諷刺性注解。

袁世凱的政府由於財政窘迫，必須靠舉債度日。一九一三年，收自地方的土地稅頂多只有兩百萬元，政府每月的財政赤字高達一千三百萬元。袁政府也幾乎無法徵得對外貿易的關稅，因為在革命流血的混亂時期，「清帝國海關」（原主事者赫德〔Robert Hart〕歿於一九一一年，現由繼任者主掌。）將中國的關稅所得存在外國銀行，以支付中國迅速累積的外債所衍生的利息。甚至鹽稅也在列強的監控下。這些稅款被用來支付國家的外債，或是用來對袁世凱施加政治壓力。

雖然稅收有如涓涓細流，但袁世凱對個人權位及國家，還是充滿雄心壯志。縱使袁世凱曾撕毀臨時約法，但他仍試圖立基於清末以來的政治改革，致力建構中國得以長治久安且富強的體制。他為了替欲推動的改革做準備，找來一批能幹的外國顧問，包括澳洲籍的外交政策專家、日本的鐵路顧問、法國的軍官、比利時的法學家，但是，誠如他們自己承認的，大多數的顧問均只是尸位素餐而已。

袁世凱繼續為中國推動獨立的司法體系，這並非因為袁個人服膺任何正義理念，而是因為穩定無私的司法制度，正可以用來廢除中國人極為厭惡的治外法權。中國的最高法院*是由清廷於一九〇六年設立，這使中國在諸如商事法及已婚婦女的權利保障方面頗有進展。除了三個省分以外，各省和許多行政區均設有高等審判廳，但袁世凱並不鼓勵縣級法院的設立，而偏好將其司法權歸隸於地方行政首長而非獨立的司法機關。為了改革刑罰體系，袁

* 譯注：當時稱「大理院」。

世凱授命推動興建監獄的計畫，改善監獄的衛生條件，設立罪犯勞動中心（名為「罪犯習藝所」），進行道德重整工作。在教育方面，袁世凱敦促全國各地擴大興辦男子的免費初級義務教育，支持拼音化讀本的試驗規畫，以及教師的再進修訓練。話雖如此，袁世凱也堅持，除了滿足中國公民所需的新能力之外，也應將儒家思想納入主要課程範圍內。

為了發展經濟，袁世凱下令整治灌溉溝渠並遏制洪災以提高糧食產量，試驗家畜新品種，廣植林地，降低貸款利息和鐵路運輸費率以加速貨物流通。同時，在一位接受英國教育的中國科學家帶領下，進行全國地質資源的調查。除此之外，袁世凱也集中發行貨幣，控制貨幣鑄造，收回地方發行之為數龐大的貶值鈔票。袁世凱也接續清末以來的政策，嚴加取締吸食及生產鴉片，禁煙的成果列入考核縣長的項目，所以禁煙計畫成效卓著，迫使無數鴉片公司撤至受外國法律所保護的租界區。

一九一四年八月，第一次世界大戰於歐洲爆發，法、英、德、俄等列強無暇東顧，向中國強索更多的利益，這正是袁世凱建立專制獨裁政權的良機。而且列強亟需人力投入西線戰事，因此將居住在中國、有能力從軍的國民全都徵召回國。這個發展給了新一代的中國企業家和經營者絕佳機會，得以趁隙掌控企業的關鍵部門及管理職位，建立起個人財富，並獲得無價的金融經驗。但對袁世凱不利的是，日本早已準備好趁勢取代西方列強。基於早在一九〇二年成立的「英日同盟」，日本於一九一四年八月對德宣戰，緊接著出兵山東的德國租界。

一九一五年元月，日本向袁世凱政府提出《二十一條要求》，對中國造成更嚴峻的傷害：日本向中國要求在東北和內蒙享有更多經濟利益、中日聯合管理位於華中規模巨大的「漢冶萍煤鐵公司」、中國所有的港口和島嶼向其他列強開放、日本的警察和經濟顧問得以進駐華北、擴大日本在福建的經濟利益。中國人對於日本的行徑強烈不滿，終於激化成全國反日運動的大串聯，以及對日本產品的抵制。這場杯葛行動的規模比一九〇五年的抵制美貨還大、還成功。雖然袁世凱對日本的若干條件稍作修正，不過仍然認為有必要讓步。

袁世凱個人威信與聲望下跌，但他的手段卻是日趨轉強。一九一四年，袁世凱頒布禁令，箝制報紙和其他出版品的言論，杜絕批袁聲浪；這些禁令嚴懲「危害公共秩序」[7]的出版品。同時，袁世凱為了提升個人權威，把儒家思想封為「國教」。身為總統的袁世凱乘坐裝甲車親赴「天壇」，在祭天的儀式中擔任主祭者。袁世凱刻意遵奉前清儀典，身著皇帝的十二章大禮服，頭戴平天冠。一九一五年末，袁世凱果真大步走向帝制，放出人民擁戴他恢復帝制的謠言。八月間，官方鼓動袁南面稱帝的行動於全國各地展開。十一月，特別召開「國民（代表）大會」，據稱一千九百三十三名代表完成了驚人創舉，居然無異議一致贊成籲請袁世凱登基。一九一五年十二月十二日，袁接受帝位；一九一六年元月一日，正式登基改元。袁世凱下令前清皇族御用陶窯燒製四萬件瓷器餐皿，價值一百四十萬元。另外，袁世凱亦命人雕作新朝御璽一顆，縫製龍袍兩件，每件價值四十萬元。

袁世凱和顧問群——其中包括知名的哥倫比亞大學教授、前美國政治學學會會長古德諾（Frank Goodnow）皆深信，中國渴望在總統之上還有一個中央集權的象徵，因此恢復帝制會受到人民歡迎。但是他們錯估了情勢，袁世凱親近的政治盟友紛紛眾叛親離，而其北洋軍集團舊部則分崩離析。國人群情激憤，各省接踵表態，抗議袁世凱的「洪憲」帝制。一九一五年十二月，雲南都督宣告脫離中央而獨立；一九一六年元月，貴州繼之；三月，廣西也加入行列，通電獨立。列強對於袁的稱帝或冷淡以對，或公開批評，並未給予袁所期待的支持。結果，一九一六年三月，袁世凱撤銷帝制，以緩和外界的強烈抗議，然而此時袁的威信盡失，各省又相繼宣布獨立於北京的統治之外。一九一六年六月六日，袁世凱歿於尿毒症，享年五十六歲，許多人認為袁憤愧交集，鬱鬱而終。

被玷汙的總統一職由黎元洪繼任。一九一一年十月，黎元洪在半推半就之下與武漢革命軍結盟，並自一九一三年起勉強出任並無實權的副總統。黎元洪的權力基礎遠比袁世凱薄弱，背後也沒有北洋軍以為支撐，卻又必須面對日益不滿或相繼獨立的各省勢力和國庫空虛等難題。接任後，黎元洪的當務之急是召回國會議員（此時議會已休會超過兩年），恢復代議體制，並重新認可一九一二年《臨時約法》的合法效力。然而這兩項舉措卻引發爭議：一九一二年選出的代表任期只有三年，現在這些代表是否仍為法定代表不無疑問；而一九一二年的臨時約法在一九一四年就被袁修法取代，是否具有法律優位也有待釐清。

黎元洪在位剛滿一年，就發生軍事復辟，發動政變的是張勳。張勳於山東拳亂期間曾任慈禧太后護衛，自此成為清政府的狂熱支持者。一九一一年，忠於清廷的張勳在南京與革命軍發生激戰，張勳在袁世凱總統任內依然效忠清室，甚至下令部隊蓄留辮子。一九一三年，張勳擊敗國民黨軍隊奪取南京，並放任部隊燒殺淫掠，但袁世凱後來還是任命張勳為「長江巡閱使」。據稱張勳居間調停黎元洪與其他派系軍閥*，於一九一七年六月中率部直驅北京，並宣布現年十一歲的滿清遜帝溥儀復位。北京居民滿心困惑，尋找前清旗幟懸掛屋外；外交人員也手足無措，不確定該如何面對情勢的新發展。此時一小撮前清舊臣學者，其中包括擁戴光緒帝的康有為，身著前清朝服，兼程趕赴紫禁城面聖。

然而張勳復辟的劇碼上演不久，駐紮在北京的其他軍隊向皇殿挺進，兩位飛行員向紫禁城投擲炸彈，炸死三人，這恐怕是中國有史以來首次的空襲行動。七月中旬，敵對軍閥的部隊攻陷北京擊敗張勳，張向荷蘭使館尋求政治庇護，從此不再涉入政治活動。溥儀再次遭罷黜，他並未因復辟運動而被入罪，新任總統命令溥儀必須在西方教師的指導下接受現代化的教育。（溥儀到一九二四年都還住在紫禁城，之後才被軍閥**逐出清宮，逃往天津日本租界尋求保護。此後紫禁城成為一座對外開放的文化及歷史博物館。）

在軍閥的圍剿下，張勳的軍事政變瞬間灰飛煙滅，中央政府再也無法假裝握有實權。此

* 譯注：馮國璋。

** 譯注：馮玉祥。

後，不管是總統或是國會，無非只是軍人的玩偶，皆被把弄於股掌之中；有識之士雖然仍願意在政府任職，但是他們也隨著軍人的外力干預載浮載沉。民主政治化為烏有，軍閥粉墨登場，躍上歷史舞臺。

中國的黷武軍人與旅法的中國人

接下來控制泰半中國的所謂「軍閥」，各有不同出身背景和鞏固權力之道。許多軍閥早年出身北洋軍，多為袁世凱的舊部；餘者崛起於地方軍旅，而於一九一一年底或一九一二年初躍升成為都督或高階統帥。少數則是出自於地方團練，趁亂世鞏固地方勢力。有的軍閥雄據整個省分，有自己的官僚體系徵集地方稅收，支撐軍隊所需；有的軍閥只控制幾個鄉鎮，靠著槍桿子強徵「過路費」或搜刮民財以取得財源。部分軍閥忠於合法的共和理念，企盼自己的勢力有朝一日回歸一個憲政體制的中國，也有軍閥深信，孫逸仙和國民黨才是代表正統的合法政府。不管是出於自願或是迫於形勢，若干軍閥向外國強權勢力靠攏，如上海的英國、東北的日本，或者西南的法國。另外有些軍閥宰控鐵路運輸的大段沿線區域，靠著往來旅客和貨物運送，以及鐵路沿線城市的商業活動獲取財源。有些軍閥則在占領地恢復種植鴉片，靠著規模大幅擴張的鴉片產業充實財庫。鴉片的買賣在歷經晚清與袁世凱統治之初的抑制之後，再度死灰復燃，逐漸恢復以往的規模。

除此之外，軍閥的個人人格特質也彼此迴異。許多軍閥生性兇殘暴虐、耽溺於聲色之欲，例如占據山東一段時間的某位軍閥。但也有很多軍閥受過良好教育，試圖以所持之道德理念教化軍隊。這類道德觀可能出於修正之後的儒家思想、基督教義、社會主義學說，或是像山西軍閥閻錫山調製出的那種奇特混合物。閻錫山以歐美各方英雄人物為楷模，以實踐個人的理想形象。他曾驕傲地表示，他已經構築一套完美的政治理念以治理山西，融合了「軍事主義、民族主義、無政府主義、民主政治、資本主義、共產主義、個人主義、帝國主義、普遍主義、父權主義，以及烏托邦主義等眾家精華」。[8]

不管這些軍閥生性是殘酷是仁厚，是精明還是愚拙，當時中國的分崩離析，使繼承滿清領袖正統的後繼者，統一中國的任務更為艱困。話雖如此，中國國家政府仍明顯地得以延續，因為北方軍閥從未完全廢除總統和總理的職權，反而爭相把親信安插在這些職位上，以期他們來日回報故主「德澤」。

在這種局勢下，段祺瑞獲取了國家的統治權，於一九一六年擔任國務總理一職。段祺瑞生於一八六五年，太平天國在前一年才剛被平定。段是「武備學堂」於一八八五年創建時獲錄取的第一批預備軍官，後以優異的成績畢業，並由李鴻章親自遴選派往德國修習軍事。段的另一貴人袁世凱則拔擢他擔任「新建陸軍砲隊統帶」，拳亂期間，段祺瑞於山東效命於袁的麾下。一九〇四年，段被擢升為北洋軍的「統制官」；一九〇六年，又晉升為「北洋陸軍速成學堂督辦」，使他有機會培植年輕的朋黨派系，這和段祺瑞成為袁氏人馬的過程如出一轍。一九一一年武昌革命期間，段祺瑞任「第二軍軍統」；節制湖北軍隊，嗣後被任命為湖北、湖南都督，藉以酬庸他對袁世凱的忠誠。一九一二年，段祺瑞擔任內閣的「陸軍總長」；一九一三年在整肅國民黨籍國會議員的行動中，段祺瑞擔任代理國務總理。一九一六年袁世凱去世後，曾反對袁世凱稱帝意圖的段祺瑞，受到北洋軍閥舊黨資深軍官的擁戴，擔任國務總理一職。

正當段祺瑞在中國鞏固他文官與武職的雙重權力基礎時，第一次世界大戰在西歐戰火方酣。雖然在歷史上，中國未曾遠離領土、在國際事件上扮演積極的角色，但現在，是否開啟中國介入國際事務的新時代的決定，落在了段祺瑞身上。段祺瑞和顧問群密商加入英法同盟對德作戰，他們認為一旦德國被擊垮，那麼德國位於山東青島具重要戰略價值的租界就可能歸還給中國。於此同時，來自兩方的壓力也逼使段提出反德聲明：一方來自美國，一九一七年初，美國即準備對德宣戰，以報復德國潛艇恣意攻擊途經大西洋的中立船隻；另一方勢力是日本，日本放棄在東北、蒙古、華南煽動分離主義政權，而決意賄賂段祺瑞的政府承認日本在華北的地位，奪取德國在華的勢力範圍。

美國迄至一九一七年四月才加入戰局，與英、法站在同一陣線，對歐洲各參戰國而言，中國的軍事武裝力量顯得微不足道，但是中國擁有協約國所缺乏的重要資源——豐富的人力。歐洲戰場的殺戮殘酷無比：單是一九一六年桑河一役（Battle of Somme），英、法共損失六十萬人；翌年，英國又在伊普爾戰役（Battle of Ypres）中折損了二十五萬人。由於需要不斷補充兵源，協約國知曉，若中國勞工能加入西歐各項工程建設，歐洲各國便能有更充沛的人力投入戰鬥行列。

順著這種粗糙但合理的推論，早在一九一六年夏天，英、法兩國就與中國展開協商。而早在中國正式對德宣戰之前，商議便有了結果，即在山東威海衛英國海軍基地附近設置「招工公司」，後來又在青島港口增設一間公司。英人以諷刺的口吻將招工公司比喻為「製造臘腸用的碎肉器」[9]，但招工的進度相當迅速而順利。肇因於地方經濟的凋敝、政治的動盪，或者受到英國所提供豐厚薪資的誘惑，數以萬計的中國人自願加人「以工代兵」的行列。每位華工啟程後即可獲得二十元的工資，之後按月交付十元給在中國的家屬作為贍養費用。另外，也提供衣履及膳食。華工必須接受健康檢查，特別是砂眼（在山東尤其流行）、肺結核，以及性病。通過篩選的工人（人數約十萬人），即發給連號標籤，再將標籤以鉚釘封在繩索外面，並纏繞在手腕上。接著，從頭到腳噴上消毒劑，並且要求辛亥革命之後仍選擇留辮的人剪去辮子。

與法國簽訂合同之後，搭載首批華工的輪船於一九一六年航經印度洋，穿越蘇伊士運河，卻在地中海慘遭德國潛水艇擊沉，五百四十三名華工葬身海底。下一批華工就由太平洋航向加拿大，再經火車運送穿越美洲大陸，為了閃避德國潛艇的攻擊，在艦隊的護航下取道大西洋直抵歐洲。雖然雇用華工遭到英、法兩國人，特別是工會的嚴重抗議，但是華工很快便投身工作，大部分在法國北部。華工的工作包括在船塢上下船貨、建軍營、蓋醫院、挖掘戰壕，以及在鐵路調車場搬運彈藥、軍需品。華工每日工作十小時，一周七天，遇傳統中國節慶則允許休工。即使在中國正式對德宣戰後，華工仍屬於「以工代兵」的非參戰性質，因為段祺瑞政府不足以支應投入歐戰的軍事費用。

一九一七年底，旅法的中國人總數約有五萬四千人，一九一八年底增至九萬六千人，如此大量的人數既帶來危險，也創造了許多機會。有些華工居住的營地被德軍的飛機或砲彈轟擊，他們有時會殺害德國戰俘替死去的同胞報仇。有些華工在清理戰場或挖掘戰壕時，不慎誤觸地雷或炸彈而喪命。華工常因飲食習慣殊異或極其溼冷的氣候而染上惡疾，他們甚至會反抗法國或英國的雇主，或是搶奪地方餐館的食物。從英國部隊為其軍官準備的中文會話書籍列舉的句子可以窺知華工受歧視的程度，心中按耐何等的不滿：例如，「你們何不吃這種食物」、「營帳裡不是很乾淨」、「你們明天必須洗澡」、「軍營的廁所是保留給歐洲人使用，不是給中國人使用的」。[10]

試圖改善這個嚴峻情況的努力當中，最重要的來自「基督教青年會」（YMCA）的代表。他們認為，華工所處的惡劣環境，正好提供他們服務人群的機會。基督教青年會特別關心中國人的休閒活動和公共教育問題，為了提高華工的識字率，他們設計特殊的語彙教材與教學方式。令人驚訝的是，就在這批受過教育的青年會中國辦事人員幫助下，每個月約五萬封信件從法國寄抵中國，並在家鄉一遍遍地傳頌於街坊。儘管這些信件用字十分簡單，且都經過協約國軍情單位的檢查刪去軍事機密，但仍然是中國工人識字率成長的重要指標。

一封當年的信這樣寫道：

寫給我的阿兄：自從上次相見，我們之間已經相距幾萬里。我工作得很好，不用為我擔心。我每天掙三法郎，但生活昂貴，目前我尚沒有能力寄許多錢回家。就在我離開之前，在洮灣（音譯）那天我們曾吵架，忘了它吧！說來慚愧，但我已不在意了。請照顧我們的爹娘，我將在三、五年內回來，那時我會攜回足夠的錢讓他們度過以後的日子。[11]

中國人對於第一次世界大戰的貢獻並非毫無代價。除了首航的五百四十三名華工於海上罹難之外，幾乎有兩千名華工葬身於法國和法蘭德斯（Flanders）地區，長眠於幾個異鄉特設的公墓。墓園裡墓碑井然排列，上頭工整地鏤刻著死者的中文姓名以及西方雇主所給的編號，至今仍見證中國有史以來首度涉入這等國際爭端的歷史。複雜的是，當成千上萬的華工返回中國之後，所帶回的不只是安然存放家中的豐富積蓄，還有讀寫的能力以及有關外面世界的豐富見聞。誠如若干中國社會主義者的觀察，這批歸國的華工正準備在中國的政治上扮演積極的新角色。

一九一八年十一月十一日，德國承認戰敗，歐戰停火，中國的期望隨之升高。慶祝勝利的遊行於北京展開，清廷被迫為拳亂中喪生的德國人豎立的紀念碑，也遭到狂喜的群眾破壞。段祺瑞已於一九一八年十月去職，北京政府如今在北洋軍閥其他派系的總統和總理控制下；但是段在讓位之前，他已將日本的鉅額借款用於強化他個人的武裝力量，並繼續與日本建立密商管道。抵達凡爾賽參加戰後條約協商的中國代表團陣容龐大，共有六十二位代表，由五位傑出的外交官率領，但行前並未接獲完善的指示，對將在談判桌上面臨的景況毫無準備。在凡爾賽迎接中國代表團的是日本代表晴天霹靂般的聲明，亦即在一九一七年初，為了回報日本海軍支援對德作戰，英、法、義等國就曾簽訂祕密協約，保證在戰後「支持日本處置德國在山東權利的主張」。[12]

更糟的是，日本接著宣布，他們在一九一八年九月，就曾與當時的國務總理段祺瑞達成祕密協定。協定內容包括授權日本於濟南、青島部署警力與軍防，以及將日本計畫於山東修建的兩條鐵路之全部收入抵押給日本，以支付部分貸給中國的款項。中國代表似乎對這些充滿屈辱的祕密協定內容一無所悉。美國威爾遜（Woodrow Wilson）總統原先認同中國亟欲收回山東權利的主張，現在卻認為，日本關於山東權益的主張在國際法上站得住腳。一九一九年四月三十日，威爾遜總統與英國首相勞合．喬治（David Lloyd George）與法國總理克里蒙梭（George Clemenceau）等人達成共識，把德國在山東的權利轉予日本。

當美國背棄中國的事實逐漸明朗，各方急電穿梭於巴黎和北京之間，中國大眾陷入前所未有的激憤中。在凡爾賽的中國代表團不斷接獲來自各種政治和商業團體、海外華人及中國留學生的請願和抗議。五月一日，消息傳抵北京，中國代表團承認，先前的密約使得談判毫無轉圜餘地。此一消息引發了五月四日北京的大遊行，接著，全國各地示威抗議四起。至此，中國政府手足無措、舉棋不定，而要求在凡爾賽的中國代表團拒簽和約的壓力毫不退讓。中國總統一如往常地猶豫不決，最後終於發出電報，指示代表團拒絕簽字，但是電報傳送至凡爾賽時已超過六月二十八日的最後期限。然而，中國留學生與抗議群眾包圍中國代表團在巴黎下榻的旅館，阻止了代表團參加簽約儀式。於是《凡爾賽條約》就在不為中國接受的情況下簽訂了。

中國新一代的社運人士於是開始深入探究西方道德觀的本質，同時唾棄西方國家的嗜血行徑與口是心非、表裡不一的虛偽面貌。就在一九一九年五月四日，北京市民與學生走上街頭，抗議凡爾賽和約，「五四」因而與中國新運動畫上等號；在這場運動中，民族主義以及文化的自我反思合力將中國人民帶住新的發展方向。

注釋

1 李劍農著，鄧嗣禹與英格爾斯合譯，《中國近百年政治史》，頁二六七。

2 前揭書，頁二六八。

3 數據徵引自雷墨（C. F. Remer），《外國在華投資》，（*Foreign Investments in China*; New York, 1933），頁七六。

4 前揭書，頁四三〇。

5 黎德（James Reed），《傳教士的心志與美國的東亞政策，一九一一至一九一四年》（*The Missionary Mind and American East Asia Policy, 1911-1914.*, Cambridge: Harvard University Press, 1983），頁三六至

三七。

6 柏爾（Cyril Pearl），《北京的莫里森》（*Morrison of Peking.*, Sydney. Australia, 1967），頁二八九。

7 丁徐麗霞（Lee-hsia Hsu Ting，音譯），《近代中國政府對新聞的控制，一九〇〇至一九四九年》（*Government Control of the Press in Modern China, 1900-1949.*, Cambridge: Harvard University Press, 1974），頁十三。

8 吉林（Donald Gillin），《軍閥：閻錫山在山西省，一九一一至一九四九年》（*Warlord: Yen His-shan in Shansi Province, 1911-1949.*, Princeton: Princeton University Press, 1967），頁六三。

9 桑瑪斯基（Michael Summerskill），《西線戰場上的中國：第一次世界大戰期間英國的華工》（*China on the Western Front: Britain's Chinese Work Force in the First World War.*, London, 1982），頁六九。

10 前揭書，頁一六六。

11 前揭書，頁一〇二。

12 周策縱（Chow Tse-tsung），《五四運動：近代中國的知識革命》（*The May Fourth Movement: Intellectual Revolution in Modern China.*, Cambridge: Harvard University Press, 1960），頁八六。

第十三章

「便成了路」

社會達爾文主義的警聲

袁世凱統治下領導權威的支離破碎、民國共和體制肇建的重挫、巴黎和會上列強的背叛，凡此皆加深了清末以來潛隱在中國人內心深處的憂慮：中國將被肢解瓜分，四千年的悠久歷史將戛然而止。同時，社會達爾文主義在西方日益盛行，得以用來分析中國的困境；即使社會達爾文主義不能帶給中國思想家多少慰藉，這些思想仍有助於把一些方法論帶入絕望的論辯之中。

一八五九年，達爾文（Charles Darwin）的《物種起源》（*Origin of Species*）一書首次於英格蘭出版，書中達爾文以「演化論」（evolutionary theory）概念解釋物競天擇的過程如何決定適者生存、不適者滅亡。達爾文乘坐「小獵犬號」（*Beagle*）航行於維德角群島（Cape Verde Islands）、智利、加拉巴哥群島（Galapagos Islands）、紐西蘭、澳洲諸地，通過廣泛觀察研究，達爾文了解到在不斷鬥爭以奪取生存所需有限資源的過程中，適應最良好的生物才是能夠生存下來的物種。同時，在適應過程中，較不適者將逐漸被淘汰。進而通過遺傳法則，物種的適應能力得以延續或強化。

英國社會學家斯賓塞（Herbert Spencer）對達爾文的理論進行很有創意的個人詮釋。在一八七三年出版的《社會學研究》（*The Study of Sociology*）中，斯賓塞將達爾文的理論應用在人類社會發展的過程。他認為「最適者生存」（survival of the fittest）的原則同時主宰了社會與生物的演化。斯賓塞的理論被科學家赫胥黎（Thomas Huxley）重新論證、修改，一八九三年赫胥黎將研究精華呈現在《進化與倫理》（*Evolution and Ethics*）一書中。嚴復於滿清「自強運動」時期入福州船政學堂，後負笈英倫，在中日甲午戰爭期間讀畢《進化與倫理》一書，一八九六年將該書翻譯成中文，並增添自己的評述與詮釋，更名為《天演論》。也許是因為嚴復在這本書中強調原著所沒有的民族主義精神，而使此書在清末民初的知識社群中掀起波濤巨浪。

嚴復在譯作中流露出以下的看法：斯賓塞這部社會學著作不僅是對社會現象的客觀分析及描述，同時也是一帖「藥方」，可供作為改造社會、強化社會的手段。嚴復總結達爾文的思想如下：

> 民民物物，各爭有以自存，其始也種與種爭，群與群爭，弱者常為強肉，愚者常為智役。[1]

嚴復繼續論道，斯賓塞「宗天演之術，以闡人倫治化之事」。其他晚清時代的思想家一眼就看出這些觀念的重要性。宣揚維新運動的梁啟超滿懷希望，表示演化論提供了改變的可能性，「可以使其種日進於善」。梁啟超同樣注意到，遺傳與教育如何對個人的思想、知識、體格與習慣產生影響，也認為中國人能強種以奮存：「而各國之以強兵為意者，亦令國中婦人，一律習體操，以為必如是，然後所生之子，膚革充盈，筋力強壯也。」[2]社會達爾文主義讓中國人很自然地開始思考、探索種族與種族力量的問題，許多人也將這種西方的新理論與十七世紀反清的民族主義者思想結合在一起，譬如王夫之的著作重受矚目。一位知識分子在一九一一年武昌起義前寫道：「國有魂，則國存；國無魂，則國將從此亡矣！……然則國魂果何所寄？曰寄於國學。」[3]

武昌起義曾一度燃起希望，以為社會達爾文主義殘酷的社會競爭觀念已受到唾棄。一九一二年，孫逸仙改組國民黨贏得選舉前曾說：

> 二十世紀以前，歐洲諸國，發明一種生存競爭之新學說；一時影響所及，各國都以優勝劣敗、弱肉強食，為立國之主腦，至謂有強權無公理。此種學說，在歐洲文明進化之初，固適於用，由今視之，殆是一種野蠻之學問。[4]

到了一九一三年，孫逸仙卻語帶悲觀地描寫一個被生存鬥爭原則所主宰的世界，任何政府或實業無一能幸免。嚴復對他曾極力鼓吹的演化之說如今也熱情不再，對於中國建立共和失敗以及歐戰的殺戮，嚴復的看法是：「三百年之進化，只做到『利己殺人、寡廉鮮恥』八個字。」[5]

這種悲觀的情緒很可能動搖為求社會改革而奮鬥的決心，事實上，這類心態業已出現在美國的社會達爾文主義者身上。社會改革之火恐將熄滅的危機感，催促著中國較激進的思想家展開行動。中國共產黨創黨黨員之一的陳獨秀，於袁世凱去世後在給友人的信箋中直言：「多數國人猶在夢中，而自以為是。不知吾之道德、政治、工藝甚至於日用品，無一不在劣敗淘汰之數。」[6]果真如此，中國將會步向滅亡。

這類想法匯聚於中國共產黨另一位領導人毛澤東的思想之中。一九一七年，毛澤東發表第一篇文章，時年二十四歲。之前，毛曾激烈反抗父親，不願在湖南鄉下的祖田務農，同時也抗拒父母替他與一名鄰居的女兒所安排的婚約。一九一一年，在短暫的反清軍旅生涯之後，毛澤東於長沙埋首書堆，隨性地研讀各家思想。毛澤東以自學遍讀嚴復關於彌爾、孟德斯鳩、盧梭及斯賓塞等思想家的譯著，同時也博覽中國政治哲學家的作品，後來毛考進長沙知名學府「湖南第一師範」，專攻倫理學。這加深了毛對斯賓塞與盧梭等人理論的理解，並且開始接觸康德（Immanuel Kant）的學說，以及比較中、外思想以致用之道。

毛澤東最初很簡單地將中國的積弱不振歸咎於中國人民體質孱弱。中國人民體格之輕細，肇始於中國文化自古重視鍛鍊心智因而忽略了體能訓練。是故，毛澤東身體力行，以游泳、體能訓練來「野蠻其體魄」。毛澤東在一九一七年四月出刊的《新青年》雜誌上發表題為〈體育之研究〉的文章，黽勉同胞堅實體格之鍛鍊。毛澤東強調體育之目的，「非第調感情也，又足以強意志」。然而中國文化傳統上厭惡激烈的運動，卻推崇「衣裳襜襜、行止于於、瞻視舒徐而夷猶者」。毛澤東認為非改變這種觀念不可：「運動宜蠻拙，騎突槍鳴，十蕩十決，暗嗚頹山岳，叱吒變風雲，力拔項王之山，勇貫由基之札」，這都是中國人應該奮鬥的方向。[7]

和同時代的許多中國青年一樣，毛澤東的思想深受達爾文主義影響且充滿理想性，並帶有一點無政府主義的色彩，但仍未浸染於馬克思社會主義之中。就像毛澤東曾在此一時期發表的某篇文章所說，比起馬克思，他更敬佩克魯泡特金（Kropotkin），因為在社會價值方面，克魯泡特金主張的是「互助論」與民眾之間的「大聯合」。[8]一九一九年十一月，毛澤東在長沙當地《大公報》刊登的九篇系列文章中，顯示他此刻已將清末梁啟超、秋瑾等人對女性權利的反思與他集體奮鬥的主張熔冶一爐。梁、秋兩人認為，應善加利用中國女性的力量來強化國家，使中國得以全體四億人口，而非兩億男性的政治資源，面對世界的挑戰。毛澤東的系列評論題為〈對於趙女士自殺的批評〉，敘述該月發生在長沙、新娘於花轎中自殺的事件。名為趙五貞的女學生被迫嫁給吳姓青年。像這類媒妁之言促成的婚姻本是中國的常態，但是趙五貞強烈反對父母安排她的婚姻，遂於出嫁之日在花轎中自盡。趙五貞死後，趙、吳兩家相互爭執，要對方負起埋葬的責任。

毛澤東筆鋒激奮、觀察敏銳，他指出，如果以下三個狀況之中有一項有所不同，這齣悲劇便不會發生：第一，假使趙家不過於強逼，趙女士絕不會死；第二，縱使趙家強迫，但吳家能夠尊重趙女士個人的自由選擇，而非堅持履行婚約，趙女士不會死；第三，即使趙家與吳家不能見容於趙女士的自由意志，但如果長沙社會（其實暗指整個中國社會）更有勇氣、更開放，趙女士也絕不會死。是故，毛澤東評述趙女之死，茲事體大：事件全起於「婚姻制度的腐敗、社會制度的黑暗、個人意志被否定、戀愛不能自由」。但是即使趙女身處於絕望之境，毛並不能寬宥她採取自殺的行止；假若中國人不能面對現實，勢將一事無成。毛進一步論稱：人們之所以循自殺途徑以求解脫，正是因為這個社會剝奪了他們一切的希望，但縱然身處絕境，「社會奪其希望，吾人應主張與社會奮鬥……與其自殺而死，毋寧奮鬥被殺而亡」。[9]

「毋寧奮鬥被殺而亡」這句話說來鏗鏘有力、大膽無畏，然而真正的難處在於斷定誰才是主要敵人。是當地社會的冷漠？是控制湖南的地方軍閥，抑或是北京腐敗的政客？是貪婪的外國強權的砲艦，抑或是嗜血外國資本家變本加厲的蠶食？或者，問題更複雜：是整個中國的價值體系以及奠基其上的經濟系統？對於毛澤東這個世代的青年男女而言，這些問題複雜難解，然而他們必須想出解決之道，否則中國將墜入絕望深淵。

馬克思主義萌動

一九一七年俄國布爾什維克十月革命（Bolshevik Revolution）爆發之前，中國知識分子並未對馬克思主義產生太大興趣。除了《共產黨宣言》部分章節之外，幾乎未見馬克思作品譯成中文。對當時的中國人來說，馬克思主義似乎並不是一種有用的分析工具：除了有關太平天國的探討之外，馬克思對於中國事務本身並沒有多大興趣，況且馬克思設想的社會發展階段論，即從原始社會經奴隸社會、封建社會過渡到資本主義社會，並不合於中國歷史的經驗。中國社會不能說是資本主義社會，甚至談不上萌芽階段，所以馬克思關於「社會主義新時代的到來，必須以推翻資本主義社會為前提」的論述，對中國而言，似乎無限遙遠。

因此，中國報章雖然報導了托洛斯基（Trotsky）成功領導彼得格勒「工人蘇維埃」（Petrograd worker's soviet)推翻克倫斯基（Kerensky）的自由派政府，以及列寧（Lenin）成立蘇維埃政府進行革命等事件，但最初並未引起太多的注意。然而，中國人逐漸了解，俄國的革命事件與一七八九年的法國大革命不同，令許多人震驚的是，儘管原先俄國的專制獨裁政體如此牢固、權力機構如此根深柢固，仍然埋存著蘇聯政權崛起的種籽。一九一八年一月，上海國民黨機關報率先盛讚布爾什維克的勝利，稍後，袁世凱死後返回中國的孫逸仙更致函恭賀列寧。

布爾什維克與反動的白俄勢力之間鬥爭逐漸白熱化，列寧與德國達成和平協定後，協約國強權對布爾什維克革命的敵意也日漸明朗，此時越來越多中國人開始探討俄國革命事件的意義，企圖以俄為鏡。北京大學圖書館主任李大釗正是這股思想潮流的先鋒。一八八九年，李大釗生於河北農民家庭，及長，變賣僅有的家產進入現代學堂求學。一九一三年至一九一六年間，李大釗負笈日本研習政治經濟學，並以優秀的作家和編輯身分而為人所知，也因為如此，一九一八年二月，獲聘擔任中國最富盛名大學的圖書館館員。

李大釗認為俄羅斯的發展潮流勢不可擋：英、法文明已臻巔峰，現在正逐漸下沉；德國文明雖然如日中天，但同樣也步至極盛，即將由盛而衰；反觀，俄國「正惟其孤立，所以較歐洲各國之文明之進步為遲；亦正惟其文明進步較遲也，所以尚存向上發展之餘力。」[10]中國文明不也能這般躍進？李大釗不到六個月就私下在北大圖書館辦公室成立研究小組，多位學生與教員相約探討中國的政治發展。一九一八年末，這個半正式的研究小組起名為「馬爾格士學說研究會」，由李大釗帶領研讀馬克思的《資本論》。

隨著中國人對馬克思的思想越來越有興趣，曾任北京大學文科學長*的陳獨秀，也是當時中國最富影響力的雜誌《新青年》的編輯，決定邀請李大釗策畫一期馬克思專題。專題原定一九一九年五月一日出刊，卻因印刷過程延誤，直到秋天才呈現在大眾眼前。刊載文章泰半是從學術的角度分析特定的馬克思主義概念，有些則是批判馬克思方法論。但李大釗的〈我的馬克思主義觀〉一文詳盡分析階級鬥爭的概念與資本主義的剝削問題，而「階級鬥爭」與「資本主義剝削」兩概念此時還未在中國出現；正因為此雜誌的風行，這些概念迅速流傳於全國廣大的讀者群中。

一九一九年七月，俄國外交事務的全權代表加拉罕（L. M. Karakhar）發表宣言，新政府將會放棄過去的帝國主義政策，中國對新興蘇聯的休戚之感爬上高峰。據此，蘇聯將會放棄在滿洲的特權，取消所有帝俄時代與中國、日本、歐洲強權所簽訂的祕密條約，不再追討山東拳亂的賠款，並願意無償歸還中東鐵路。加拉罕宣言的內容與西方強權、日本行徑的對比是如此鮮明，讓蘇聯顯得是中國最值得信賴的朋友。儘管後來蘇聯改變初衷，否認無償歸還中東鐵路的意願（俄國人辯稱，這一條款是法文誤譯了加拉罕宣言所致），但這並未影響中國人先前對蘇聯的好感。中國人仍謹記加拉罕寬大的說詞：蘇聯的目標就是要「解放外國資本挾帶軍事力量施加在東方人、特別是中國人身上的桎梏」。[11]

到了一九一九年，李大釗的研究小組已吸引了大批學生。當中有些是北大學生精英中的城市富家子弟，但也有來自不同社會背景的學生。其中一位經常與會的年輕學生是瞿秋白，瞿來自江蘇，潛心佛理，國學造詣深厚。瞿秋白的母親因耽溺於鴉片的無能丈夫及棄之不顧的家族，憤而走上自殺一途，於是瞿秋白體認到世界的不公。由於家境寒微，瞿秋白並未能進北大就讀，而是到外交部設立的「俄文專修館」修習，在此不僅學費全免，且有一筆小額津貼。另一位是張國燾，張是湘贛邊界客家籍地主的子弟，十幾歲就幫孫逸仙的革命組織暗

＊　原注：陳獨秀後來受到校園內守舊分子的排擠，而於一九一九年三月被迫離職。

中運送槍械，及長成為一名反袁世凱的積極分子。

雖然這些青年學子對布爾什維克主義、馬克思主義滿懷熱情，但若要將馬克思主義的學說與中國的社會環境相扣合，就必須重構馬克思主義某些基本前提。其中最令人困擾的問題是，馬克思賦予城市無產階級歷史主體的角色，並視共產黨為領導無產階級的先鋒，然而當時中國的工業部門仍處襁褓階段。不過令人鼓舞的是，俄國本身幾乎也不符合任何馬克思主義的理論模式；另一方面，也因為李大釗重新詮釋馬克思理論，手段巧妙地將中國定位為「無產階級民族」（proletarian nation），而將中國穩穩地置於馬克思主義的對話場域。李大釗認為，在眾多帝國主義勢力擺布下，全體中國人受剝削，正如資本家通過占有生產工具、奪取工人剩餘價值的方式剝削工人。因此，李大釗的結論是：「全國國民漸漸變成世界的無產階級。」[12]

李大釗以鏗鏘的口吻為文號召，知識分子應以勞動為榮，隨農民加入田間勞作以洗滌城市的頹鄙風尚。他提倡，知識青年下鄉將有益於漸漸修補中國憲政架構的斷垣殘壁，因為這群來自城市的學子能向農民解釋投票的重要意義，以及組成地方政府的不同選項，並勘查外來的經濟利益如何主導並剝削地方。一九二〇年初，北大學生所發起成立的「平民教育演講團」巡迴於近郊村莊，教育農民大眾，以具體行動踐履李大釗的理想。

當然，這類農村經驗不只是一種學院式的活動。一九一九年幾次的嚴重旱災，導致接下來兩年間，大半個河北省與毗連的山東、河南、山西及至陝西飽受饑荒的肆虐。此地農村每平方哩的平均人口密度約為一千兩百三十人，農作歉收，再加上地方政府的賑災救濟金不足、無力紓解饑荒，造成至少五十萬人死於災荒。上述五個省分一共四千八百八十萬的人口，超過一千九百八十萬人處於赤貧。房屋的門板與橫梁紛紛被拆卸求售，或用來燃燒取暖；成千上萬難民湧入街頭或鐵軌旁，許多人為了強行擠進滿載乘客的火車車廂，因而不幸意外殘廢或喪生；數以萬計的孩童被販賣充當僕役，其中女孩多淪為妓女或側室。曾有一村莊，一百戶人家中有六十戶，因缺乏糧食而被迫以野草、樹葉果腹。傳染病（特別是斑疹傷寒症最為可怕也最為流行）奪走了那些早已無抵抗力的生命。藉此機會，這些在思想上接受李大釗召喚的學生們才得以走出過去受人保護的舒適圈，一窺當時中國百姓普遍有多絕望與貧困。其中某些人體認到，這慘狀的起因是政府貪腐無能，他們也開始思想自己能做些什麼、國家的前途有哪些可能性。

五四運動的諸面向

對社會達爾文主義觀念的議論漸增、對共產主義興趣的高漲，正反映出一場文化劇變正席捲全中國。這一文化劇變史稱「五四運動」，因為這場文化運動可以說是與一九一九年五月四日發生於北京的事件以及它對全國的影響糾纏一起。故此，「五四運動」一詞有廣狹兩義，端視用來指涉五月四日當天所發生的示威事件，抑或是隨之而來複雜的情緒、文化、政治的發展而定。

來自十三個地區大學院校的學生代表於一九一九年五月四日上午齊聚北京，提出五項決議：第一，抗議巴黎和會所通過的山東決議案；第二，努力喚醒「全國各地的民眾」，認識中國所處的困境；第三，倡議組織北京市民的群眾集會；第四，敦促成立一個北京全體學生的聯合會；第五，決議當天下午舉行遊行示威，抗議巴黎和會。

第五項提議即刻付諸行動。大約三千名學生不顧警察禁令，齊聚紫禁城前的天安門廣場（當時只是築有圍牆的小公園，而非現今巨大的開放空間），朝東交民巷西口的外國使館區前進。在遊行隊伍的前頭，一幅輓聯隨風飄蕩，上面寫著最受厭惡的親日內閣閣員姓名。學生邊走邊發送傳單給觀望的市民，上面以老嫗皆解的白話文向市民傳達——將山東的權利讓渡給日本，便意味著中國領土不再完整，並呼籲民眾不分職業階層，一起加入示威抗議的行列。示威群眾受到外國使館警衛與中國警察的阻攔，轉而包圍負責與日本協商鉅額借款的交通總長*府邸。雖然曹汝霖當時不在家，部分學生依然強行破窗而入，放火燒房，有一些學生發現了另一名躲藏在府內的高官**，便將他痛毆至不省人事。示威隊伍數度與警察發生暴力衝突，一名學生***重傷，三天後死於醫院****，是唯一的死者。到了傍晚，大多數示威人群都已散去，此時增援的警力趕赴現場，逮捕了逗留街上的三十二名學生。

接下來數日，北京的學生及某些師長重整旗鼓，繼續執行五月四日早上所通過的其他決議事項。他們隨即成立了「北京中等以上學校學生聯合會」，以結合北京市內中、高等學校與各大學院校學生的力量。北京學生聯合會成立的重要意義之一在於該會是男、女學生一起集會，並正式主張男、女合校，作為男、女分校之外的選擇（一九二〇年，首批女學生進入北大就讀）。成立這種大規模學生組織的想法迅速在中國各大城市，如上海、天津、武漢，及其他地區流傳開來。一九一九年六月，來自全中國超過三十個地區的學生聯合會代表成立了「中華民國學生聯合會」。

參與示威行動的學生也成功地向不同背景的中國人傳播他們的理念主張，再次顯明學術精英的威望，這些精英在清朝時本就是儒家教育的重心，現今只不過換上現代裝束。層出不窮的學生罷課行動以及政府對學生的大規模逮捕，激發全國民眾對示威學生的同情。這些支持聲浪來自全國各主要城市的商業團體、個別的實業家、店家及工人。儘管當時中國並沒有全國性的工會組織，無從計算正確的數字，不過單是上海一地，就約莫有四十三家企業的六萬名工人曾策動支持學生的罷市或罷工行動。顯而易見地，大規模的工人運動看來越來越有機會發生，而且可能對整個中國的經濟生態造成深遠的影響。這些行動大都發生在紡織工

* 譯注：曹汝霖。

** 譯注：章宗祥。

*** 譯注：北大學生郭欽光。

**** 譯注：北京一所法國醫院。

廠、印刷廠、金屬工廠、公共事業部門、運輸業、造紙業、煉油廠、菸草工廠等。這些激進的行動很多是受到一九一九年間散布各地之社會主義研究學會或團體的鼓吹策動。

隨著不滿中國國際地位的抗議聲浪四處蔓延，新的刊物與報紙亦如雨後春筍般在各地湧現。為了讓教育程度不高的市井百姓也能讀懂，這類期刊報紙多以淺顯易懂的白話文體行文，分析各類文化與社會問題，昭示串聯了不同階級、地域、職業的社會新生力量逐漸抬頭，引導數以百萬計的群眾齊一在看似支離破碎的世界裡追求一致性與意義。儘管五四時期的刊物大多持續不久，但是它們的刊名在在反映了時代的騷動：《曙光》、《少年中國》、《新社會》、《民鐘》、《新婦女》、《平民》、《向上》、《奮鬥》。[13]

甫從日本歸國的浪漫詩人郭沫若於一九一九年完成的詩句，字裡行間彰顯出當時中國青年的奔放熱情：

我是月底光，
我是日底光，
我是一切星球底光，
我是X光線底光，
我是全宇宙底energy底總量。

在這首詩裡，郭沫若運用「X」和「energy」兩個英文字，為他誇張絢麗又私密的語句增添異國風情。[14]

在遙遠的凡爾賽所發生的事件，以及腐敗地方政客越來越明顯的怯懦，似乎已經在中國人民的心中合而為一，進而逼迫他們去尋找重新賦予中國文化意義的方式。身為中國人的意義何在？國家往何處去？在追尋答案的過程中又應採取什麼樣的價值體系？廣義而言，五四運動嘗試重新定義中國文化，使之成為現代世界有意義的一個環節。在這個探索的過程中，改革者的主張當然大異其趣，取徑也各不相同。某些五四思想家力主全面批判儒家思想、父權至上的家庭制度、媒妁之言的陋習、傳統教育模式等反動或不切實際的封建遺緒。有些人則是通過改良寫作形式，宣揚白話文運動，以期革除精通詰屈聱牙之古文所必然衍生的精英主義。此外，也有文人雅士對西方傳統藝術與文化心往神馳，更有人推崇西方前衛藝術，例如超現實主義（surrealism）與立體派（cubism）的繪畫風格，象徵主義（symbolism）的詩歌，平面設計，寫實主義（realism）的戲劇，以及服裝與室內設計的最新潮流。有些人則試圖學習某些西方繪畫技巧，替中國傳統藝術重新注入新的民族精神。

若干學者從解決問題的觀點切入，力主應用社會學、經濟學、史學、哲學等研究方法，針砭中國的沉痾並提出解決辦法。其他有識之士雖然也採取實用主義（pragmatism）的途徑，但認為欲解決中國的弊病，必須更深一層認識西方科學、工程、醫學的成就。這種實用主義的立場與其他較意識形態化的世界觀主張相互牴觸，後者主要是受到社會主義、馬克思主義、女性主義等社會批判觀點的啟發，試圖以激進的行動迅速完成社會改造的目標。事實上，中國此時正跟上世界風潮，緩緩地走進文化上、思想上的先鋒隊伍裡，而這一點也反映在中國人對於佛洛伊德著作的興趣上。此時佛洛伊德的心理學思想體系已漸趨成熟，一群熱中心理分析的中國知識分子開始構思如何用中文語彙來表達「Oedipus complex」、「penis envy」與「hysteria」等概念——因此中文才有了「伊底帕斯情結」、「陽具崇拜」與「歇斯底里」等詞彙。有些人則追尋人類心靈的完全解放，放膽擁抱某種普羅米修斯式（promethean）的浪漫信念，以徹底釋放人類的無限潛能，至此所有愛與進步的阻礙都將消弭無蹤。

這類改革者大都胸懷愛國情操，他們無不企求一個團結、再次充滿活力的中國，以消弭軍閥、現被稱作「封建的」、具剝削本質的地主經濟，以及外國帝國主義等壓迫中國人的三大問題。而改革者雖推崇西方科技力量，同時也渴望保存中國文化的某些本質，在這方面非常像六十年前同治中興期間，朝廷那些兼具大儒身分的革新要角。

廣義而言，五四運動是全國性的文化現象，但是支撐這場文化運動的思想，竟然大都發軔於北京大學的師生。共和國肇建之初，北京大學便竄升為全國知名的學術研究與作育英才的重鎮。北京大學能引領時代風騷，部分得歸功於一代碩儒兼翻譯家嚴復的勇於任事。嚴復曾於一九一二年擔任這所現代化學府的首任校長。北京大學創校之初，面臨預算遭到大幅縮減的窘境，嚴復說服政府相關部門全力支持北大的預算，他說：「今世界文明諸國著名大學，多者數十，少者十數。吾國乃并一已成立之大學，尚且不克保存，豈不稍過？」[15]嚴復在教育方面的成就由五四運動中三位翹楚便可衡量：即踵繼嚴復之後擔任北大校長的蔡元培、北大文科學長陳獨秀，以及北大哲學教授胡適。

此三人以蔡元培年紀最長，成就最顯赫。一八九〇年，蔡元培年僅二十二歲即中進士第，後升補翰林院編修。清末最後幾年，蔡元培於家鄉浙江擔任教育官員，當時即為激進學校與反清會社*的教員與贊助者。蔡元培後來加入同盟會，但武昌起義伊始，蔡正於德國萊比錫大學修習哲學。一九一二年，蔡元培返國先後擔任孫逸仙、袁世凱內閣的教育總長，隨後二度赴德（於此寫了關於康德的研究）及到法國協助成立針對中國學生的勤工儉學計畫。一九一七年，蔡元培被任命為北京大學校長，勇敢面對控制北京政府的軍人和政客。他捍衛北大師生的言論自由，主張全校上下追求的是實行「世界觀教育」（education for a world view），主張大學校長的職責在於「囊括大典，網羅眾家，思想自由，兼容並包」。[16]五月四日學生遊行示威運動過後的第四天，蔡元培強烈抗議政府逮捕參與示威遊行的北大學生，因此辭去北大校長一職。一九一九年底，蔡元培再度被委派膺任北大校長職務，持續擔任該職迄至一九二二年，他帶領北大師生走過紛亂歲月，堅定捍衛人權價值，護衛學術研究的自

* 譯注：愛國學社。

由，不改其志。

陳獨秀則是另一種典型，他的個性不定且多愁善感，支持弱者往往不是深思熟慮的結果，而是直覺使然。一八七九年，陳獨秀出身安徽官宦望族，早年接受儒家傳統教育，一八九七年，參加江南鄉試落第，晚年在自傳中，以揶揄嘲諷的語調訴說瀰漫在傳統考試制度中骯髒的環境、虛偽，以及無用。陳獨秀兩度赴日留學，並在日本協助組織激進的政治社團*。當時，陳獨秀拒絕加入孫逸仙的中國同盟會，因為陳認為同盟會反清的革命目標只是一種狹隘排滿的「種族主義」（racist）。陳獨秀大力反對袁世凱的帝制野心，一九一五年，創辦《新青年》雜誌，一九一七年接受蔡元培之邀，赴北大任文科學長。《新青年》雜誌迅速成為中國最具影響力的思想性刊物，而身為《新青年》雜誌的主編，陳獨秀呼籲大膽探索理論、對舊有價值展開激昂攻擊，並透過洗滌個人的品格，從道德的角度切入探討政治。

陳獨秀以《新青年》雜誌鼓動風潮，發起全面批判孔教教義，他認為，儒家倫常的最大弊端在於違逆構築「現代」生活核心價值必備的獨立人格特質。陳獨秀曾在一九一六年底論及，欲建設西洋式之新國家，「則根本問題不可不首先輸入西洋式社會國家之基礎，所謂平等人權之新信仰，對於與此新社會新國家新信仰不可相容之孔教，不可不有徹底之覺悟，勇猛之決心；否則不塞不流，不止不行。」[17]陳獨秀在其他文章中又力倡白話文，廢除文言文體例，宣揚他所謂的「德先生」與「賽先生」兩個概念，痛批儒家思想的「傳統主義」（traditionalism）。陳獨秀熱烈響應五四的學生示威運動，運動期間被北京政府指控散發煽動性文章，遭監禁三個月。陳獨秀獲釋後離開北京遷居上海，越來越熱中於馬克思主義，並憧憬激進的社會變革。一九二〇年，陳獨秀成為新成立之中國共產黨的創黨黨員。

胡適在這三人當中年紀最輕。胡適本來在理念上與陳獨秀契合，是陳獨秀志趣相投的密友。雖然胡適也呼籲中國實踐民主與科學的理想，但胡漸感陳獨秀的思想走極端，侈言空談各種「主義」，而不知慎思明辨。胡適也出身安徽的官宦之家，及長至上海入西化的「中國公學」就讀。一九一〇年，胡適十九歲，獲得庚子獎學金赴美，庚子獎學金是美國從庚子賠款份額撥出歸還給中國政府，用以資助優秀的中國青年留學美國。胡適取得康乃爾大學（在康大，胡曾入選美國大學優等生榮譽學會，亦即Phi Beta Kappa Society）文學士學位，嗣後入哥倫比亞大學，師從杜威（John Dewey）等人修習哲學。胡適著手研究古代中國邏輯方法的發展，然而直到一九一七年返回中國時，並未完成博士論文。胡適歸國後受蔡元培的邀請，獲聘為北大哲學教授。

胡適回到中國後宣揚白話文運動不餘遺力，研究文學史也是成績斐然。他研究中國古典小說，著重其敘述之明晰、語言之鮮活。一九二〇年代的頭幾年，胡適首開探討十八世紀曹雪芹的小說《紅樓夢》之風，他研究小說史的學術成就臻至巔峰。胡適的其中一項研究，讓

* 譯注：在日本，陳獨秀與柏文蔚於一九〇五年籌組「岳王會」。

人看到小說中對社會結構豐富的描述，部分出自作者的親身體驗。曹雪芹的先祖曾忠心侍奉康熙皇帝多年，在遭雍正抄家之前，在南京過著光鮮亮麗的富貴生活。

無論在理智上或情感上，胡適一直在崎嶇之道奮力前行。他堅信西方方法論的優越性，拒斥佛教的「命定論」（fatalism），一如他亦揚棄了他曾在一九一一年短暫擁護過的基督教教義。在個人情感方面，胡適同樣深感束縛重重，他自認處於世代交替，必須同時對過去與未來承擔重責，也注定要為過去與未來奉獻犧牲。他對文化與歷史問題提出大膽假設，但同時也務求小心求證。他奉行實用主義哲學家杜威的分析邏輯，追求「不斷純美的永恆過程」，而不是絕對的完美。一九一九年夏天，在題為〈多研究些問題，少談些主義〉的著名文章裡，胡適猛烈譴責陳獨秀等激進的知識分子：

我們不去研究人力車伕的生計，卻去高談社會主義；不去研究女子如何解放、家庭制度如何救正，卻去高談公妻主義和自由戀愛；不去研究安福俱樂部*如何解散，不去研究南北問題如何解決，卻去高談無政府主義；我們還得意洋洋誇口道，「我們所談的是根本解決」。老實說罷，這是自欺欺人的夢話。[18]

五四的遊行示威過後，胡適繼續留在北京大學。但胡適在一九二〇年代初，政治傾向日趨保守，試圖在彼此競爭的思想派別中尋找民主的中道。然而胡適如五四運動那一代的知識分子，仍覺難以解決隱伏在他那新中國展望中的衝突。胡適一方面與透過媒妁之言娶的妻子維持婚姻關係，儘管他對妻子似乎並無太多愛戀，也曾自承狎妓尋歡發洩。但胡適卻又戮力替他人爭取婚姻自由、擺脫傳統的束縛，著名的美國女性主義者、致力推廣節育運動的桑格（Margaret Sanger）女士於一九二二年造訪中國發表節育問題講座時，胡適即擔任口譯。

桑格的造訪凸顯了一個現象：許多新議題不斷衝擊著中國。然而她只是眾多訪華且對五四那一代思想家造成深刻影響的西方人士之一。一九二〇年至一九二一年，英國哲學家羅素（Bertrand Russell）抵達中國，並至各處遊歷，他深入內地，甚至遠抵長沙市。羅素對「數理邏輯」（mathematical logic）精湛的闡釋令聽眾為之著迷，他的和平主義（pacifism）理念也引起共鳴。一九一九至一九二〇年間，杜威卜居北京，他開設幾門課程，到中國各地旅遊講學，嗣後杜威對五四運動時期中國的智識生活寫過一篇重要的文章。一九二二年底，愛因斯坦（Albert Einstein）在完成「廣義相對論」（general relativity theory）的第一部著作後不久，曾受邀於赴日途中順道訪問中國。稍後，一九二三年，印度詩人、諾貝爾文學獎得主泰戈爾（Rabindranath Tagore）到中國巡迴演講，分享他的美學、非暴力主張，以及基於自給自足與合作之勞動原則而設立農村公社的理念。

＊　譯注：安福俱樂部由軍閥、政客所組成，是當時北京政壇上舉足輕重的腐化派系。

透過這些人物與思想理念的力量，五四運動改變了中國人的意識，進而為中國人的生活與行動帶來新的可能性。另外一位影響深遠的人物是挪威劇作家易卜生（Henrik Ibsen），當時他的戲劇在中國各地上演，受到熱烈的讚賞。一九一八年，《新青年》雜誌編輯了「易卜生專號」，向中國青年引介這位劇作家對資產階級虛偽造作外表的深刻批判，以及他對婦女解放運動的倡提。一九一八年的專號將易卜生的戲劇《玩偶之家》（*A Doll's House*）譯成中文，故事女主角娜拉（Nora）在劇末毅然離開丈夫，投入社會，追求自我命運。娜拉的勇敢行徑成為五四時代中國年輕女性文化與個人的象徵。

與羅素一同前往中國的伴侶布拉克（Dora Black）曾驚訝地表示，「北京女子高等師範學校」的女學生與她侃侃討論婚姻、自由戀愛、節育等問題，毫無憚忌。[19]魯迅對他所謂「娜拉現象」表示同情，但也略帶焦慮。魯迅在向北京女子高等師範學校學生發表題為「娜拉走後怎樣？」的演講時，提醒聽眾切莫忘記她們身處社會的現實。女人或許能掙脫部分婚姻與家庭的枷鎖，但除非她們能在經濟上達到某種程度的獨立自主，否則她們爭取到的自由只會是一場空。魯迅指出，男人並不會輕易讓出對經濟權的掌控。魯迅說自己「是將娜拉當作一個普通人物而說的」，然後他補上一句，「假使她很特別，自己情願闖出去做犧牲，那就又另是一回事。」[20]

魯迅無疑是五四運動時代最傑出的作家，他的文字總能吸引大批讀者。魯迅曾在日本習醫、翻譯，在故里浙江及北京任小吏，好蒐集古文物。魯迅多年來對文學的嘗試皆以失敗告終，終於在一九一七年，三十五歲時開始奠定他在文壇的地位。魯迅膾炙人口的小說大都是在一九一七年與一九二一年間付梓出版，其中包括不世名作〈阿Q正傳〉。在這篇小說裡，魯迅將辛亥革命刻畫成荒謬絕倫、不得要領的事件，一場由騙子所主導的歷史鬧劇，以無知易受騙者的死亡收場。魯迅以批判的炯炯目光，凝視中國人的文化落後和道德怯儒，並以此為己任。他的小說洋溢著悲憫情懷，但批判冷峻，語帶悲觀。魯迅了解身為一位作家的使命，他曾告訴友人：「假如一間鐵屋子，是絕無窗戶而萬難破毀的，裡面有許多熟睡的人們，不久都要悶死了，然而是從昏睡入死滅，並不感到就死的悲哀。現在你大嚷起來，驚起了較為清醒的幾個人……幾個人既然起來，你不能說絕沒有毀壞這鐵屋的希望。」這段話的旨趣與毛澤東那篇論趙女士的文章相去不遠。不同的是，魯迅相信中國人通過他的寫作至少能在臨終前覺醒思考，毛澤東則是堅持要中國人拚死奮鬥。

魯迅憎惡儒家遺緒，總是以辛辣譏諷的筆調菲薄孔學教義。〈阿Q正傳〉的主題在魯迅其他作品一再出現：所謂的辛亥革命並未徹底改造中國人的民族根性，反而將一批新的流氓惡棍推向官場。魯迅認為，或許政治革命有朝一日真能促成積極的社會變革，然而他也憂心，進步的思想混雜著迷信與冷漠會阻礙這些可能。魯迅悲嘆，在中國，要跨越階級高聲吶喊、要在破碎的世界保有希望竟是如此困難。魯迅在一九二一年出版的著名小說〈故鄉〉，結尾令人動容：「希望是本無所謂有，無所謂無的。這正如地上的路，其實地上本沒有路，走的人多了，便成了路。」[21]

魯迅這段話雖然含糊些，甚至悲觀些，但是與胡適一樣，一語道出五四運動的思想精神。然而，魯迅就如同這場運動中其他三十歲以上的健將，皆只是搖旗吶喊，以著述立說為務。不過當陳獨秀親自付出行動，因散發「不當」言論而身陷囹圄時，五四運動已跨入第二階段，邁向新的行動主義。年輕一輩的學生對未來更無所畏懼，他們順著這條行動主義的脈絡，主張必須將行動的精神推向第三階段。對他們來說，前輩信能用手中的筆翻天覆地，令他們備感欣慰，然對這些激進的青年學生而言，五四運動的真正意義正是在於認知到「奮空拳，揚白手，和黑暗勢力相奮鬥」[22]的時刻已悄然到來。

共產國際與中國共產黨的誕生

倘若中國青年正準備揚白手與黑暗勢力相搏鬥，那麼他們就需要一個縝密的攻擊計畫。雖然當時俄國革命勢力遭遇足以動搖信心的艱困挑戰，但在蘇聯共產黨的實踐努力下，這類計畫似乎隱然成形。布爾什維克於一九一七年奪權後，蘇俄紅軍與白軍的激戰既慘烈又遙無終日，尤以俄國東部、南部為烈。歐洲各國的敵意接踵而至，毫不鬆懈。同時，新生的蘇聯也面臨經濟情勢的殘破。然而最令蘇俄感到沮喪的，莫過於德國、匈牙利、土耳其等國的工人運動遭到各自政府的殘酷鎮壓，相繼挫敗；另一方面，在先進的工業社會裡，也未如許多理論家預言，爆發後續的社會主義革命。

列寧為了在各國點燃社會主義革命的火花，於一九一九年倡議成立「第三國際」，並於該年三月舉行第一次代表大會*。雖然與會代表均來自俄國或歐洲，但是大會仍對「全世界的無產階級」提出宣言，宣言中盛讚蘇維埃模式的政府組織形態，敦促共產黨堅定地與非共的勞工運動相抗衡，並向殖民地人民抵抗帝國主義強權的決心表達支持，這當中包括中國人民抵禦日本的侵略野心。第一次世界大戰後對各國領土的協調，讓歐亞地區的民族主義運動風起雲湧。這種新局勢令列寧及共產國際的領導面臨戰略的抉擇：是支持各國所有形式的社會主義革命，而不顧此舉可能削弱反帝國主義的民族主義運動；或者支持具濃烈民族主義色彩的領導人，即使這類領導人的階級屬性可能是資產階級的改革者。在一九二〇年七月舉行的共產國際第二次代表大會上，列寧採取的立場是：對落後國家而言，只要獲得蘇聯的奧援，資本主義社會不見得是無可避免的歷史發展階段。在這種情況下，落後國家可以建立農民蘇維埃（peasant Soviets）的組織形式，暫時與資產階級民主政黨結盟。

早在共產國際第二次代表大會召開之前，列寧即委派兩位共產國際的代表維丁斯基（Grigori Voitinsky**）、楊明齋來華了解中國民情，並試探成立共產黨的可能性。時年二十七歲的維丁斯基曾在俄國東部遭反布爾什維克的軍隊逮捕，監禁於庫頁島。他在獄中成

* 原注：孫逸仙採行「聯俄容共」策略時是與「第三國際」合作，但「第二國際」已於一九一五年瓦解。

** 譯注：又名伍廷康、吳廷康。

功策動政治犯進行暴動一舉成名，嗣後被調往位於西伯利亞伊爾庫茲克（Irkutsk）的共產國際遠東局工作。楊明齋，山東人，移民西伯利亞，曾於帝俄時代的最後十年定居莫斯科，並在莫斯科求學。一九二〇年，維丁斯基、楊明齋抵達北京，立刻與在北大俄文系任教的俄國籍教授*接觸，經由他的建議，會見了李大釗，李大釗最後提議維、楊二人去拜會陳獨秀。

陳獨秀在五四運動的遊行示威大展身手之後坐了三個月的牢，然後就離開北京前往上海，定居在法租界，繼續《新青年》雜誌的編務工作。此刻《新青年》的政治立場已偏向左翼思想，使得像胡適這類自由主義派的支持者紛紛離去，與之畫清界線。一九二〇年五月維丁斯基、楊明齋同陳獨秀會晤時，陳正千頭萬緒、焦躁不已，博覽社會主義的理論主張，尋找可行的選項，包括日本的「新村」理論模式、朝鮮基督教社會主義（Korean-Christian socialism）、中國的「工讀互助團」，以及杜威所宣揚的基爾特社會主義（guild socialism）理念。這兩名共產國際的代表指引陳獨秀成立政治組織的明確方向及必要的組織技巧，俾以結合當時散落在中國各地各自為政的社會主義團體。在兩名代表的敦促之下，陳獨秀委託友人陳望道將日文版的《共產黨宣言》譯為中文——這時陳望道剛好也因為學生寫了一篇有違孔孟孝道的文章而遭學校開除教職，賦閒在家。於是，在陳獨秀的安排下，第一個《共產黨宣言》的完整中譯本於一九二〇年年底出版。同年五月，又是在共產國際的提議之下，一群包括社會主義者、無政府主義者、進步分子，以及隸屬於國民黨團體的人士開會，推選陳獨秀擔任臨時中央的書記。

接下來的幾個月，中共的建黨運動獲得重大的進展。「華俄通訊社」與「外國語文學校」成立，其主要用意在於掩護共產黨吸收黨員的活動。楊明齋與陪同夫婿前來中國的維丁斯基夫人於外國語學校教授俄語，部分學生在熟諳俄語後被選派前往蘇聯，進一步接受革命組織技巧的訓練。共產國際也組織了一個社會主義青年團，並建立一份社會主義月刊。以此為開端，勢力範圍漸次擴展。湖南長沙共產主義小組是在毛澤東領導下成立的，爾後湖北的武漢共產主義小組、北京共產主義小組也先後設立，除此之外，旅日的中國留學生、法國的勤工儉學學生也分別成立了海外共產主義小組。

旅法共產主義小組對中國共產黨日後發展的影響尤其重大。在一九一九年與一九二〇年兩年間，逾千名中國青年學生志願加入「勤工儉學」計畫，該計畫是脫胎於一系列稍早的計畫（其中好幾個出自中國無政府主義者之手），試圖將進階教育與道德嚴謹、甚至苦行式的生活形態相結合。一九一九年末經由海路前往法國的那批學生之中，有幾名是來自湖南長沙的毛澤東知交。他們曾活躍於故里的勞工活動，以及反軍閥、反日抗議活動，並在五四運動期間緊跟北京的步調，在湖南發起後續的反帝國主義的示威遊行。周恩來於一九二〇年底抵達法國，周恩來曾於五四運動期間領導天津的學生抗議運動，並在一九二〇年初因闖入破壞

＊　譯注：即柏烈偉（Sergei A. Polevoy）。

當地政府辦公室遭地方公署逮捕入獄。旅法共產主義小組成員中以來自四川的鄧小平最為年幼，當時鄧年僅十六歲，中學畢業，但已在赴法前於重慶留法勤工儉學預備學校接受一年的特殊課程訓練。多年後，周、鄧都成為中國共產黨的主要領導人，也是中國經濟與外交政策的擘畫者。

在法國，這些學生大都住在巴黎或巴黎近郊，其他則聚集在里昂的一間大學*。他們在專門為中國學生開設的班級裡學習法語，若有職缺，部分學生則是進入「雷諾汽車廠」（Renault auto plant）一類的工廠打工，在工廠裡學生學到法國的勞工組織原則及社會主義理論。這批留法學生中，最激進的大都來自湖南和四川兩地，他們創辦屬於自己的地下刊物**（鄧小平曾被冠上油印博士的「榮譽」頭銜，以讚揚他對這份刊物的認真負責），參加示威抗議，並透過其他方式參與激進的政治活動。

旅法的湖南籍女學生向警予是毛澤東在長沙的好友，她不只熱中社會主義革命，更是積極參與女權運動。向警予與在法國的另一位湖南籍學生***締結了「革命婚姻」：這對革命情侶拍攝婚照時，一同手持馬克思的《資本論》許下誓約。向警予敦促中國女性同胞學習科學，並主張政府不應讓女性與男性參加相同的考試，因為所有中國女性過去都沒有受教育的權利，她也要求勤工儉學計畫應給予男女同等的名額。

旅法留學生經常為窘迫的經濟現實所苦，並不時因為敵對意識形態團體之間的相互較勁而困擾。留法學生曾數度聚集在巴黎的中國駐法公使館外，抗議微薄的工資及惡劣的工作環境，結果遭到法國警力強行驅散，接著一九二一年九月，憤怒的激進中國學生占領了里昂中法大學的建築物。結果，一百零三位示威學生遭逮捕，然後集體遞解出境。周恩來、鄧小平雖然加人抗議的行列，但並未被遣送回國，他們二人在法國參加共產黨青年團，並在歐洲的華人社群裡積極招募黨員，也獲得顯著成效。

設若毛澤東有管道或者經濟環境許可，他大有可能選擇前往法國，然而當時這兩個條件無一具備。毛澤東在一九二〇年裡大都輾轉於北京、上海之間，與人討論剛剛全篇翻譯成中文的《共產黨宣言》和其他馬克思主義著作，並曾在一家洗衣店工作數個月。後來毛澤東返回長沙，在一師附小裡覓得主事的職務，經濟情況頓時獲得改善，使他有能力與老師的女兒楊開慧結婚，婚禮在一九二〇年的秋天舉行，同時他也成立了共產主義小組。毛澤東開始以作家、編輯、勞工階級領導人等身分在湖南的政治圈中嶄露頭角，毛領導長沙地區傳統工會的工人為改善勞動條件而抗爭。毛澤東此時的聲名已為黨的領導人知悉，所以邀請毛以湖南代表的身分，出席一九二一年七月在上海召開的中國共產黨第一次全國代表大會。

＊　譯注：里昂中法大學。

＊＊　譯注：即《少年》，後改名為《赤光》。

＊＊＊　譯注：蔡和森。

在危殆的政治氛圍下，共產黨的出席代表不得不祕密聚會。起初，他們在法租界一所正值暑假期間的女子學校頂樓*開會。因為受到監視**，與會代表移往位於浙江嘉興南湖的一艘遊船上繼續討論。陳獨秀、李大釗二人由於若干因素，未能出席這次大會；同時，也因為維丁斯基已經離開中國，所以這次大會就由另一位甫來華、化名為「馬林」（Maring）的共產國際代表主導。馬林以及代表中國共產黨全國近六十位黨員的十三名中國代表共同討論當時最重大的一些議題，並起草與蘇聯基本立場一致的宣言。除此之外，他們還要盡可能地討論出適於他們所界定之「客觀情勢」的建黨策略。

陳獨秀在缺席的情況下被推選為中共中央局書記。與會代表回到家鄉後，將黨代表大會的決議告知其他同志、在情況允許時執行討論的結果，並廣泛吸收黨員。因為一大的出席代表來自廣東、湖南、湖北、山東、北京、上海各地，所以他們能迅速傳遞大會的訊息。即使如此，在全國政治舞臺上，中共的力量仍是微不足道。一九二二年，不包括海外入黨者，全國黨員總數約莫只有兩百人。

一九二二年，許多旅法的中國共產黨黨員紛紛整裝返國，為中國共產黨注入新血，其中湖南籍共產黨員向警予尤擅長組織工廠女工。她這項專長替黨的活動添加了新面向，並為黨爭取到另一股重要的支持力量，因為在中國眾多受剝削工人當中，要屬在大型紡紗廠做工的女性勞動者（及童工）的境況最為悲慘。然而當向警予的丈夫被選入新成立的中央委員會時，她卻只是一度被指定為候補委員，之後都只能待在與婦女運動相關的邊緣位置。由於向警予必須照顧分別出生於一九二二年和一九二四年的兩個小孩，也令她無法全心投入黨務工作。向警予的例子正足以證明，中共的政策主導權幾乎完全由男性所壟斷。

一九二二年一月，蘇聯的領導人認為時機已成熟，可以邀請約四十名中國代表參加在莫斯科召開的「遠東勞苦人民大會」（Toilers of the Far East）。莫斯科的景況令人怵目驚心，同時也陷於糧食嚴重短缺的窘境，不過來自中國的代表仍與蒙古、朝鮮、日本、爪哇、印度等國代表一同參與了至少十場全員大會。共產國際的主席季諾維也夫（Grigory Zinoviev）在大會上向各國代表發表演說。季諾維也夫告訴與會代表，唯有團結起全世界的無產階級，才能推翻資產階級的強權：

> 謹記歷史的進程向吾人所作的昭示：與無產階級並肩作戰贏得獨立，或者一敗塗地。與無產階級合作、跟隨無產階級的帶領，透過無產階級的手獲得解放，抑或是注定淪為英國、美國及日本奸黨的奴隸。[23]

* 譯注：博文女子學校。

** 譯注：受到法租界巡捕的監視。

當一位其實是國民黨黨員的中國代表率然地指出，大會只不過重複孫逸仙說了二十年的論點，即遭到來自蘇聯治下土耳其斯坦的一位代表駁斥。他說道，「國民黨是進行了偉大的革命事業沒錯」，不過本質上這場革命是屬於「民族民主運動」（national democratic movement），基本上僅是革命運動的「第一階段」，並非真正「為無產階級革命而奮鬥」。

然而，是否與孫逸仙的國民黨合作的問題越發頻繁地浮上檯面。馬林回到中國後對中共施加壓力，結果一九二二年夏天在杭州召開的會議中，與國民黨合作的意見寫入了《中共二大宣言》。中國共產黨在該宣言指稱，將與國民黨暫時合作，目的在打倒「軍閥官僚的封建勢力」。一旦民主革命成功，合作階段就告結束，而無產階級將進行「第二步奮鬥」，實行「與貧苦農民聯合的無產階級專政」[24]對付資產階級。在這份宣言的撰寫者眼中，五四運動那種無以名狀的使命感與口號，在這些教條式的煽動聲明中有了明確的形貌和焦點。

注釋

1 史華慈（Benjamin Schwartz），《尋求富強：嚴復和西方》（*In Search of Wealth and Power: Yen Fu and the West*., Cambridge: Harvard University Press, 1964），頁四五至四六。

2 普賽（James Pusey），《中國與達爾文》（*China and Charles Darwin*., Cambridge: Harvard University

Press, 1983），頁一〇一至一〇三。

3 柏納爾，《迄至一九〇七年的中國社會主義》，頁一〇〇。

4 普賽。頁四三五。

5 前揭書，頁四三九。

6 林毓生（Lin Yu-sheng），《中國意識的危機：五四時期激進的反傳統主義》（*The Crisis of Chinese Consciousness: Radical Anti-traditionalism in the May Fourth Era.*, Madison: University of Wisconsin Press, 1979），頁五九。

7 施拉姆（Stuart Schram），《毛澤東的政治思想》（*The Political Thought of Mao Tse-tung.*, New York,1972），頁一五七、一五八、一六〇。

8 施拉姆編，《毛澤東通往權力之路：革命文獻》，兩冊（*Mao's Road to Power*, 2 vols., Armonk: M.E. Sharpe, 1992 and 1994）。第一冊《前馬克思主義時期：一九一二至一九二〇年》（*The Pre-Marxist Period, 1912-1920*）；第二冊《國家革命與社會革命：一九二〇年十二月至一九二七年六月》（*National Revolution and Social Revolution, Dec. 1920- June 1927*）。

9 施拉姆，《毛澤東的政治思想》，頁三三五至三三六。另見，威特克（Roxane Witke），〈五四運動時期的毛澤東、女人與自殺〉（Mao Tse-tung, Women and Suicide In the May Fourth Era），《中國季刊》（*China Quarterly*），第三十一期，一九六七年，頁一四二。

10 邁斯納（Maurice Meisner），《李大釗與中國馬克思主義的起源》（*Li Ta-zhao and the Orgine of Chinese Marxism.*, Cambridge: Harvard University Press, 1967），頁六四至六五。

11 諾思（Robert North），《莫斯科與中國共產黨人》（*Moscow and Chinese Communists.*, Stanford: Stanford University Press, 1963），頁四五。

12 邁斯納。頁一四四。

13 所列刊物，見周策縱，《五四運動：近代中國的知識革命》，頁一七九。

14 林張明暉（Julia C. Lin），《中國近代詩歌：導論》（*Modem Chinese Poetry*: An Introduction., Seattle:University of Washington Press, 1972），頁一〇九。

15 舒衡哲（Vera Schwarcz），《中國的啟蒙運動：知識分子與一九一九年五四運動的遺產》（*The Chinese Enlightenment: Intellectuals and the Legacy of the May Fourth Movement of 1919.*, Berkeley: University of California Press, 1986），頁四四。

16 前揭書，頁四八。

17 林毓生。頁七六。

18 賈祖麟（Jerome Grieder），《胡適與中國的文藝復興：中國革命中的自由主義，一九一七至一九三九年》（*Hu Shih and the Chinese Renaissance: Liberalism in the Chinese Revolution, 1917-1939.*, Cambridge: Harvard University Press, 1970），頁一一四。

19 羅素（Bertrand Russell），《羅素自傳，一九一四至一九四四年》（*The Autobiography of Bertrand Russel, 1914-1944.*, Boston, 1967），頁一八三。

20 史景遷，《天安門：中國的知識分子與革命》（*The Gate of heavenly Peace.*, New York, 1980），頁二一七。

21 魯迅，《選集》（*Selected Stories.*, New York, 1977），頁六四（略經修改）。

22 舒衡哲。頁七。

23 諾思。頁六一。

24 前揭書，頁六三。

第十四章

分崩離析的聯盟

最初的協議

儘管共產黨這種聯合世界無產階級的辭令非常大膽，但孫逸仙並不是一位前景看好的盟友。一九一三年發動「二次革命」遭袁世凱擊敗後被迫流亡日本，孫逸仙花了三年時間改組革新國民黨，讓黨內盡是效忠他的有志之士，也大幅強化自己的領導威權。他將國民黨改組為「中華革命黨」，講求行事隱密且下級絕對服從上級。他將革命進程分為三階段，前兩階段由他親自領導：名為「軍政」與「訓政」時期。孫逸仙認為，等到訓政階段完成，中國人民才能準備好邁向純粹民治的「憲政」時期，共和國體於焉鞏固。從一九一六年返國到一九二〇年代初期，由於軍政情勢變化莫測，孫逸仙不得不往返於上海與廣州之間，沒有固定的根據地，好不容易才得以堅持下去，為重新掌權而奮鬥。一九二一至一九二二年期間，在廣東軍閥陳炯明的保護下，孫逸仙被南下的國會議員推選為廣州新政府的「非常大總統」。但陳炯明對於孫逸仙計畫以廣州為統一全國的基地並不表贊同，於是在一九二二年八月，將孫逸仙逐出廣州。孫逸仙此刻所面臨的困境，顯然不遜於清初企圖在此鞏固政權的前人。

一九二一年，共產國際代表馬林拜訪孫逸仙，此時正值孫在南方力圖統一大業。雖然他們的談話並未獲得特定的共識，不過孫逸仙似乎把列寧該年所推動的新經濟政策，視為是轉離蘇聯僵化的國家社會主義（state socialism），並認為這是個好跡象。孫逸仙長久以來不斷尋求外國政府的奧援卻處處碰壁，對於共產國際提供財政與軍事援助的提議甚感興趣。一九二二年秋天，孫逸仙移居上海，共產國際指派多名代表來華，而孫逸仙也同意共產黨員加入國民黨。終於在一九二三年一月，孫逸仙與蘇聯使華代表越飛（Adolf Joffe）舉行會談。長談過後，孫、越二人發表聯合宣言，儘管雙方措詞謹慎，但從宣言內容可以窺見，蘇聯與國民黨雙方的新政策正在浮現：

孫逸仙博士以為共產組織甚至蘇維埃制度，事實上均不能引用於中國。因中國並無可使此項共產主義或蘇維埃制度實施成功之情形存在之故。此項見解，越飛君完全同感，且以為中國最重要最急迫之問題，乃在民國的統一之成功，與完全國家的獨立之獲得。關於此項大事業，越飛君並向孫博士保證，中國當得俄國國民最摯熱之同情，且可以俄國援助為依賴。[1]

不過一個月的工夫，中國軍閥政權的更迭已令人眼花撩亂，新的軍事集團驅逐陳炯明之後，孫逸仙重返廣州。非常諷刺的是，陳炯明掌權期間也是民主體制的信奉者，曾為城市與鄉村的地方政府舉辦選舉。他還曾呼籲以「聯省自治」作為國家分裂問題的解決之道，而不是以武力的方式強行統一全國。孫認為這將危及他的領袖角色，共產黨員也都支持他，批評陳炯明的「聯省自治」美夢是「封建餘毒」。[2]孫逸仙於一九二三年回到廣州時，成立了軍政府，並自封為大元帥，想必是希望藉此一威名賦予他統攝各軍閥的最高領導權威。每位軍閥都各自統帥自己家鄉的子弟兵，他們大部分出身廣東、雲南、廣西，以及湖南、河南。孫逸仙的軍政府下轄內政部、外交部、財政部和建設部。孫的軍政府不再費心與南下的國會議員做任何政治協商。多數國會議員因而返回北京，北京政府的繼任總統此刻正需要這批議員的歸來，以湊足開會的法定人數，取得合法性。一九二三年，參加會議討論新憲法條文的國會議員每次支給二十美元，只要他們願意留在北京並依要投票，另可獲得五千美元津貼。

孫逸仙需要外援以穩定廣州軍政府，而蘇聯也樂於提供援助。在援助的背後，蘇聯所秉持的戰略是由兩個思考方向所構成的：即一方面推進世界革命的降臨，另一方面則希望確保蘇聯邊界的安全。在東亞，蘇聯國防安全的最大威脅明顯來自日本，而堅持反共立場的日本曾在一九〇四至一九〇五年的戰爭中擊敗過俄國，現在又是東北一帶最強大的力量，緊鄰蘇聯南界虎視眈眈。孫逸仙曾明白表示支持中蘇聯合管理中東鐵路，中東鐵路是貫穿東北的主要交通要道，蘇聯可藉此與海參威接軌。所以，中國如有能力遏制日本的野心，是符合蘇聯利益的。同時，蘇聯繼續與前前後後的北京政權及其他北方軍閥進行外交談判，並在一九二四年初取得中國的外交承認。但是蘇聯方面不認為能指望北方有人能統一中國。事實上，受盡日本人擺布的段祺瑞與凡爾賽會議的結果似乎注定中國終將淪為日本禁臠。

一九二三年，僅有約三百名黨員的中國共產黨正值草創階段，同樣亟需與國民黨結盟。就中共設想的四大優先目標——亦即統一中國、組織城市無產階級進行社會主義革命、掃除中國農村地區的貧窮與剝削現象，以及根絕外國帝國主義的力量之中，對黨而言，統一才是首要的關鍵問題，因為唯有統一，才有機會完成其他三大目標。國民黨因為孫逸仙個人聲名，而享有全國性的令譽，所以共產國際決定與既存的國民黨組織合作，並強化國民黨的組織能力。共產黨人將加入國民黨，但仍保留共產黨黨籍，以便日後利用國民黨的組織來遂行共產黨的目的。

除此之外，當時中國的工業勞動力流動性高，增添了中國共產黨計畫組織工人的困難度。許多人受雇於新興工業的資本家，而成為勞動人口；但是這批人的數目不應被過分誇大，因為全中國一共四億五千萬的人口有一大部分仍從事傳統的土地耕作。每年大約有五十萬、甚至更多的農夫暫時遷移至東北，以巨大的規模種植大豆一類的經濟作物，以供應世界市場的需求，形成一種流動的農村無產階級（這類作物經由新建的滿洲鐵路運輸網運往沿岸）。而且，我們所稱的「工業勞動者」，可能只是一些使用傳統技藝的工匠，他們大都自負盈虧或是彼此間僅有鬆散的組織。這類工匠主要由行會來管理，而其組織形態早在清朝便已存在；行會某種程度上確保一定的工資，建立產品標準，並管制他類工匠進入既有行業之中。至於黃包車拉伕和舢舨的苦力這類工人，有些確實有過組織，也曾試圖進行罷工，但也僅能勉強被歸入無產階級的隊伍。

每一年都有數量可觀的中國人（到了一九二二年約有二十五萬名）遠離農田或是揮別工匠生涯，投身於工業城市的新設工廠、碼頭，或是鐵路運輸業，尋找就業機會。這類勞動力自然會帶給雇主新的問題。許多人依然遵循著家鄉農事的季節規律，可能在拿到薪水之後，於農忙季節或春耕時分辭去工作。有的人可能難以適應工廠作業的刻板繁瑣與對精準的要求而導致過失或意外。某些人則因不具備機械生產的知識，根本無法學習新的技術。

如果說某些工人的笨拙困擾了雇主，那麼雇主對待工人的冷酷無情、漠不關心亦不遑多讓。微薄的工資、超長的工時，罕見、甚至根本不存在的休假。醫療救助或保險總是形同虛設，工人通常住在工廠或礦區所提供、住房條件惡劣到令人作嘔的宿舍。工人均被以號碼而非名字來稱呼。管理人員在工作場所欺凌工人的惡行惡狀司空見慣。工資總是會無故被扣減，要求回扣的現象時有所聞。女工的人數常常多過男工，有些紡織工廠，女工比例高達百分之六十五，然而她們的工資甚至低於同工廠男工。雇用童工的現象十分常見，特別是織紗廠。年僅十二歲的女工赤手在接近沸騰的大水桶裡撿拾蠶絲，這類工作經常讓她們受傷或感染可怕的皮膚病。

一九一九年，工人發動多場罷工聲援發起五四運動的學生，成為中國歷史上重要的新發展。自此之後，抗議者經常發動罷工以作為反抗社會不公的手段，不過最初這類罷工行動的規模都相當小。自一九二一年中以後，新生的中國共產黨偶爾涉入其中，但獨立的工人團體也經常基於本身的理念而發起罷工。這種小型罷工的模式因一九二二年一月發生在香港、廣州的大規模罷工行動而中斷：這次的罷工行動是由國民黨的積極分子所領導，近三萬名的海員和船塢工人參與這次大罷工，導致載運二十五萬噸船貨的一百五十艘船困於港口無法動彈。直到一九二二年三月，數以萬計的菜販、電車工人、電氣工人亦加入罷工行列，使得參與罷工人數陡升為十二萬人，最後資方讓步了。海員的工資調高了百分之十五至三十不等，並有其他福利，同時資方也承認工人組織工會的權利。

稍後，一九二二年五月，兩位年輕的中國共產黨黨員李立三（李甫自法國返華）、劉少奇（劉是中共一大後，首批派往莫斯科的學生之一），在安源煤礦工人與大冶鐵礦工人之間籌組「工人俱樂部」，以作為工會組織的掩護。這類俱樂部很快就遍布全國許多城市，常由中國共產黨直接領導，普遍存在於曠工、棉花工人、印刷工人、蛋黃粉生產工人、黃包車拉伕、武漢南北沿線的鐵路工人當中。

發動罷工的代價可能非常高。雇主會記下參與罷工工人的名字，事後再將他們解雇。有些罷工工人會受到脅迫，或遭受毒打，或在與警察衝突時喪命。其中一個慘絕人寰的例子是發生在京漢鐵路的大罷工，京漢鐵路是由北方軍閥吳佩孚控制。京漢鐵路運送貨物的所得是吳佩孚一大財源，英國也是仰賴京漢鐵路來連送河南的礦產。在與國民黨協商結盟的時期，中國共產黨積極鼓動京漢鐵路線上的十六個工人俱樂部籌組總工會，一九二三年二月二日全路總工會成立。吳佩孚下令警察嚴陣以待，不准工人集會，二月四日新成立的總工會號召舉行全路總罷工，京漢鐵路線上火車一律停開，因為罷工工人無視吳佩孚要求他們復工的命令，於是吳在二月七日命令兩名軍官調集軍隊，攻擊罷工工人。在這場罷工行動中共有三十五名工人被殺，傷者無計其數。

同一天，武漢地區的工會領袖林祥謙（出生於福建，後遷居武漢擔任鐵路機械工）在自宅遭逮捕，軍隊要求林祥謙命令他的工會成員復工。林祥謙悍然拒絕這項要求，軍隊於是將工人聚集在車站的月臺上，並將林祥謙梟首示眾。他的頭顱被懸掛在車站旁的電線桿上。儘管這次罷工行動博得其他工會的共鳴，展開零星的罷工響應鐵路工人，不過罷工的鐵路工人還是在二月九日回到了工作崗位上。

京漢鐵路大罷工的悽慘結局，說服了部分尚猶疑不定的共產黨員，讓他們看見與國民黨合作之必要。在一九二三年，許多國民黨元老級官員都站在認同蘇聯的立場，兩黨的合作似乎水到渠成。例如，孫逸仙在廣州軍政府的首席顧問胡漢民即深感列寧反帝國主義的論述，替民族主義意識形態建構了絕佳基礎。此外，胡漢民也盛讚唯物主義的歷史觀，並批判李大釗，因李不能接受所有構成社會上層建築的政治、智性、精神等要素，只不過反映了底層經濟基礎與生產方式。胡漢民還試圖從中國傳統思想中尋找馬列主義的因子。一九二二年底，胡漢民與汪精衛二人在孫逸仙的請託下，共同為國民黨起草宣言，宣言中寫道：「歐美經濟之患在不均」，指出這是歐美社會的重要缺陷，同時誓言中國「不能不激勵奮發，於革命史上，開一新紀元矣」。

中國共產黨領導人陳獨秀對於與國民黨合作十分不安。陳獨秀才剛開始扶著中國共產黨蹣跚學步，即使是馬林堅持認為國民黨「並不是資產階級的政黨，而是各個階級聯合的政黨」，陳依然懷疑與國民黨結盟的用處以及國民黨的合作誠信。陳獨秀認為，「黨與黨的合作將會混淆階級組織並限制我們獨立自主的政策」。李大釗則支持國共合作，他並不像陳獨秀那樣相信中國已有一批龐大的城市無產階級隊伍準備迎接社會主義革命；同時，李大釗原來視中國為一「無產階級化」（proletarianized）民族，現在卻擴大了他的觀點，認為種族是中國這個國家的核心議題。李大釗意識到：「低下階級的有色人種與高上階級的白色人種之『階級鬥爭』已粗具雛形，其進展則方興未艾。」因此在這樣的時刻，團結中國人以對抗白種人的帝國主義乃是首要任務。[3]

真正落實國共合作與國民黨的改組的是共產國際代表鮑羅廷（Micheal Markowich Borodin，本名為Mikhail Gruzenberg），鮑羅廷於一九二三年十月六日抵達廣州，一周後被孫逸仙指派為國民黨的「特別顧問」。一八八四年鮑羅廷出生於俄國的猶太家庭，早歲在拉脫維亞（Latvia）度過，一九〇三年開始祕密為列寧工作。一九〇五年革命失敗，鮑羅廷被流放海外，後移居美國，在印第安那州的瓦柏拉依梭大學（Valparaiso University）上課，並在芝加哥成為教授移民小孩的優秀教師。一九一七年列寧掌權後，鮑羅廷返回家鄉，為共產國際在歐洲、墨西哥、美國等地從事一連串的祕密任務。到了一九二三年，鮑羅廷已是一位經驗豐富的老革命家，而赴中國的新任務也給予鮑羅廷機會證明他的真本事。

鮑羅廷以嫻熟的技巧，在所有相關人士之間折衝尊俎。他說服中國共產黨的領導階層相信，加入國民黨的策略有利於組織的長期發展，短期內，則讓他們能更靈活地組織城市與農村的勞動者。另一方面，鮑羅廷趁著陳炯明的部隊可能奪回廣州此一迫切的危機時刻，試圖敦促孫逸仙採取更激進的立場。鮑羅廷論稱，倘若孫逸仙能支持一個清楚、透明的計畫，提倡每天工時八小時以及合理的最低工資，並保證將沒收地主的土地重新分配給農民，那麼工人與農民便會立刻與孫的軍隊站在同一陣線上。

鮑羅廷著手強化孫逸仙在黨內的地位以及國民黨的黨規結構。孫逸仙的三民主義（反帝的民族主義、民主政治、社會主義）被奉為黨的意識形態，孫逸仙本人則被國民黨員尊為永久「總理」。鮑羅廷自蘇聯引進「民主集中制」（democratic centralism）的概念，在此原則下，國民黨內的任何決議只要得到相關委員會成員的多數同意，則對所有黨員均產生約束作用。鮑羅廷在中國各大城市遍植國民黨的黨組織，並統合各地方黨部積極招募新進黨員。鮑羅廷在國民黨的「中央執行委員會」下設置各部，其功能在於徵募農村與城市地區黨員並執行政策，特別針對青年、婦女、軍人。專責人員也開始蒐集社會民情相關資料。同時，國民黨特別積極組織工會活動，而黨內的共產黨員開始積極向農村的農民進行宣傳活動。湖南的年輕共產革命家毛澤東被任命為國民黨中央宣傳部部長後，表現得敏捷幹練，他也幫助孫逸仙在黨內集權，瓦解黨內自由派的反對力量。後來孫逸仙更進一步，提出要放棄過去建國之初使用的「五色旗」，改而把國民黨黨旗的「青天白日」擺在新政權的旗幟上，共黨人士也都予以默許。[4]

除了這些組織上的改變，同樣重要的是蘇聯決定強化國民黨的軍事武裝力量，使國民黨成為中國政治上的活躍力量。離廣州十哩之遙的黃埔島被選作設立軍校的校址，蔣介石被任命為黃埔軍校的首任校長，前不久，蔣介石才被遴選為國民黨的特別代表之一，遠赴莫斯科停留數月，研習俄國的軍事組織。另外，鮑羅廷藉由指派甫從法國返華的共產黨員周恩來擔任該校政治部主任，巧妙地平衡國共兩黨在黃埔軍校的力量。首批軍校的學生主要來自廣東、湖南兩地的中產階級青年（入學資格須有中等學校畢業證明，這項條件自然就把幾乎所有工人與農民排除在外）；他們使用現代化裝備，並接受像蘇聯顧問瓦西理．布魯徹（Vasily Blyukher）將軍*這類身經百戰的軍人的嚴格軍事訓練。

黃埔軍校的學生也必須接受民族主義的國家目標與孫逸仙的三民主義的灌輸教化。雖然部分軍校學生原本就是共產黨員或已被吸收加入共產黨，像是一九二五年畢業的湖北青年林彪；但大多數的學生並不認同共產主義，而是對蔣介石披肝瀝膽。這群忠誠剽悍的青年軍官即將在接下來的權力鬥爭中展現出可觀的影響力。一九二四年十月十五日，他們首次向世人證明了實力。在那一天，黃埔軍校第一期的八百名學生在蔣介石的指揮下，協同地方警衛軍以及其他省的小型軍事學校學生，擊潰廣州商團的武裝力量，因為他們之前曾對國民黨示威群眾開槍，並企圖扣押一船被沒收的武器。

鎮壓廣州商團一事嚴重破壞孫逸仙在此地的名聲，而在一九二四年十一月，孫逸仙接受北方軍閥的邀請，同意前往北京「共商國是」。孫逸仙此行由妻子宋慶齡以及汪精衛、鮑羅廷陪同，首站抵達上海，並對當地的擁護者發表演說。孫逸仙取道日本，但因病而倉促結束行程，火速前往北京。一九二五年一月，群醫會診後進行手術，發現孫已是肝癌末期。三月十二日，孫逸仙於北京溘然長逝，享年五十九歲，身後留下一份簡潔、充滿愛國熱忱且親蘇的遺囑以及致蘇俄遺書。一般咸信，這份遺囑是由汪精衛代筆起草的，但汪精衛是否能承繼其領導地位仍是未定之數。不只是汪精衛，黨內的其他同志也沒有人有把握能繼承孫逸仙的領導權，因為孫在黨內的崇高地位是來自他在清末及流亡日本期間，長期從事建黨革命工作。

就在十四個月前，孫逸仙才親自寫祭文悼念列寧，不久後卻旋即踵繼列寧的步伐歿故，但孫逸仙的溘逝並未稽延國民黨原定策略的進展。即使一九二五年二月孫逸仙病危之際，在布魯徹將軍的建議以及新進獲自蘇聯的來福槍、機槍、大砲的補給下，蔣介石率領以黃埔軍校師生為首的部隊向陳炯明部隊主力所在地汕頭挺進，並贏得數場勝戰，三月，陳炯明部隊

＊　譯注：在中國，布魯徹將軍使用「加倫」的化名。

全面潰敗，蔣介石攻克汕頭。三個月後，蔣介石的部隊擊垮企圖攻占廣州的兩名軍閥；擄獲一萬七千名戰俘和一萬六千支步槍，又是一大勝利。經過這幾場戰役的洗禮，這支部隊已向世人展現他們具有逐鹿中原的實力，布魯徹將軍曾說，只要給他三到四個師的精銳部隊，他便能橫掃中國，現在看來似乎也沒那麼狂傲誇大。

一股新的愛國主義精神與決心再度瀰漫中國，而一九二五年五月上海爆發的一系列事件更讓這股烈火越燒越旺。這場危機是由一群因參與罷工而遭到日商棉紗廠解雇的工人所引爆的。盛怒的工人強行進入棉紗廠搗毀機器設備。日本警衛對工人開槍，射殺了其中一名工人。就像其他類似事件的模式一樣，工人的死亡緊隨著一連串的群眾暴動、學生示威、工人罷工，以及逮捕行動。五月三十日當天，在上海的「公共租界」，數以萬計的工人和學生聚集在最繁華的南京路警察局外面。示威群眾要求釋放被英國人逮捕的六名中國學生，並抗議軍國主義與外國帝國主義的欺凌。情勢似乎一觸即發。最初，儘管示威隊伍群情激憤，鼓譟不已，但並不具攻擊性。不過後來越來越多的中國人聚集警察局外，他們開始高喊口號（有人表示他們聽見群眾喊著「殺死外國人！」，也有人聲稱群眾喊著無傷大雅的口號），而英國的巡官帶領一支由中國人和錫克教徒組成的巡捕隊伍，大聲喝令示威群眾解散。才不過相隔數秒，群眾根本還沒有機會聽命散去，這位英國巡官即下令部屬向群眾開槍。於是巡捕隊伍遵從命令，展開行刑式的精準齊射，共開了四十四槍，有十一位群眾被射身亡，二十幾位受傷。

對這場屠殺的憤怒立即傳遍全中國。除了上海之外，至少有二十八個城市在「五卅慘案」之後發動示威遊行聲援犧牲的烈士，想其中還有幾次發生攻擊英國人與日本人的事件。上海地區發動總罷工，外國人不得不迅速召集船艦軍隊，並組成志願隊往來租界巡邏。隔月，五卅慘案隨之復又牽引出廣州爆發的罷工抗議，此一事件導因於共產黨和其他勞工領袖為抗議英國人在上海屠殺中國人，於是在香港針對英國人發動大規模罷工。六月二十三日，由港澳各界，包括大專學生、軍人、工人、農民、小學生、童子軍、黃埔軍校學生、超過一百個大大小小的隊伍組成的遊行大隊行經臨近沙面島的外國租界區時，即刻遭到英國軍隊的開槍射擊。沙基慘案中英軍無差別射擊，共射殺五十二名中國人，傷者逾百人。中國人開槍還擊，射殺了一名外國人。

全國各地的憤怒情緒高漲，而持續十六個月的香港罷工也不斷加溫，更全面抵制英國貨聲援這場行動。五卅慘案反映出五四運動的影子，也昇華為愛國的象徵以及召集眾人的怒吼，然而一九二五年的中國局勢已與一九一九年之際大不相同。不管是國民黨、共產黨，抑或是兩黨的合作，已準備好將中國人心中的憤慨與挫折引導注入自己的黨組織中。中國人固有的民族主義現在可以仰賴俄國的組織專才策動有意義的政治行動。或許這才是孫逸仙的真正遺產。

發動北伐

一九二四年，國民黨與共產黨在廣州的合作已經出現初步成果，而北京的政局也邁入新階段。崛起於一九一三至一九一七年間、控制東北的大軍閥張作霖與北方其他幾位軍閥纏鬥數年。張作霖治軍嚴明、足智多謀，為了鞏固地盤，他周旋於日、俄兩國之間，充分展現出權術謀略。一九二四年十月，因北京的一場政變大大削弱了勁敵吳佩孚的權力基礎，張作霖趁隙突破山海關揮兵南下。雖然張作霖看來不大可能如當年的多爾袞和清軍一般，挾著從東北席捲北京之勢一統天下，但他的部隊仍沿著津浦鐵路南下，迅速推進至長江流域。張作霖軍事上的成功，再加上他逐步鞏固他在北京的權力根基，讓以民族主義為統一號召的國民黨備感壓力。一九二六年，張作霖透過與昔日敵人吳佩孚的聯盟強化對華北的控制，並開始採取強烈的反蘇立場，使得國民黨的急迫感更是高升。另一方面，吳佩孚也鞏固了對冀南及湖北等華中地區的掌控。

當時，許多知識分子對於撥亂反正的可能性已感絕望。比起投身政治行動更善於譏諷社會病態的作家魯迅，對紊亂的時局充滿悲憾與無力。一九二六年三月十八日，魯迅刻在北京教書，當時他有數名學生在一場抗議政客面對日本要求東北地區經濟特權時卑躬屈膝的示威遊行中遭槍殺身亡。當天，四十七位中國青年被殺，魯迅深感震驚與憤慨，之後，攜同年輕的妻子先到廈門，後至廣州，尋找安全的庇護之所。在一篇文章中魯迅寫道：「我向來不憚以最壞的惡意，來推測中國人的，然而我還不料，也不信竟會下劣兇殘到這地步。」然後悲哀地補上幾句，「至於此外的深的意義，我覺得很寥寥，因為這實在不過是徒手的請願。人類的血戰的前行歷史，正如煤的形成，當時用大量的木材，結果卻只是一小塊，但請願是不在其中的，更何況是徒手。」[5]梁啟超年輕時即是清末民族主義的代言人，共和肇建之初梁繼續為宣揚共和體制中國的富強奔走，現在這位五十一歲的老人在家鄉天津悲慟地目睹這類事件一幕又一幕地上演。他給赴美讀書的兩個兒子的信中形容，「北京正是滿地火藥，待時而發」。[6]

如何採取有效行動來統一中國，這樣的問題在國民黨、共產黨，以及共產國際的顧問團之間廣泛討論。如發動軍事鬥爭，勢必面臨諸如後勤補給、人員徵募、軍備設施，以及掩護側翼與保護後衛等根本問題。然而，北伐同時也會是一場政治鬥爭，意識形態與宣傳機制等問題都必須等量考慮。在政治立場上，國民黨無法太向左翼靠攏，否則將會失去主要支持力量，因為很多國民黨的擁護者都來自地主或實業家，並不認同農民降低田租和賦稅的要求，或城市工人為求調漲薪資的目的而發動罷工。

事後看來，左派分子操控國民黨權力機制的現象只不過是虛有其表，究其實，至少有四項重要癥候足以顯示悖於上述論斷的發展趨勢。

第一，部分黃埔軍校的學生發起成立名為「孫文主義學會」的組織。此一中立性的組織名稱其實掩蓋了他們雖然高舉民族主義和反帝國主義的旗幟，但是同樣強烈反對共產黨的事實。他們對強大的、統一的中國的觀點並非得自蘇聯模式，一旦他們取得新職，便立刻在幹部之間散播反共情緒。

第二，一九二五年中期之後，廣州市氾濫的紅潮已經逼使許多商人及國民黨原來的支持者紛紛離開，前往上海或北京兩地重建據點。

第三，黃埔軍校師生在廣東省北方及東部成功的軍事行動，使得新近歸附的軍閥部隊被納編進國民黨的「國民革命軍」隊伍，自一九二五年以降，「國民革命軍」即是國民黨武裝力量的稱號。這些軍隊大都無法立即擺脫過去的軍閥作風，他們缺乏訓練與紀律，甚至欠缺作戰的勇氣。一旦被指派危險的任務，他們往往棄甲逃亡，有些人甚至有鴉片之癮。雖然這些軍閥的加入使得國民黨的軍力上看似壯大，但是無形之中卻破壞了布魯徹將軍企圖建立一支強而有力、思想忠誠、訓練有素的精銳部隊的夢想。歷史上，這類收編敵軍的作法，效果是相當難料的。以往，這類作法既強化、也削弱了一六四〇年代的清軍、一八五〇年代的太平軍，以及一九一一至一九一二年的同盟會軍力。

最後，一九二五年底國民黨內一群不滿的元老開始組織小團體，試圖扭轉黨已向左偏離的軌道。因為他們首次會議在北京西山召開，故史稱「西山會議派」，他們誓言將共產黨員逐出國民黨，絕斷鮑羅廷與國民黨的關係，並將黨中央從廣州移至上海。在國民黨當時的領導群中，西山派傾向支持政治立場正逐漸轉向右翼的胡漢民。

一九二六年三月二十日，廣州爆發另一樁意外事件顯示共產黨員地位不堪一擊以及國共合作所衍生的危險。共產黨員轄下的中山號軍艦，突然在破曉之前駛進黃埔，至今沒有人知道是誰下的命令，但是蔣介石與其支持者將此解釋為共產黨企圖綁架蔣介石的先聲。蔣介石立刻派兵接收中山艦，逮捕其艦長，下令廣州衛戍司令部宣布全城戒嚴，派遣忠於蔣氏的軍校生與警力駐紮在各重要據點警戒，收繳省港罷工委員會的槍械，以及逮捕當時仍停留在廣州、逾三十名的俄國顧問。黃埔軍校政治部中多位資深的共產黨員被迫進行「再教育」，親共產黨的報紙被禁。之後幾天雖然蔣介石逐漸鬆弛對共產黨的壓力，並在四月初宣稱他仍然認同與蘇聯的合作關係；但是沒有人知道應該如何解讀這番陳述。

鮑羅廷早在二月即離開廣州，在北京與俄國的同志舉行一連串事關共產國際戰略的祕密會議。四月底，鮑羅廷返回廣州，隨後數日間與蔣達成「妥協」：未來共產黨員不得擔任國民黨內要職與中央政府首長；不得詆毀三民主義；凡國民黨員不得加入共產黨；中國共產黨及第三國際對於國民黨內共產黨員一切訓令，亦應交付國民黨會議；共產黨應將國民黨內之共產黨員全部名冊交國民黨中央執行委員會保管。鮑羅廷之所以接受蔣氏所提的種種條件，主要原因是當時史達林正在莫斯科進行關鍵的權力鬥爭，無法承受共產黨員與蘇聯顧問團全面被逐出廣州，對史達林威望的損害。

通過政治手腕掌握大權之後，蔣介石和國民黨內的其他領導人開始籌畫軍事行動統一中國。北伐的戰略需要三方面軍事行動的相互配合：經由粵漢鐵路已建設完成的段落或湘江向湖南重鎮長沙市挺進；沿贛江進入江西；以及沿著東部海岸北上福建。如果一切順利的話，北伐軍隊可就兩項戰略方案擇一：即揮師直抵長江沿岸並鞏固武漢；或是朝東沿著鐵路或河道進入南京並搶下工業重鎮上海。沿途展開與各軍閥結盟，伺機將其軍隊納編進國民革命軍的行列。

國民黨與共產黨員會先於國民革命軍，組織各地方農民或工人以擾亂北伐沿線的敵對勢力。然而這項工作必須小心進行，以免失去國民黨的潛在支持者，共產黨組織者彭湃在廣州東方沿海海豐縣的作為就是一例。一九二三年以來，彭湃即在海豐縣成立數個農民協會，提供農民諸如醫療、教育、耕種知識等各種社會服務，並推動減租運動——額度往往高達百分之二十五。彭湃同時幫助農民組織自衛隊，以保護他們的田地免受軍閥蹂躪。然而這類政策激起地方軍閥激烈的反彈，對於大部分的國民黨支持者而言，這類行動也過於嚴苛激進。

國民黨和共產黨必須動員大量的運輸工人，以運送軍備物資穿越既沒有鐵路運輸、也沒有足夠道路的廣大鄉間地區。他們很多都是來自廣州的罷工工人，部分則是募集自北伐沿途，為良好待遇與優渥的日薪參與工作的農民，這些誘因是敵方軍閥從未提供的。鐵路工人也被組織起來，干擾敵方軍閥所控制的鐵路運輸網，藏起火車零件讓火車無法開動，如有可能則破壞鐵軌，切斷敵軍的退路。

財政與兵力是北伐計畫成功與否的另外兩大關鍵。首先，財政問題因宋子文（T. V. Soong）的靈活手腕而得以大幅緩解；宋子文是孫逸仙的妻舅，哈佛大學畢業後曾在紐約「國際金融公司」（International Banking Corporation）任職三年，一九二四年擔任廣州中央銀行總裁，憑恃著純熟的管理技巧使政府財政盈餘激增。一九二五年，宋升任廣州國民政府的財政部長，也使國民黨轄區的財政收入成長四倍。他開徵運輸稅、煤油稅，一九二五年底這類稅收每月高達三百六十萬元。此外，也藉由發行公債增加政府財政收入。

一九二六年四、五月間，湖南省的軍政情勢持續發生變化，這讓希望北伐的國民黨人士更感急迫。湖南軍閥之間發生激烈內鬥，因此軍力強大的北洋軍閥吳佩孚開始揮軍南下，藉此保護自己的南側疆域。後來，湖南一位軍事領袖*表示自己對國民革命軍的理念深感認同，顯然北伐的時機已經成熟了。於是廣州政府於一九二六年六月，任命蔣介石為國民革命軍總司令，負責領導這支混合部隊，並於七月一日頒布北伐動員令。據國民黨中央執行委員會，此次北伐的目的如下：

本黨從來主張用和平方法，建設統一政府，蓋一則中華民國之政府，應由中華人民自起而建設；一則凋敝之民生，不堪再經內亂之禍，故總理北上時，即諄諄以開國民會議，解決時局，號召全國。孰知段賊於國民會議，陽諾而陰拒；而帝國主義者復煽動軍閥，益肆兇焰。迄於今日，不特本黨召集國民會議以謀和平統一之主張未能實現，而且賣國軍閥吳佩孚得英帝國主義之助，意欲效袁賊世凱之故智，大舉外債，用以摧殘國民獨立自由之

* 譯注：應指湖南代理省長唐生智。

運動。[7]

我們可以合理推斷，在此未點名張作霖，無非是希望這位足智多謀的將軍能在國民黨軍隊北上時揮師南下，攻擊昔日夙敵。陳獨秀領導的共產黨認為革命的北伐時機尚未成熟，陳獨秀主張，當前首要任務應是「鞏固革命根據地廣州」以免被「反紅軍隊攻陷破壞」。[8]然而陳獨秀無法緩和北伐的勢頭，而在共產國際的建議下，共產黨只得保持緘默，並積極參與北伐。

蔣介石所部國民革命軍從廣州揮軍北上，湖南盟軍為他們開出一條通往長沙的路，讓北伐部隊於七月十一日攻下長沙。蔣介石則在八月初親抵該市。國民革命軍不顧河流湍急、霍亂疫瘴、交通運輸重重險阻，仍向北推進，直到追上沿著注入洞庭湖東側之汨羅江流域退卻的敵軍。

國民革命軍的勝利吸引了貴州軍閥加入革命軍行列，蔣介石和布魯徹將軍（布魯徹此前因病退居二線，現在病癒重返前線）決定在吳佩孚集結重兵南下增援他的湖南盟軍之前大膽渡河進攻。蔣介石對將領發表談話，這場戰役將關係到「中國國家與民族之能否恢復其自由獨立」。[9]就在八月十七日至八月二十二日之間，國民革命軍放手一搏。部隊從兩處直接渡過汨羅江，切斷岳州駐軍與武漢之間的鐵路通衢，並包圍至關緊要的武漢三鎮。岳州的軍隊部分倉皇乘船潰退，餘則被國民革命軍擄獲，全部輜重悉數落入國民革命軍手中。

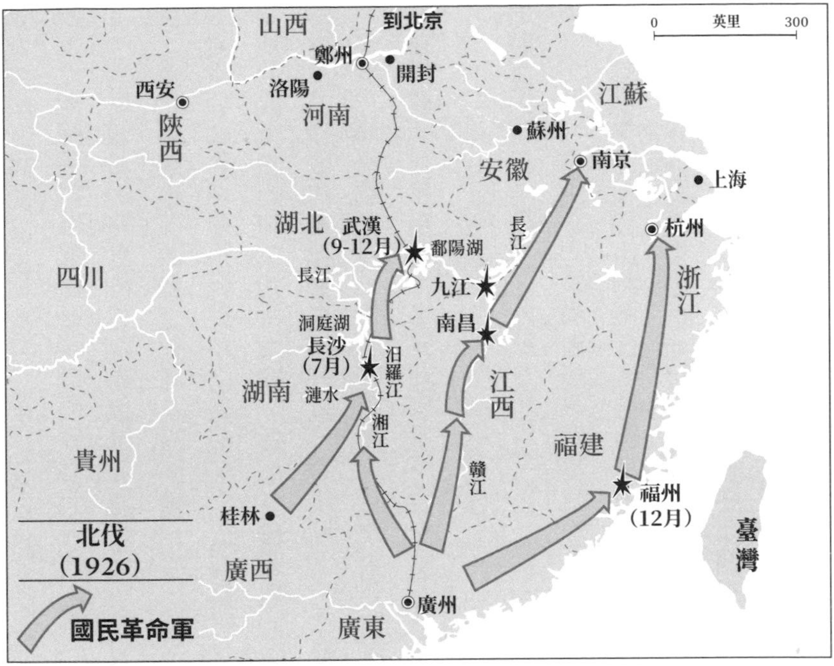

歷經了八月最後一周的慘烈激戰後，國民革命軍占領了拱衛武漢並有著刺網與機槍構成嚴密防禦工事的橋頭堡*。此時吳佩孚已抵達前線，他試圖透過懲戒失去橋頭堡的守軍以提振士氣，達殺雞儆猴之效。吳佩孚重施故技，使用三年半前鎮壓鐵路工人罷工的手法，他當著大軍斬下八位將領的首級，讓他們當著軍隊弟兄的面身首異處。然而這招並未奏效。九月初，吳佩孚定意固守的武漢三鎮先後為國民黨軍隊所攻陷。漢陽及其大型兵工廠因為駐守將領背叛，加入國民黨而

* 譯注：汀泗橋、賀勝橋。

先告淪陷。商業昌盛，擁有廣大外國租界地的漢口繼之。（蔣介石雖採取反帝國主義的立場，但他聲明擔保居住在該城市外僑的人身安全。）

正當武昌的駐軍仗著城高牆厚負隅頑抗之際，國民革命軍突然遭受被江西軍閥擊潰的威脅。這位軍閥治下的精良部隊不僅戰績卓著，甚至逮捕所有已知的激進分子斬首示眾，高懸其首級於鄱陽湖畔的九江和南昌兩市，以震懾國民黨和共產黨的支持者。而男女學生只要把頭髮剪成所謂的「俄式」短髮，就足以被歸類為「激進」分子。然而這類恐怖行動卻造成反效果。武昌城內在到處充斥著飢民的狀況下，守城司令終於在十月十日下令開啟城門；國民革命軍一部留駐武昌，其餘則向江西回擊。就在距武漢首次起義十五年之後的同一天，武漢三鎮擺脫了封建軍閥，再度迎接未知的革命力量。

上海之春

一九二六年底，國民黨和共產黨開始鞏固對武漢的控制，而蔣介石則將關注焦點轉移至江西的戰場上。江西的戰況十分慘烈，幾座具戰略價值的城市幾度失而復得。迄於十一月中旬，國民革命軍在傷亡近一萬五千人之後，終於攻克長江沿岸的九江，以及位於鄱陽湖西岸的鐵、公路交通要衝南昌市。蔣介石在南昌成立新的根據地，幾位國民黨中央執行委員會的委員隨之遷駐該城。其他資深的國民黨領導人，特別是共產黨員和左派的同情者大都前往武漢，武漢當地風起雲湧的排外風潮以及成長迅速的勞工運動似乎象徵著社會革命即將成功降臨。

儘管戰況激烈，國民革命軍還是在一九二六年十二月中旬進駐福建省會福州。至此，國民黨控制了七省：最初根據地廣東；武力奪取的四省：湖南、湖北、江西及福建；得之於談判的廣西與貴州；七省共計人口約一億七千萬。在此之前似乎完全只對吳佩孚有興趣的英國外交部，也開始考慮給予國民黨政權外交承認，英國駐華公使也於十二月中旬拜訪武漢，並與國民政府的外交部長*舉行會談，英國的這些行動意味著，世界各國對中國局勢發展的看法，正在劇烈變化。

幾次大捷引發國民黨黨內下一階段戰略的重要辯論。蔣介石此刻正在南昌根據地，他決定兵分兩路先取上海：一是順長江東下，另一路則是向東北移動，穿越浙江，合力奪取中國工、農業的心臟地帶。武漢方面的國民黨領導人接受已於此地安頓下來的鮑羅廷的觀點，認為國民革命軍應沿著平漢鐵路揮軍北上。屆時，國民黨的部隊可與幾名認同國民黨目標的北方軍閥結盟，協力進軍北京，再一舉擊潰張作霖和吳佩孚。這兩派分別以武漢的「臨時聯席會議」和南昌的「臨時中央政治委員會」為代表，雙方在一月爆發爭執。一九二七年一月十一日，蔣介石前往武漢試圖陳述其政策立場時，不僅其主張斷然被拒，更受到鮑羅廷和其

* 譯注：陳友仁。

他左翼分子的公開抨擊，最後悻悻然地返回南昌。

於是上海的命運注定成為一九二七年春天的重頭戲，不過最終結果還須取決於許多互相影響的重要因素：北方各個軍閥對於華南局勢的反應；地方勞工運動發展的強度；城市裡反勞工運動力量的性質；租界區外僑社群與駐守部隊的態度與行動；在武漢的國民黨領導人的立場；由史達林決定後透過共產國際對中共下達的長程行動策略。

國民黨勢力由廣州向北推進長江流域的速度之快，逼得多位北方軍閥重新思考自己的立場。迄今為止，他們在西部的甘肅，中經陝西、河北，東至山東、南滿的廣大區域進行合縱連橫，卻未能建構一套共同的策略，對於畫分勢力範圍也沒有共識，不過他們一致認定，國民黨是激進的、甚至是革命的力量，他們也必須決定如何回應國民黨可能的北進。結果，他們仍然意見分歧。三位北方大軍閥之一的馮玉祥在訪問莫斯科之後，決定加入國民黨，並表示自己認同其基本信念。馮玉祥從根據地陝西出發，逐步向河南進逼。吳佩孚正因為武漢的陷落及喪失其鐵路王國的南方終站據點而痛心，他雖試圖在鐵路要衝鄭州建立新據點，但是大勢已去。

當時控制北京的東北軍閥張作霖開始表現出浮誇的一面，他在行經的道路上撒滿黃土——象徵皇帝的尊榮，並親自舉行祭孔儀式，但他的北京政府卻是毫無效率。在張作霖的授意下，北京政府在各類儀式慶典事務上揮霍無度，而張本人最有幹勁的一面，大都展現在麻將桌上。更有甚者，一九二六年十一月底，張作霖動員十五萬部隊南下至長江流域，企圖阻擋國民黨軍隊北伐，但是最後又突然撤回部隊。

蔣介石此時有可能已經與張作霖和日本方面達成祕密協議，希望他們在蔣進攻上海時嚴守中立，以確保國民革命軍側翼的安全。不論是否真有其事，武漢的共產黨人對蔣的這種「罪行」痛加撻伐，而張作霖本人無疑成為了狂熱的反左派分子：張在北京的司令部，懸掛著「徹底摧毀共產主義」的口號。[10] 一九二七年四月初，張作霖突然下令部隊搜捕北京的俄國大使館，逮捕所有在此尋求政治庇護的中國人。其中包括了前自由派分子、中國共產黨創黨人之一的李大釗。張作霖將李大釗連同一起被抓的十九名同志處以絞刑。

儘管在北方遭受這些損失，不過從國民革命軍北伐告捷，以及成立「中華全國總工會」臨調全國各地工人採取行動以後，勞工運動仍在華中與華南地區如火如荼地展開。到了一九二六年底，僅武漢地區登記的各式工會組織就高達七十三個，工會成員共計八萬兩千人；而在上海雖有軍閥的敵視，仍有數十萬的工人被組織起來。一九二七年二月，在來自「總工會」的援助下，上海的勞工領袖號召進行總罷工，以支持甫攻克杭州的國民革命軍。罷工者癱瘓了整個上海市兩天，碼頭、市政服務、棉紗廠、製絲廠、公眾運輸和商業中心紛紛停頓。罷工最後因為軍閥勢力的介入而中挫，軍閥將二十位罷工者斬首，逮捕三百位帶頭罷工的領袖，解散所有的工人集會。

工人的士氣和政治關懷卻依舊十分高昂，這得歸因於一九二五年五卅慘案的持續效應，以及以上海為基地的中共領導人如周恩來、李立三等人持續策動的結果。「總工會」繼續籌畫第二波大罷工，組織了五千名工人糾察隊，其中有幾百名的糾察隊配有武裝。上海是一座動見觀瞻的國際大都市，當地工人的組織行動常有示範和鼓舞作用，他們甚至有可能建立革命的工人政府，而「城市蘇維埃」可能像俄國布爾什維克革命一樣，引起各地群起效尤。

不過城市裡也有不少人士亟思削弱勞工運動的力量。廠方與金融家組成了鬆散聯盟，他們因上海迅速崛起、發展為工業中心與國際港埠而蒙利，一波又一波的罷工風潮只會造成他們的鉅額損失。若干金融巨頭與祕密幫會組織如「青幫」彼此掛鉤，而這類幫會組織是靠著經營妓院、職業賭場、買賣鴉片而致富。只要出價，青幫的頭目便能召集幫眾解散工會和勞工會議，甚至殺掉頑冥不化的工人。許多青幫的領袖人物都是在社會上名聲顯赫的成功實業家，其中不乏與國民黨私交甚篤者，甚至早在蔣介石混跡上海的那段歲月便與蔣氏熟稔。

一九二六年底，「上海總商會」會長*至南昌司令部拜會蔣介石，並允諾商會將慷慨解囊給予蔣經濟上的援助。在幾次祕密會議中，蔣的親信**成功與上海勢力強大的「中國銀行」（Bank of China）的高階主管***達成協議。他們也與法租界的巡捕頭領（與青幫關係密切的黑社會魁首****）舉行商談，內容應與日後鎮壓工人動亂的事宜有關。

在上海雅致的外國租界區裡，許多殷實的中國實業家住在花園豪宅，與外國人往來，甚至共享商業利益。此地外僑大多不識中文，對這座城市生活的細節一無所知也不甚關心。因此，多數人通常並不了解當地中國朋友的政治網絡或與祕密會社的往來情形。他們關切的無非就是確保他們經營的工廠或碼頭有穩定足夠的勞動力，或是其豪奢俱樂部中和賽馬場的娛樂消遣能不受干擾。他們還希望能保障他們在華的投資利益——據當時估計幾乎達到十億美金，避免讓財產受到中國極端民族主義的侵犯，或甚至被沒收充公。

然而到了一九二七年初，卜居中國的外國人開始緊張。一月，在共產黨和鮑羅廷煽風點火之下，群眾衝破防柵，進入漢口的外國租界區，造成外僑可觀的財產損失，租界區內婦孺全數撤出，順著長江南下上海；男人則是聚在岸邊的房子裡，隨時準備逃離。同一個月，九江也爆發類似的動亂。一九二七年三月，國民革命軍從北方軍閥手中奪取南京時情勢最為危急，革命軍劫掠了英、日、美各國領事館，並殺害這三國及法、義的數名外僑。數艘美國驅逐艦和一艘英國巡洋艦向美孚煤油公司總部周圍區域砲轟還擊，替外僑清出一條疏散的道路，因而炸死幾名中國人。在一九二五年的五卅慘案事件中，英國人已證明他們會向具潛在威脅的群眾開槍；現在，英美則聯手證明了他們還可能砲轟中國城市。將來英美兩國和法國人或特別是日本人，若遭遇國民黨的武裝力量威脅，沒人說得準他們將如何應對。當時，上

* 譯注：虞洽卿。

** 譯注：黃郛、俞飛鵬等。

*** 譯注：包括副總經理張嘉璈。

**** 譯注：黃金榮。

海地區駐紮了大約兩萬兩千名外國部隊和警力，停泊了四十二艘軍艦，在中國其他海域還有一百二十九艘各式戰艦作為後盾。

中國內部衝突所涉及的利害關係對史達林而言也是緊張萬分。主要的原因不只在於這些遠在中國的衝突事件本身，更是因為這些衝突事件牽動到蘇聯政局，因為一九二七年初，史達林正身陷和托洛斯基（Leon Trotsky）激烈的權力鬥爭中。雙方爭執於意識形態和官僚體系而非武裝對峙，其中有關中國革命的解讀以及對革命的指導方針更是兩人的論戰焦點。史達林堅稱，中國革命處於「資產階級民主」（bourgeois-democratic）階段，蔣介石和其部隊的帶領不可或缺。因此，中國共產黨必須「留在國民黨內繼續聯合工人、農民、知識分子和城市小資產階級等四個階級」，以打倒封建軍閥和外國帝國主義勢力。這意味著，在中國的共產黨領導人必須繼續與蔣介石和國民黨進行合作。[11]

一九二七年三月二十一日，上海「總工會」在中共指示下發動大罷工及武裝暴動以反抗軍閥，支援即將前來的國民黨部隊。約有六十萬工人投身這場運動，上海市再度癱瘓。經過一番激戰後，電力與電話被切斷，警察局被奪下，火車站被占領。不過罷工團體嚴格命令參加起事的人不得傷害外僑，暴動者也確實遵守指令。翌日，國民革命軍第一師進入上海市，「總工會」此時已不需暗中行事，三月二十七日，該組織於前湖州會館設立新的總部，並舉行成立典禮，當天與會者總計一千名工人代表，分別代表三百個工會分部出席參加這場典禮。根據「總工會」公布的數字，當時上海市共有四百九十九個工會團體，代表八十二萬一千兩百八十二名工人。此外，上海還有兩千七百名工人所組成的工人糾察隊，充足的槍械及彈藥悉數搶自警察局和軍械庫。

蔣介石本人於三月底抵達上海。他再三保證外國僑民的安全，同時盛讚工會組織達成的功勞。共產黨忙於安撫工會成員，要求他們保持緘默，並促使他們解除武裝，以及撤回要求各國歸還租界的聲明，此時蔣介石則與上海的富商巨賈、國民黨中央派要員如汪精衛和前任北大校長蔡元培，以及青幫和祕密社會的領袖舉行會議。由幾位青幫領袖*發起成立的所謂「共進會」，總部就設在法租界區內探長的家中。共進會是一個前沿組織，其下悄悄組成一個大約有一千人的武裝力量。就在同一時刻，蔣亦安排與上海的銀行家會面商談鉅額借款，並將此地被認為同情工人的部隊調離上海。

四月十二日凌晨四點，「共進會」的武裝成員，穿著藍色短褲、臂纏白布袖標，一身平民的裝扮，向城內的所有大型工會組織發動攻擊。這些反工會的準軍事團體是在租界當局知情下（有時甚至還獲得支援）展開行動，而激戰至天色大亮後往往能得到國民黨軍隊的協助。許多工會成員被殺害，數百名工人遭逮捕，工人糾察隊則是被迫繳械。隔天，當上海的市民、工人、學生合力策動示威抗議時，遭到國民黨部隊的機槍掃射，大約有一百名民眾被

* 譯注：於〈中國革命問題〉一文中指出。

殺。接連數周，逮捕和處決不斷，「總工會」被宣布為非法組織，上海的所有罷工活動均被明令禁止。上海的春天消逝無蹤。

武漢的溽夏，廣州的嚴冬

一九二七年四月的上海事件引起武漢的憤怒與自省。鮑羅廷與陳獨秀二人的棘手工作在於，他們必須提出一套說得通的意識形態架構來解釋中國工人被殺的事件。他們只有史達林在四月底對中國局勢的分析可以依循。這位俄國的領導人指出*，自從一九二六年三月以來，他的目標就是要阻止蔣介石將共產黨趕出國民黨，同時著手要「把國民黨右派驅逐出國民黨」。在上海，蔣已經顯露出他的本性：成為「民族資產階級」（national bourgeoisie）的代言人，並且在南京成立自己的政府（一九二七年的四月十八日），違抗國民黨。因此，史達林總結，一九二七年的事件「證明這條路線是完全正確的」。[12]

根據史達林的分析，這意味著中國共產黨必須與國民黨在武漢的派系密切合作，史達林和顧問群稱此派系為「左派的」或「革命的」國民黨，是中國革命的真正繼承者。史達林寄望這些國民黨人能領導「農民群眾」打倒軍閥、士紳和「封建地主」。於今觀之，史達林的希望似乎荒謬異常，但當時在武漢，許多非共產黨籍國民黨領袖的政治立場的確相當激進，顯然比蔣介石或胡漢民更算得上是左派分子，這些人當中以汪精衛最具影響力。汪在晚清便以青年革命烈士以及其批判的文章聞名於世，嗣後在日本和廣州兩地忠心地追隨於孫逸仙左右。孫逸仙病危時，汪精衛隨侍在側，孫逸仙逝世時，汪精衛接受了這位領導人的最後教誨和訓示。在廣州，汪精衛身為政府的主席，時常支持共產黨人的意見，在一九二六年三月二十日蔣發動「中山艦事件」後，汪即攜眷避居法國。一九二七年四月，汪精衛返國，並與陳獨秀共同發表聯合宣言，重新肯定共產黨與國民黨的合作關係。

對武漢的國民黨領導人而言，首要目標依然是鞏固政權的政治和經濟基礎。他們並非武漢地區的唯一霸權，遑論湖北與湖南兩地，因此武漢政權仍須與當地的實業家、大地主，以及名義上和國民黨結盟的軍閥強權周旋。為了贏得群眾支持，武漢的國民黨政權還試圖收回日本位於漢口的租界。然而這項行動卻被機槍的火力逐退，事後更有大批戰艦停泊在長江，接連長達一哩，隨時準備好保護外僑財產。武漢地區的動盪不安使大多數外人經營的商店與工廠歇業，造成幾千名工人失業。據估計，武漢政權每月約需要一千五百萬元維持政府機構的運作，並支撐正在華北激戰的七萬名部隊的開銷，但武漢政府籌措到的資金卻遠遠不足，只好逕自印發紙幣，最後卻遭到銀行拒絕接受。

若能自己當家作主，共產黨應該已經在農村地區發動真正的革命了。一九二六年底和一九二七年初，農村已有農民暴動的明顯徵兆。在某些地區，農民自己占地，成立「貧農協

* 譯注：如杜月笙。

會」來管理社群的日常事務，並且把他們最憎恨的地主抓來遊行示眾、羞辱、甚至殺害。彭湃在廣州近郊成立許多激進的農民協會，相當成功，後來被地主勢力反撲而瓦解。毛澤東在廣州時晉升國民黨「農民運動講習所」所長，一九二五年和一九二六年曾數度在湖南鄉間、特別是長沙一帶宣揚共產黨理念。一九二七年二月，北伐的國民革命軍穿越該地區後，毛藉機到湖南對農民運動進行考察，並向共產黨的地方期刊投遞一份令人激奮的調查報告*。

貧農的力量及其政治意識尤其令毛澤東印象深刻，他寫道：「他們（農民）舉起他們那粗黑的手，加在紳士們頭上了……他們和土豪劣紳是死對頭，他們毫不遲疑地向土豪劣紳營壘進攻。」那麼究竟要「站在他們的前頭領導他們呢？還是站在他們的後頭指手畫腳地批評他們呢？還是站在他們的對面反對他們呢？每個中國人對於這三項都有選擇的自由」。毛指出只要共產黨願意，就能主動領導這群堅定的農民跟隨者，並暗示若忽視農民巨大的潛在力量，將是最愚蠢的決定。根據毛的觀察，假若論功行賞，將一九二六至一九二七年「民主革命」的功績以十分計，那麼「市民及軍事的功績只占三分，農民在鄉村革命的功績要占七分」。[13]然而在武漢當時的政治氛圍下，毛澤東的報告並不實際，也與共產國際的指導方針，即繼續與小資產階級合作的訓令互相牴觸。共產國際指示中國共產黨，應設法讓農民的革命熱情降溫，以維持與國民黨及其許多出身地主階級的重要支持勢力合作。

以武漢為根據地的「中央土地委員會」於一九二七年五月初所公布的最後決議，正是汪精衛、鮑羅廷、陳獨秀、毛澤東等領導人協商、妥協的結果。決議文中主張，在地方上成立鄉村自治機構處理土地重分配的事宜；確保親國民黨有地軍人的土地不被沒收；對於無土地軍人，則承諾於革命戰勝後可領得土地。持有土地面積以良田五十畝或者瘠田一百畝為上限。除非是革命軍人，否則超出基準數面積的上地一律沒收充公。

最後是地方軍人解決了左派分子之間僵持不下的論爭。一九二七年五月十八日，控制長沙至武漢鐵路沿線的國民黨盟軍**叛變向武漢進攻，沿途見農民協會就毀，一路上屍橫遍野。雖然在激戰後被共產黨和國民黨部隊擊退，但卻已激發其他軍人群起效尤。五月二十一日，駐守長沙的團長***圍捕當地主要的左派組織，搜查檔案資料，並逮捕、殺害近百名的學生和農民領袖。許克祥宣稱農民協會將動員武裝力量攻擊長沙，於是命令部隊開入農村，將農民集合一起後進行大屠殺。成千上萬的農民橫死，殺害他們的人往往手段兇殘，因為那些前不久才遭受羞辱或目睹親人受到殺戮的地主與軍隊或地方的祕密會社聯手，報復強徵他們土地的農民。

武漢的國民黨領導階層似乎默從這場屠殺，並將心力集中在強化與其他軍閥的勾連上。

* 譯注：〈湖南農民運動考察報告〉。

** 譯注：駐守宜昌的獨立第十四師師長夏斗寅。

*** 譯注：三十五軍第三十三團團長許克祥。

即使農民才剛剛遭到血腥鎮壓，面對托洛斯基的詰責與冷嘲熱諷的史達林仍然主張加強國共合作，而不願共產黨退出國民黨，將新的生命力注入中國的農民運動。史達林發給共產國際的代表羅易（M. N. Roy*）和鮑羅廷一則簡短的訓令，明確指示共產黨必須佯裝堅定支持國民黨，同時讓國民黨轉向左派。

史達林「沒有土地革命，就不可能勝利」的訓示於六月一日傳抵武漢。「我們堅決主張從下面實際奪取土地」。因為多數國民黨的領導人「正在動搖和妥協」，因此必須從底層吸收更多新的工農領袖到國民黨內部去：而「這些新的工農領袖的大膽呼聲會使老頭們堅定起來，或者使他們成為廢物」。不僅如此，史達林還指示中國共產黨動員兩萬名左右的共產黨員，加上約五萬名的「革命工農」，用軍官學校的學生來充當指揮人員，組織一支「可靠的軍隊」。[14]

羅易顯然相信這封電報會說服國民黨相信共產黨仍有值得重視的實力，也或許出自羅易欲搶先鮑羅廷一步，於是他出示這封電報，告知汪精衛、陳友仁、宋慶齡。汪精衛大為震驚，更加緊他遏止地方革命氣勢以及約束共產黨權力的行動，他開始策動一連串的交涉，試圖與蔣介石和解。儘管共產黨發布一則道歉式的聲明，承諾將進一步限制工、農的行動，但此刻共產國際的代表依稀嗅出危機迫在眉睫，於是羅易和鮑羅廷兩人開始長途跋涉，乘車穿越戈壁沙漠歸返蘇聯。「革命力量達到長江，」鮑羅廷在離華前接受外國記者訪問時說：「如果派一名潛水夫潛到混濁的江底打撈，他浮上水面時，懷裡只會捧著無數破碎的希望。」[15]

儘管毛澤東的湖南農民運動考察報告並未引起矚目，整個夏天也遵從共產國際的指示、確保軍人的土地不被強徵，但此時他仍奉派到農村點燃革命火苗。身為忠誠黨員，毛盡力重新喚醒慘遭家破人亡之痛的農民之革命意識。到了九月初，毛澤東已在農村成功徵召了近兩千名兵力，開始對長沙附近城鎮發動數波攻勢。但毛的部隊是由農民以及不滿的失業礦工、國民黨的逃兵所混編而成，與毛原先號召十萬農民武裝部隊發動這一連串「秋收暴動」的期望相去甚遠，很快就遭到地方勢力鎮壓，傷亡慘重。

比起「秋收暴動」，在蔣介石原江西根據地南昌所爆發的叛亂企圖更大，剛開始也較為成功。八月初，共產黨的軍官（其中一名隱藏自己與共產黨的連結，就是為了等待這種時機出現）率領兩萬人之眾占領南昌，高懸左翼國民黨的旗幟，並控制了城內的銀行。但他們被鄰近地區的將軍擊敗，而這位將軍才甫被共產黨延攬，加入他們組建的國民黨「革命委員會」。潰敗的軍隊旋即向南退卻，短暫占據汕頭，這座繁榮的沿海城市一度是陳炯明與孫逸仙作戰的基地。這支部隊被趕出汕頭，共產黨殘餘勢力向海豐地區突圍，在那裡仍有彭湃所領導的激進農民蘇維埃運動，刻正抵禦當地地主及其廣州支援勢力的反撲。

＊ 譯注：印度籍年輕共產黨員。

令共產黨深感悒鬱的挫敗接二連三，延續到十二月。是月，俄共在莫斯科召開第十五次代表大會，史達林希望在中國獲得明確的勝利，以證明他的路線更勝托洛斯基的主張一籌，希望藉此給予托洛斯基致命的一擊。共產國際給中共新領導人瞿秋白的訓令，指示他進行武裝暴動。瞿秋白順從指示，下令共產黨人在曾經的革命溫床廣州策畫暴動，當地的工人行列中有大量被逐出香港的罷工工人，展開革命行動看來再適合不過。一九二七年十二月十一日拂曉時分，共產黨部隊與廣州工人占領警察局、軍營、郵局、電報局，並宣布該市的權力歸屬於「蘇維埃工農兵代表會議」（Soviet of Workers', Soldiers' and Peasants' Deputies），確實執行史達林和瞿秋白下達的指令。

但這個「廣州公社」的組建者，不論在人數上還是武力上，都完全不敵很快就集結的反共部隊，很快就被反共軍隊擊敗繳械。公社運動僅持續兩天便告結束。數名俄國領事館人員因讓領事館充當暴動的根據地，而與加入「蘇維埃」的工人和共產黨員一同被槍決。許多工人因為在獲取勝利時繫上倉促染色的圍巾，在脖子上留下紅色染料而被指認是激進分子。反共部隊發覺太多昂貴的彈藥被浪費在處決犯人上，於是下令把叛變者十人或十二人為一捆地綁起來，載上船，然後投入廣州附近的河流中。

史達林和共產國際最初仍想將這場災難稱為一場勝利，但最終他們也不得不承認這場暴動無疑是對中國共產黨的慘痛打擊，但他們仍然指控中共必須為這場災難負責。共產國際斥責中共：以不當方法舉行罷工，過分依賴非共產黨的工人群眾，針對農民群眾的準備工作不足，不夠重視顛覆敵軍的行動。共產國際警告中共必須審慎評估策略。針對中共本身，「他的幹部、他的地方、他的中央」必須全部加強。中共被共產國際申斥道：「不做工農的群眾運動，而去玩弄暴動，這是輸掉革命的『正確方法』。」[16]

注釋

1 尤金（Xenia Eudin）與諾思，《蘇聯與東方，一九二〇至一九二七年：文獻的考察》（*Soviet Russia and the East, 1920-1927: A Documentary Survey.*, Stanford, Calif, 1957），頁一四一。

2 費約翰（John Fitzgerald），《喚醒中國：國民革命中的政治、文化與階級》（*Awakening China.*, Stanford: Stanford University Press, 1996），頁一四七至一五九。

3 費鞏（Lee Feigon），《陳獨秀：中國共產黨的締造者》（*Chen Duxiu: Founder of the Chinese Communist Party.*, Princeton: Princeton University Press, 1983），頁一六九。另見，邁斯納，《李大釗與中國馬克思主義的起源》，頁一九一，二二二。

4 費約翰，前揭書，頁一八〇至一八五。

5 史景遷，《天安門》，頁一九七。

6 前揭書，頁二〇七。

7 喬丹（Donald Jordan），《北伐：一九二六至一九二八年中國的國民革命》（*The Northern Expedition:*

China's National Revolution of 1926-1928., Honolulu: University of Hawaii Press, 1976），頁六四（略經修改）。

8 前揭書，頁六三。

9 前揭書，頁七六。

10 馬可考麥克（Gavan McCormack），《張作霖在中國東北，一九一一至一九二八年：中國、日本與滿洲人的觀念》（*Chang Tso-lin in Northeast China, 1911-1928: China, Japan and the Manchurian Idea.*, Stanford: Stanford University Press, 1977），頁二一〇。

11 尤金與諾思，頁二九二至二九四。

12 諾思，《莫斯科與中國共產黨人》，頁九八（略經修正）。

13 施拉姆，《毛澤東的政治思想》，頁二五〇至二五四。

14 諾思，頁一〇五至一〇六。

15 史景遷，《改變中國》（*To Change China.*, Boston. 1969），頁二〇四。

16 諾思，頁一二〇。

第十五章

國民黨當權

國民黨統治

在清剿共產黨方面的成功當然並不意味著國民黨已經解決了自身碰到的問題。國家統一的目標仍很遙遠，而蔣介石貴為北伐軍統帥，財政卻是捉襟見肘。上海的中國銀行家和實業家如果聽到史達林說蔣介石已經與民族資產階級聯盟而暴露出他的本性，一定會大吃一驚。因為在蔣一九二七年四月的行動後一個月，就採取恐怖手段對付城裡的大戶人家。起初，蔣相信這是籌措每月所需軍餉、並維持北伐行動財政支出的唯一辦法。蔣在強迫「上海總商會」會長*提供一千萬美元的貸款而被拒後，便沒收他的財產，逼使他避走他鄉。上海資本家被迫購買政府發行的短期公債三千萬元，其中較大商號的指定額度通常至少為五十萬元。

* 譯注：傅宗耀。

富商子女因「反革命分子」或「共產主義分子」的罪名入獄，只有在他們的父親「捐輸」鉅款給國民黨之後始獲釋放；一名棉紡廠主就在這種情況下，被勒索了六十七萬元，另一名富有的布商則是捐了二十萬元。

一九二七年六月，為了因應日軍入侵山東所帶來的新壓力，蔣介石發起「對日經濟絕交大同盟」的組織，並開始逮捕和處罰違反禁令的商人。各有一名布商與糖商就被罰十五萬元。在整個上海暢行無阻，能自由進出外國租界的青幫人士，加上成千上萬的乞丐協助盯哨，而讓這些逮捕行動和勒索行為順利進行。青幫領袖組織「勞工聯盟」，交由心腹管理，以取代共產黨員控制的工會。藉著國民黨新近成立的「禁煙局」，幫會的敲詐者和國民黨能從販毒的利潤和已知上癮者所繳交的「登記費」瓜分利益。同時，國民黨也以政治團體的身分，積極鼓勵商人組成富民族主義色彩的協會。這些協會通常與商會對立，在抵制日貨運動時姿態特別強硬，且強烈反對外人向外國租界的商家徵收不動產稅。

然而，這滾滾湧入的財源還是不夠，北伐也無可避免地受到了寧漢分裂的負面影響。七月，在一場爭奪鐵路戰略要衝徐州的戰役中，蔣的軍隊受到軍閥的重創，加上武漢領導人對他個人的不斷攻訐，或許蔣亦感精疲力竭，於是在八月宣布下野。蔣介石利用這段空檔追求深具影響力的宋家么女宋美齡。宋美齡一九一七年畢業於衛斯理學院（Wellesley College），也是「基督教女青年會」（ＹＷＣＡ）運動人士，以及「上海工部局」轄下童工委員會的委員。宋美齡的兩個姐姐分別為孫逸仙的遺孀以及財政部長孔祥熙的妻子，至此，蔣介石已為自己贏得重要的新關係。

一九二七年十二月，蔣介石與宋美齡於上海舉行婚禮，輿論為之譁然。蔣介石與元配仍有婚姻關係，他們的長子此刻正巧在莫斯科求學。宋美齡出生在一個基督教家庭，顯然因為蔣介石承諾「研讀基督教義」，宋家才答應這樁重婚的婚事。在上海，他們舉行了兩場婚禮。一是在宋家舉行基督教儀式，典禮由余日章主持，余是一九一〇年畢業於哈佛大學研究院的教育家，先是出任副總統黎元洪的祕書，然後擔任「基督教青年會」全國協會總幹事，表現極為傑出。中式婚禮是在「大華飯店」（Majestic Hotel）宏大輝煌的宴會廳盛大舉行，由蔡元培擔任主婚人，蔡過去是反清的激進學者、前北京大學校長，現在擔任國民政府的教育部長。

在這段時間，國民黨其他領導人發現沒有蔣作為後盾，他們籌不到足夠的財源。當時孫科已經離開武漢抵達南京，並擔任國民政府寧漢復合後的財政部長，他發現自己根本無法說服上海的資本家進一步提供鉅額貸款，只能勉強徵集杯水車薪。此時，「上海總商會」的運作再度趨於獨立自主，孫科不能再強迫資本家認購公債，鴉片收益完全斷絕，而向租界區徵收租金的計畫亦告失敗。另一方面，因為政府拖欠軍隊薪餉，駐紮上海的軍隊拒絕北上討伐張作霖。

一九二八年一月，蔣介石再度被任命為國民革命軍總司令，並被選為國民黨中央執行委員會的九位常務委員之一。蔣介石復職後便指派他的新妻舅宋子文擔任財政部長，掌管財

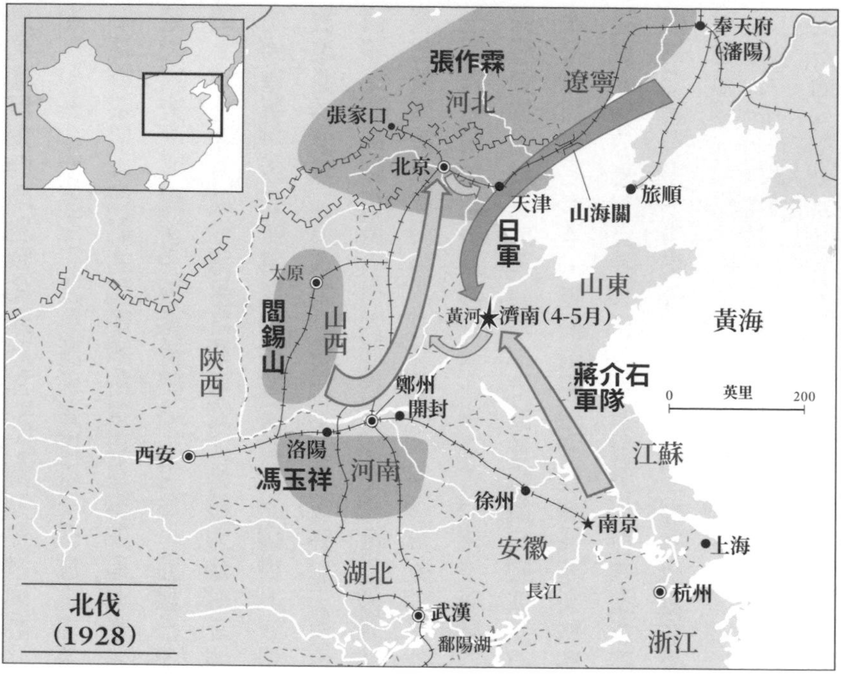

政。宋子文以高壓手段及精明的財政手腕，得以在缺乏正式政府預算的情況下替蔣介石籌足資金，讓北伐行動起死回生：每五天一百六十萬元。

現在蔣介石開始著手與兩位最具權勢、且認同蔣統一目標的北方軍閥重新結盟：一位是曾受蘇聯支持、在一九二七年談判中扮演樞軸角色的馮玉祥將軍，他在河南擊敗吳佩孚之後，便以該地為根據地；另一位是走獨立路線的山西軍閥閻錫山。一開始就支持北伐行動的幾位桂系將領曾在克復和整肅上海的行動中扮演重要角色，至此則轉戰於湖南，不願意投入北伐。

奉系軍閥張作霖的基地北京成

為北伐的最終目標，雙方的激戰始於一九二八年三月底。一九二八年四月三十日，蔣的部隊進入山東濟南，眼看著最後的勝利就要到手，卻在此刻遭遇二次北伐的重大挫敗。當時大約有兩千名日本人住在濟南，日本內閣對於昔日國民革命軍如何攻擊漢口和南京的日本租界區記憶猶新，於是決定派遣五千名常備部隊進駐山東，直到北伐戰事結束。國民革命軍進入濟南城時，日軍的五百名先遣部隊已在當地部署完畢。蔣介石抵達濟南後，即要求日本政府撤軍，日軍似乎也已準備撤離。但就在五月三日，戰端開啟，零星的小衝突最後蔓延成全面衝突，雙方均不乏令人髮指的暴行，譬如將戰俘去勢或挖去雙眼。日本隨後增派援軍，五月十一日國民革命軍被迫撤離濟南。蔣介石一方面訴請「國際聯盟」（League of Nations）調查濟南事件，同時為了避免擴大事端，下令他的軍隊繞過濟南，向西渡過黃河，集結於北岸。濟南事件爆發之後，中、日之間濃烈的敵意久久不散。

蔣介石與馮玉祥計畫立即聯手攻擊天津，以切斷張作霖駐紮北京的奉軍撤出山海關的鐵路要道。然而天津有五個主要的外國租界，外國的投資也在此地，列強不願見到天津滋生戰事。於是日本率先向張作霖擔保，只要他棄守北京，和平撤回東北，日本將會阻止南方的國民革命軍跨過長城或穿越山海關追擊奉軍。張作霖在苦思替代方案不得，只好讓步，並於六月二日帶著隨扈乘坐豪華專車離開北京。

六月四日凌晨，張的專車在瀋陽附近被炸，列車全毀，張作霖傷重不治。這場暗殺行動是由駐紮東北、不滿日本政府謹慎政策的關東軍軍官所策動執行，目的在於引爆危機、擴大事端，藉以擴張日本在中國東北的勢力。但是山西將軍閻錫山按國民黨的原定計畫接收北京，閻的另一位大將*則進駐天津，過程十分平和。隨後，國民黨向繼承父親統治東北的張學良施壓，和他們達成協議。張學良屈從日本的要求，維持東北的「獨立自主」，但他也在十月十日致電南京的國民政府，表示接受國民政府委員一職。一九二八年底，張學良宣誓效忠南京國民政府，升起了國旗。孫逸仙的夢想似乎終於實現，從廣州至瀋陽，國民黨的青天白日滿地紅旗幟迎風飄揚。

國民黨的當務之急是締造能穩固北伐成果的政治與經濟結構。孫逸仙已經定下了軍事行動統一全國之後將過渡到訓政階段的指導方針，蔣介石因而不必再費心去裝飾民主政治的門面。一九二八年十月，蔣介石被授與「國民政府主席」的職銜，而國民政府委員會的十六位成員則構成政府的最高領導集團。政府的工作依功能被區分為行政、立法、監察、司法、考試五院，由國民政府委員會成員中的五位委員分別出任五院院長。這樣的體制架構大致體現了孫逸仙所宣揚的「五權憲法」精神，不過南京政府的五院制度在倉促間成立，未經選舉取得人民支持，而有違孫逸仙五權憲法體系的某些基本價值理念。

五院中以行政院最為重要，其功能涵蓋統籌中央各部會、擬定經濟計畫、統帥軍隊、監督中央與地方關係、指派地方政府官員。譚延闓擔任行政院首任院長，直到一九三〇年過世為止。行政院在他領導下，確實擁有了威望。譚延闓崛起於清末執掌湖南省諮議局，也是一位優秀的行政人才。不過根據當時的政府架構規定，譚延闓仍須聽從國民政府委員會的指示。

立法院因負責法統而影響亦深；立法院大約八十名委員的主要工作是討論和表決新法案。同時得以表決行政院的議案，特別是預算和外交政策相關事務。首任立法院院長是胡漢民，他同樣為立法院贏得聲譽、不過立法院職權不清、立法委員出席率不定，逐漸削弱了立法院的權力。其他三院的職掌近似於前清的刑部以及負責科考的官署，職掌任用或彈劾文官、監督司法方面的決議。

蔣介石的權力基礎在南京，南京當時取代北京**，經官方明令為中國的首都。定都南京是孫逸仙在一九一二年的原初構想，目的在於削弱袁世凱和北方軍閥的勢力。蔣介石在南京成立了國民黨「中央黨務學校」與其他幹部訓練學校，培養堅定效忠蔣介石個人的成員，就如同黃埔軍校學生一般。蔣介石將形塑學生意識形態的工作委付陳氏昆仲***負責，陳氏兄弟即陳其美之侄，一九一一年陳其美曾經在上海扶植過蔣介石。（一九一六年陳其美遭刺殺身

* 譯注：傅作義。

** 譯注：一九二八年，北京改名為北平。相對於「北方首都」，北平意指「北方和平」。一九四九年，該城市重新命名為北京。為避免混淆，全書使用「北京」。

*** 譯注：陳果夫、陳立夫。

亡，據傳這項行動是由袁世凱授意進行的，因為陳反對袁世凱稱帝。）這些訓練課程的基調是結合反共產主義、反帝國主義的民族主義，並注入了重新詮釋的儒家思想，強調秩序、和諧、紀律、階級。陳氏兄弟一人控制「監察院」，另一人主掌國民黨所謂的「中央統計調查局」（負責反共的反間諜任務），握有大權。

蔣介石在他統治的所有面向，都不斷提醒眾人他和孫逸仙的個人關係與政治淵源有多麼深。在南京建造中山陵是絕佳的宣傳機會。孫在北京去世之後，遺體暫厝北京城外西山的一處寺廟，遺體的現代化裝飾十分違和。孫身著西服，孫逸仙當年慷慨激昂的演講錄音透過留聲機在靈柩旁播放著，還有影片來陳述孫一生幾次具有時代意義的片刻。蔣介石在一九二七年春天到了南京，就馬上選定城外一整座山陵，作為孫逸仙的安眠之所，還下令建造一條從長江穿過擁擠的南京市區直通陵墓的道路。一九二八年，蔣親自前往孫在北京西山的暫厝地，臨柩涕泣，戲劇性地大哭失聲以表露心中難以平復的哀思。一九二九年，帝王規格的南京中山陵竣工，氣宇雄偉，蔣派遣專車前往北京迎靈，將孫的遺體換上中式長袍。一九二六年六月，蔣在南京親自主持奉安大典，巧妙地不讓他的政敵出席這個中國歷史上充滿高度政治意涵的時刻。[1]

雖然國民政府以如此華麗鋪張的排場來向國民黨的創建者致敬，但是國民政府一如袁世凱時代，同樣面臨財政困窘的壓力。蔣介石半以橫徵暴斂的手段向上海實業家榨取北伐後期軍餉，但這終究不是長久之計，宋子文於是力圖說服眾人，建立起一套中央預算制度，要求

國民政府的支出、歲入與赤字，1929至1937年[2]

年分 6月30日為年度結束	支出 不包括這一年度結束的餘額（百萬元）	歲入 不包括年度開始的餘額（百萬元）	由借款補平的赤字 金額（百萬元）	 占支出的百分比
1929	434	334	100	23.0
1930	585	484	101	17.3
1931	775	558	217	28.0
1932	749	619	130	17.4
1933	699	614	85	12.3
1934	836	689	147	17.6
1935	941	745	196	20.8
1936	1,073	817	256	23.8
1937	1,167	870	297	25.4

成立一個具實權且獨立運作的預算委員會，以分配各部門的財政資金。不過因為預算的最終決議權仍掌握在國民政府委員會手中，所以權限問題與特殊干預終究無法根除。一九二八年，國民政府即積極與列強談判，放棄內陸過境稅以及自孫逸仙主政廣州政府以降所開徵的特別附加稅，以換回關稅自主。結果，關稅的歲入遽增，從每年的一億兩千萬元增加至一九二九年的兩億四千四百萬元、一九三一年的三億八千五百萬元，遠遠超過宋子文的預期。

儘管勵精圖治進行種種改革，但如表格顯示，國民黨政府因為徵稅實務上有困難，直到一九三六年都無法課徵所得稅，因此政府依然無法擺脫財政赤字的陰影（北京政府曾於一九二一年試圖開徵全國性所得稅，但僅徵收到一萬零三百一十一元）。全國性土地稅的徵收亦然，因為土地稅的所得盡流入國民黨無從控制的地方政府手中。另一方面，國民政府亦無法向外國企業課徵超過一定比重的稅賦，因此工業稅的負擔主要都落在本國企業身上。這就造成相當諷刺的結果，像簡家所屬南洋兄弟菸草公司一度活躍於一九二〇年代，能與強勁的對手英美菸草公司相抗衡，最後卻因不斷躍升的稅率而瀕臨破產。

更麻煩的是，國民政府過度依賴上海的稅收。上海的法治不彰，但在金融、文化上極為活躍，此時的人口已逼近三百萬大關。上海畫分為好幾個區域，其中的公共租界和法租界自條約口岸時代就已存在，享有治外法權的保護，外國人大部分居住在此，事業也在此，也有數十萬名中國人以此地為家。另外就是非租界的市區，此時已發展為龐大的都會，高度工業化。城西名副其實地被稱為「歹土」，是一片龍蛇雜處之地，大小幫派、警察、準軍事保護組織在此爭奪控制權。

上海的確融合了各種面貌，新工業急速發展，國際商港吞吐量大，於是鴉片買賣和上癮人數都快速飛漲，色情行業和組織犯罪也相當猖獗。法國人入境隨俗，照著上海醜惡的政治風俗任命幫會頭子為租界的探長，他的工作就是把和全市勢力最強的青幫沒有淵源的各方勢力擋在租界之外。這些人和孫逸仙及其支持者也有往來，不過留有些模糊空間。蔣介石就是其中之一，他沒有和孫中山在日本的那些年間，就住在上海與幫派人士有所牽連，與青幫人士往來，英國警方還留有他的紀錄。他與杜月笙關係密切。杜月笙靠買賣鴉片成了租界最重要的幫會首領之一。蔣介石在一九二八年即與青幫過從甚密（有些青幫中人已經開始替自己營造普通商人和慈善家的形象，但仍不改其本性），並透過所謂的禁煙機關發放吸煙執照以壟斷鴉片買賣，替自己的支持者賺進鉅款。為了締造穩固的政治結構，國民政府面臨的迫切課題是重建有效的地方行政管理機制。清末的統治者和袁世凱對此力有未逮，而事實證明，國民黨亦復如此。

國民黨嘗試建立的行政組織未能解決許多地方上的根本問題，許多農村的生活形貌實與清朝並無二致，地方行政長官往往專制腐化、施行暴政，較支持地主勝於生活往往極為困苦的農民。即使遭遇天災肆虐，地方官員也照樣向農民課稅或收取佃租，並以警力或軍隊來強行徵收。農民仍靠人力播種收割，再親自背負著沉重的農產品到市集兜售，農村地區嬰兒的死亡率相當高，預期壽命十分短。許多女孩還是纏著小腳，傳統媒妁之言的婚姻形態依然盛行，偏狹的地域派系猶存，教育少之又少，或根本付之闕如。

一九二〇年代末期，世界經濟大蕭條嚴重打擊那些倚賴某類經濟作物為生的農民，生絲、棉花、大豆、菸草這類經濟作物的市場價格崩落，數十萬甚至百萬農民的生活頓時無以為繼，飢貧而亡。因此農村迫切需要推動強而有力的政治革新。農村需要規畫農作物的多樣化，耕地的公平分配，農產品價格的合理化等方面的革新，並建構地方的信貸系統、普及教育，以及某種程度的代議政府機制。國民黨的領導人知道這些農村的需要，偶爾也會試圖解決，不過政府財政總是捉襟見肘，而外患與內亂也經常占去政府的心力。

結果溫和的土地改革運動不是出自國家之手，而主要是由具奉獻精神的個人如晏陽初、梁漱溟所推動。一次世界大戰中，在基督教青年會任職的晏陽初，為投身法國戰場的華工服務，這是他第一次接下改革與教育方面的挑戰。一九二一年返華後，晏陽初在河北定縣繼續從事平民教育的工作，推動識字運動。他在定縣成立了「模範村」進一步擴展工作範圍，在基本的識字課程之外，教導村民衛生常識與農耕技術。到了一九二九年，晏陽初在國際機構的贊助下，已經於定縣的六十幾個村和市集推動重建計畫：包括教育、公共衛生、輕工業和農業帶動的經濟成長，以及自治政府等四個面向。

梁漱溟是著名的儒士，他的父親* 深感於中國的苦難而於一九一八年自盡。梁漱溟在五四運動期間獲聘擔任北大哲學教授，在南方歷經鄉村重建的實驗工作之後，領導「山東鄉村建設研究院」試圖將鄒平、菏澤兩縣建設成模範社區。在鄒平與荷澤兩地的實驗區裡，梁漱溟為了避免採取階級鬥爭手段，並引導整個社區發展為一種自我管理的組織體，把心力放在精英與平民共同參與的經濟互助與教育計畫上。

這些民間計畫的成功讓我們看到中國本來是大有可為的；只不過，在國民政府時代的中國，這一類實驗實在太少。這不僅反映出當時政府放任不管的態度，同時也顯現一個更深層的問題：沒有人願意直面當時中國的種種沉痾。

文化與意識形態

國民黨執掌大權的一九二〇年代末到一九三〇年代，中國人的生活無疑經歷了極大的改變。醫療較為發達，也有新式醫院，校園內設置有運動場和實驗室。負載著卡車和汽車的碎石子路綿延伸展，開啟了社會互動、商業交流的新紀元。電廠的設置供應了城市的用電需求；內陸河道和沿海的蒸汽船運四通八達，降低了跨地區貿易往來的成本；速度更快的火車往來急馳於新鋪設的鐵道，某些國內航線也開始能進行航空運輸。電影院是城市生活不可或缺的一環；收音機和留聲機已經出現在富裕家庭中；中國男人開始穿著西裝、頭戴禮帽或布質輕便帽，年輕女孩身著短裙、足蹬高跟鞋。蔚為風行的休閒雜誌越來越常刊登時髦、精緻、充滿性暗示的廣告；娛樂和購物中心越來越鋪張，流行歌手和電影明星成為大眾關注的焦點。生理功能和性行為手冊的銷量飛漲，也越來越百無禁忌，使大眾得以輕易獲取性知識，可能也因此讓大眾對社會名人的私生活大感興趣。抽菸已成了全國的流行。有錢人的日常生活其實十分愜意，對此時生活在中國的外國人來說，這段日子真可說是「肥碩歲月」。[3]然而在中產階級之中，卻仍瀰漫著一股無力和不安之感，而照理說中產階級本該是國民黨最忠誠的盟友。

* 譯注：梁濟。

五四運動的狂飆激情在一九二〇年代末期的種種衝擊下灰飛煙滅，五四那一代打倒偶像的人物有五種選擇：成為中共的領導人物，作為國民黨反共產主義秩序的代言人，中間路線的自由主義捍衛者，嚴守學院方法論的學者，或成為提倡自由自在享受生活的人。這五類人只要靠著過去受過的傳統學科訓練、曾經參與晚清改革或加入革命的經歷（不論參與程度多麼低），或者對一種或數種外國文化有深入的認識，均足以令他們繼續享有崇高的社會地位。那些在五四運動時才十幾、二十來歲或更年輕的人，眼前的選擇也差不多，但是通往目標的道路現在變得不太清晰。這些年輕人心中無所依從的感受比老一輩人來得強烈，因為好打的仗已經打勝了，上一輩看來是留給了他們一個混沌不清的遺產，接下來這些年輕人究竟該如何應對呢？

對這些問題的探索，代價之高，議題之嚴肅，可以從兩位年輕的探索者身上一窺端倪：即作家丁玲及其夫婿胡也頻。一九〇四年，丁玲出生於湖南士紳家庭，受教於長沙現代化學堂，與母親都深受植根在五四運動中的新中國理想所感召。她們和許多在一九一九年負笈法國的留學生成為好友，包括幾名在法國加入共產黨的人。一九二二年，丁玲離開家鄉，告別母親和友人，前往南京、上海，最後抵達北京。在北京一群作家、藝術家之中，丁玲與胸懷抱負的詩人胡也頻同居，過著解放的生活。丁玲顯然體現了成功掙脫家庭枷鎖的「娜拉」典型。

一九二七年底，丁玲出版了她的第一篇短篇小說〈夢珂〉，講一個天真爛漫而動人的鄉下女孩夢珂，在上海這個充滿飽經世故的有錢人、生活極度洋化的附庸風雅者，以及思想僵化的激進分子的娑婆世界中小心翼翼地生活。夢珂好不容易成了電影明星，但她靠的是運氣，而不是正確的判斷。最後功成名就的夢珂失卻了人性，淪為男性世界裡滿足欲望的玩偶。隔年，丁玲更為成功的小說《莎菲女士的日記》出版。丁玲透過小說人物莎菲女士之眼，呈現孤寂和挫敗的圖像。莎菲是如此浮躁不安，甚至讓自己病倒了，她的易怒連最好的朋友都無法容忍而紛紛走避；她故意將自己的性欲愛戀導往自我羞辱的方向。這篇故事充滿張力又令人沮喪的結尾中，莎菲女士思索著她的未來：

我是給自己糟蹋了，凡一個人的仇敵就是自己，我的天，這有什麼法子去報復而償還一切的損失？好在在這宇宙間，我的生命只是自己的玩品，我已浪費得盡夠了，那麼因這一番經歷而使我更陷到極深的悲境裡去，似乎也不成一個重大的事件。但是我不願留在北京，西山更不願意去了，我決計搭車南下，在無人認識的地方，浪費我生命的剩餘；因此我的心從傷痛中又興奮起來，我狂笑地憐惜自己：

「悄悄地活下來，悄悄地死去。啊！我可憐妳，莎菲！」[4]

丁玲聲名鵲起，胡也頻也從事詩歌、短篇故事的創作，並在丁玲的資助下出版作品。丁、胡兩人選擇左傾的政治立場以回應時局的動盪。一九三〇年，胡也頻率先加入共產黨，並寫下一本關於一九二五年五卅慘案、煽情而誇張的小說，實際上胡也頻當時人在北京，並未目睹事件始末。一九三〇年底，胡也頻決意前往江西蘇區加入農民行列，從事文化相關的工作並參與推廣識字運動。一九三一年一月，丁玲剛產下頭胎，胡也頻在上海英租界的共產黨祕密會議上遭英國警察逮捕，並交付國民黨處置。證據顯示，胡也頻及其友人是被共產黨內的敵對派系給出賣了。胡也頻與二十二位同志在倉促的審訊後，於一九三一年二月七日，在國民黨近上海的警備司令部一起遭到槍決。丁玲聞訊後返回湖南老家，將小孩子留給母親撫養，然後重返上海，加入共產黨。

青年人或許是為了實現社會正義而加入共產黨，不過一旦成為共產黨員，卻又發現失去文化創作的自由。自從一九三〇年以降，整個中國左派創作活動就被「左翼作家聯盟」傳遞的蘇聯式政治審美觀所宰制。左聯的中國領導人緊緊追隨史達林在蘇聯制定的文化路線，限定作者的世界觀以及政治立場。史達林主義的前提是若要寫出「正確」的文學，任何對社會實情的描述必須如實反映角色與角色之間的階級關係以及清楚的社會主義革命目標與意義。丁玲在加入共產黨之後也依「左聯」的原則著述，然而她及友人所寫有關工人和農民的故事大都矯揉造作，也欠缺說服力。

最受青年人敬重的五四老作家魯迅也在一九三〇年加人「左聯」，並深感「左聯」及其方針綁手綁腳。魯迅曾嘲諷蘇聯對完美詩句的評價標準，寫道：

啊，汽笛！

啊，列寧！5

同時，魯迅也觀察到「左聯」的成員一邊盲從俄國人的創作原則，一邊又熱中於彼此攻訐。雖然共產黨不斷慫恿魯迅加入共產黨，但魯迅均不為所動。反之，魯迅直到一九三六年死於肺結核之前，都一再鼓勵年輕作家緊守中國文化的重要議題，保有敏銳的社會意識，同時不要失卻辨認荒謬事物的能力。

不過，許多（甚或可以說大部分）年輕的中國知識分子，都沒有心灰意冷。新時代的無限新知深深吸引著他們，他們也急於應用自己的學養與技術。在許多例子中，我們可以看見梁啟超的次子梁思成學會騎機車後，驅車在北京的狹窄街道上優遊，並且研究中國古代廟宇宮殿的建築結構有成。他與身兼學者、詩人、藝術史家等多重身分的妻子林徽因遍遊中國各地，尋找最珍貴的中國藝術遺產，不僅予以拍照、繪製成圖畫，也盡力設法保存。

蔣介石及其顧問群心裡很清楚，若想要說服學生、知識分子、特別是城市的工人，讓他們相信國民黨正致力於其國家統一、經濟重建的使命，國民黨就必須找到比壓抑思想、不斷打擊共產黨、姑息日本侵略中國更有效的手段。一九三四年初，蔣介石開始建構新的、統一的意識形態架構，部分取自孫逸仙的思想主義，另外帶有外國傳教士的改良主義社會政策，以及蔣本人對傳統儒家思想核心的詮釋，特別是儒家思想中關於忠誠與道德的建構。蔣介石稱這套信仰模式為「新生活運動」，明顯期待這個運動將帶來正面效應。蔣宣稱「新生活運動」將建構「一種新的民族意識與群眾的心理」，並通過「禮、義、廉、恥」美德的恢復，達成「中國的社會新生」。

蔣介石為了闡釋這些觀念，回過頭乞靈於社會達爾文主義的理論，他寫道：「惟能『苟日新，日日新，又日新』者，始得暢遂其生。凡民族之生活，當其蘄求適合時代與環境時，必須補偏救弊，一變其舊有生活之趨向，此即謂之『新』的生活。」[6]一九三四年蔣介石在南昌策畫對江西蘇區進行最後一次「圍剿」時，便著手推行「新生活運動」。「新生活運動」透過國民黨的組織網絡，從南昌向其他省分和青年團體推展開來，最終擴散到整個社會。許多公共媒介被動員來傳播有關「新生活運動」的指示，包括演講、圖畫、小冊子、戲劇、電影等。蔣介石期望中國人民在領略「新生活運動」欲教導他們的功課後，就能解決人民「衣、食、住、行」四大需求。

蔣介石的新意識形態反映出他對民族的危機感，同時也展現出法西斯主義的特徵。蔣明確表達他希望透過「新生活運動」達成的目標：「亦非準備全國國民之軍事化，不足以圖存；而軍事化之前提，即在養成國民生活之整齊、清潔、簡單、樸素、迅速、確實之習性，以求其共同一致之守秩序、重組織、盡責任、尚紀律，而隨時能為國家與民族同仇敵愾，捐軀犧牲，盡忠報國也。」[7]

中國女性被要求培養出「德、言、容、功」四德，並被教導切勿被誘導盲目跟從女性主義觀念。一名江蘇國民黨發言人訓誡，今日社會中的女性運動並不是真正的女性運動，它只不過是一種模仿男人的運動。他堅定認為，中國女性最重要的任務就是從事女紅、炊事、灑掃、整理家具、布置庭園等家務。[8]在江西，政府更進一步公布若干詳細規定，例如衣擺應至膝蓋以下（四吋），中國傳統式樣衣服的開叉應至膝上（三吋），衣衫必須超過臂線以下（三吋）等等。縱使新生活運動的原初意圖是嚴肅的民族復興，終究還是流於繁瑣與形式化。

同樣在一九三〇年初，由早期黃埔軍校畢業生發起成立一遠較為強硬的組織，以在未來的長期鬥爭中鞏固政治和軍事的領導權。他們立志遵守禁欲的生活準則，不賭博、不嫖妓、不飲食無度，由於這個組織的人身著組棉布的藍衫，因此別名「藍衣社」。雖然他們的工作和志向經常僭越現有的官僚和軍事系統，但蔣介石還是鼓勵這個成員不斷增加、擁有自己組織架構的藍衣社。蔣介石最擅長的政治技巧之一，就是培育可能彼此對立的團體，因其存在讓蔣的中間人角色顯得無可取代。

一位支持藍衣社理論家公開表示，藍衣社必須成為一把利刃，一把可在戰爭中用來殺敵的刀，也可以是一把無害的切菜工具。在考慮該執行哪一項工作之前，必須先好好淬鍊這把刀，否則兩樣工作都做不成。同一位理論家主張未來中國應仿效以下三種社會模式：史達林的蘇聯、希特勒的德國，以及墨索里尼（Benito Mussolini）的義大利。他宣稱，這三種模式，在民族或國家社會主義口號背後潛藏的目標，與孫逸仙的三民主義十分類似。他認為民主體制是偽善的，若中國立刻落實民主，可能傷害類似中國這種貧窮、處處是文盲的國家，就如同給一個纏腳的鄉下女孩一雙高跟鞋，然後叫她去跳舞一樣。[9]

一九三四年左右，有好幾位中國作家公開讚賞法西斯主義，特別是墨索里尼。早在清末，梁啟超就曾在著作中頌揚由馬志尼（Giuseppe Mazzini）、加里波底（Giuseppe Garibaldi）領導的義大利民族統一運動。到了一九三〇年代初，墨索里尼政權幫助中國發展空軍軍力、訓練飛行員，甚至建造工廠，於是義大利再度贏得中國人的尊敬與好感。也有些知識分子十分佩服義大利在法律上的改革。在一九三四年，有一位作家便將這位獨裁者崛起的環境與中國和蔣介石相提並論，他指出：歐戰結束後兩年，義大利就如同我國目前的處境，受到內亂與外患的雙重煎熬。但是義大利出了一位墨索里尼，經過他數年的領導，艱苦的奮鬥，致力於建設一有效的統治，終於使義大利從淪亡的邊緣獲救。這位作者高聲問道，中國能否得到像墨索里尼這樣的領導人？有的，事實上，我們自己有勤奮的、功勳彪炳的、傑出的革命領袖蔣委員長。[10]

藍衣社成員狂熱地效忠領袖蔣介石，並在行政、軍事及黨部裡植根，成員更被賦予反共鬥爭的特殊角色，所以藍衣社逐漸發展成為一個訓練有素的軍事和祕密警察機構，藉以偵防國內外可能的顛覆力量。藍衣社的戴笠是浙江籍的黃埔軍校畢業生，他成為蔣介石手下的「特務處」處長，「特務處」是「調查統計局」（處理事務絕不只有調查與統計）的前身。最初，戴笠領導的手下只有一百四十五人，一九三五年膨脹為一千七百人。一般咸信，戴笠策畫無數樁的政治暗殺行動清除蔣的異議分子，包括一九三三年的「中國民權保障同盟」的領袖*，以及一九三四年上海著名報紙編輯**。

中國與美國

國民黨面對世界權力的現實，必須把許多心力放在國際外交的競技場上。雖然日本對中國造成最嚴重的威脅，但在我們討論日本之前，先來看看美國，因為它在國民黨的衡量裡也占了相當的地位。

一次大戰後國際體系混亂失序的十年間，美國對華外交政策出現重大的轉折。凡爾賽和約協商事態的發展，戲劇化地證實了日本已取代了中國，成為支配東亞國際局勢的主要角色。諷刺的是，美國的威爾遜總統（President Wilson）在協商中極盡所能地籠絡日本，因為他希望建構全球性的「國際聯盟」以維護國際的永久和平。但是在一九一九年，以及一九二〇年，國會兩度否決美國加入國際聯盟的提案，粉碎了威爾遜總統的夢想。日本強權地位的確立以及海軍軍備競賽升高所引發的焦慮不安，促使美國決定推動新的國際協議來確保美

* 譯注：楊杏佛。
** 譯注：《申報》的編輯史量才。

國在東亞及太平洋的國際地位，縮減日本近期在國際間的斬獲，並拆散在亞洲將其他國家排除在外的「英日同盟」。英國也渴望善用在一次大戰後大幅縮水的資源保護自己的全球帝國版圖，因而樂於加入國際協商。日本希望自己的國際強權地位能進一步被正式承認，也十分清楚自己高達總預算百分之四十九的軍費支出是沉重的財政壓力，所以欣然表示願意參加談判。

一九二一年十一月，英、美、日三國代表與法國和其他五國代表齊聚華盛頓展開會議，持續至翌年二月。美、日、英、法在會中簽訂《四國公約》，同意在危機時刻應該彼此磋商，取代了過去英日軍事同盟，美國至此終於達成拆散「英日同盟」的目標；四強也同意不在所屬太平洋島嶼上擴增設防區域和軍事基地。會後簽訂了《九國公約》（除上述四強外，還包括中國、義大利、葡萄牙、比利時、荷蘭），譴責各國在華畫定勢力範圍，締約國並同聲尊重「中國的主權獨立以及領土和行政權的完整」。

在華盛頓會議所簽訂的第三個條約（即五國海軍條約）中，限制三個主要簽約國家的主力艦噸位比例固定為五比五比三。美、英兩國各為五，日本則為三。乍看之下，日本似乎被畫入二等國家之列，然而美、英艦隊實際上均須集中部署在大西洋（英國更要顧及地中海和印度洋），也同意不在太平洋的島嶼上構築重要軍事基地，所以這一條約似乎已確立了日本海軍在東亞的優勢。而英國也因為此條約未影響到她在新加坡、澳洲、紐西蘭的基地，而且現有戰艦的艦砲占有優勢，因此也深感滿意。美國則自認締造了世界新秩序，並為亞洲國際關係的和平帶來一線曙光。

日本在會議中表現出的柔軟身段令人驚訝，日本確認其在南滿的特殊權益將不會受侵犯後，同意撤出蘇聯濱海邊疆區和庫頁島，日軍原先在這些戰場與蘇聯對抗。至於中國方面，日方允諾撤回一九一五年的《二十一條要求》中的部分條款，歸還膠濟鐵路管理權及一九一四年奪自德國的「膠州租借地」給中國政府。

一九二〇年代中葉之後，美國對華政策仍然低調。共產國際在華的最初進展受到美國政府的嚴密關注，美國政府也普遍贊同蔣介石果斷壓制日益膨脹的共產勢力。

一九二八年夏天，宋子文與美國駐華公使在北京會晤，雙方簽訂條約*，美國同意中國恢復關稅自主。嗣後，全面修訂關稅細則，於該年稍晚公布，關稅稅率提高至百分之七點五到百分之二十七不等，為國民政府帶來救急的財源。就華盛頓看來，簽訂這一條約不啻在事實上和在法理上承認國民政府的合法性；一九二九年二月參議院批准該條約後，國民政府正式獲得美國官方的承認。不久之後，美國亦開始與中國商談中止其在華的治外法權。而在此之前已有先例：日本曾在協商改正條約時，逼使滿清政府放棄其治外法權。

宋美齡的家庭原本就與美國有淵源，她擁有麻州衛斯理學院的學位，更加強了她與美國

* 譯注：《整理中美兩國關稅關係之條約》。

的連結，美國人一般樂於見到蔣宋連姻。宋美齡的兩個弟弟時正歸國襄贊宋子文，兩個姐姐更經常是公眾焦點，因此宋氏家族就成為國民政府爭取美國支持最有力的遊說團。一九三〇年十月，蔣介石在上海正式受洗成為基督徒，宋氏家族在美國的公共形象更受肯定。蔣與其年輕妻子複誦婚姻誓約，並聲言恪守基督教義，終身不渝。

美國對中國的好感反映在他們對華投資的穩定成長，儘管投資步伐和規模仍然遠遜於英、日兩國。若是不看整體貿易、金融、公用實業、不動產的投資，只看在華製造業的投資，這個差異就更明顯得多。可見與英國和日本相比，美國在華投資的獲益能力不差。

許多美國的在華活動是早期基督教宣教熱忱的延續，一九二〇年代末和一九三〇年初集中在教育、醫療照顧和訓練，以及針對廣泛社會議題的計畫，比如說基督教青年會和基督教女青年會。

許多教會學校都是由美國的宣教協會興辦的，他們盡量壓低入學人數，課程設計集中在傳達基督教知識和教義。但隨著中國民族主義的高漲，這些特色不免造成學校的沉重壓力，釀成學生騷亂、暴動，退學時有所聞。而北京的燕京大學雖然也是由美以美教會Methodist）、公理教會（Congregational）、長老教會等團體所贊助的四所學院合併而成，但在新聞學和社會學方面聲譽卓著。好幾代中國學生在此或習商，或學管理，或參與鄉村重建計畫，學習去分析、造福社會。

各國在華的投資，1902至1936年[11]

國家	1902	1914	1931	1936
英國	260.3(33.0)	607.5(37.7)	1,189.2(36.7)	1,220.8(35.0)
日本	1.0(0.1)	219.6(13.6)	1,136.9(35.1)	1394.0(40.0)
俄國	246.5(31.3)	269.3(16.7)	273.2(8.4)	0.0
美國	19.7(2.5)	49.3(3.1)	196.8(6.1)	298.8(8.6)
法國	91.1(11.6)	171.4(10.7)	192.4(5.9)	234.1(6.7)
德國	164.3(20.9)	263.6(16.4)	87.0(2.7)	148.5(4.3)
比利時	4.4(0.6)	22.9(1.4)	89.0(2.7)	58.4(1.7)
荷蘭	0.0	0.0	28.7(0.9)	0.0
義大利	0.0	0.0	46.4(1.4)	72.3(2.1)
北歐	0.0	0.0	2.9(0.1)	0.0
其他	0.6(0.0)	6.7(0.4)	0.0	56.3(1.6)
	787.9(100.0)	1,610.3(100.0)	3,242.5(100.0)	3,483.2(100.0)

* 單位：百萬美元；括弧內為百分比。

各國在華的製造業投資[12]

製造業	英國	美國	德國	法國	日本	總計
紡織品	64.6	1.2	3.9	0.0	112.4	182.1(54.7)
金屬 機械設備	20.8	3.6	0.1	0.5	4.1	29.1(8.8)
化學製品	63.0	1.7	2.0	1.0	6.8	74.5(22.4)
木材 木製品	4.0	0.5	0.0	0.0	0.9	5.4(1.6)
印刷業 裝訂業	0.3	0.3	0.1	0.0	0.8	1.5(0.5)
食品 飲料 菸草	23.3	1.1	0.9	0.5	5.8	31.6(9.5)
其他	37	1.1	0.1	0.0	3.3	8.2(2.5)
總計	179.7	9.5	7.1	2.0	134.1	332.4
	(54.1)	(2.9)	(2.1)	(0.6)	(40.3)	(100)

* 單位：百萬美元；括弧內為百分比。

非教會的天津南開大學是一名認同清末自強運動的中國人所興辦，創辦人*曾赴哥倫比亞大學教育學院研習，後來南開大學接受來自美國的私人贊助與「洛克斐勒基金會」（Rockefeller Foundation）的支持，逐漸發展成為經濟和社會研究的重鎮。清華大學的前身即清朝為赴美留學學生預作訓練的清華學堂，在一九〇九至一九二九年間共有一千兩百六十八位學生，留學獎金則得自近乎一千兩百萬美元的庚子賠款。國民政府北伐後把清華學堂改制成國立清華大學，並在原本已富盛名的文、理、法三個學院之外增設工學院。

當時中國的醫療也有長足進步，這得歸功於若干私人慈善團體的大力贊助，特別是洛克斐勒基金會於一九一五年在中國贊助成立一所醫學院。「北京協和醫學院」就是洛克斐勒基金會這項決議的碩果，成為全國最大的醫療研究和教育訓練中心。雖然該院傳授的是西醫，屏棄傳統中醫的把脈問診、服用草藥、針灸治療等方法，且以英語教學，但他們所處理的仍是中國特有或是中國特別流行的疾病。在這所擁有精良設備醫院的醫學院裡，教學過程嚴謹而從容不迫，同時所費不貲：一九二四至一九三〇年間，醫學院的教職員共計一百二十三位外國人、二十三位中國人，確保六十四位習醫的中國學生順利學成畢業。洛克斐勒基金會在一九二八年又捐助一千兩百萬美元，使得北京協和醫學院確保它在中國醫療研究與教學的領先地位。唯一與北京協和醫學院所去不遠的是日本在滿洲所成立的醫學院，不過該院只招收日本學生。

湖南長沙「湘雅醫學院」的設立雖然也是受助於美國金融家**哈克尼斯（Edward Harkness）的私人贊助，但卻有全然不同的發展經驗。一批耶魯大學學生在長沙建立的湘雅醫學專門學校的教職員與湖南地方政府、士紳共享資源，一同成立並經營這所醫學院，中國人在教職員中一直都占多數，至一九二五年，已實際主導了醫學院的行政管理工作。這所醫學院裡的中美醫學團隊在天花和霍亂疾病的研究方面有重大的貢獻，同時他們也成功滅鼠，對抗瀕臨大流行的肺炎型鼠疫，除此之外，他們亦在鴉片毒癮的舒緩上取得不小的成就。長沙當局的貢獻是保證供應足夠的電力，使湘雅醫學院新進的X光機器設備能全天候發揮功能。

一九二一至一九二六年間，儘管教學師資遠比北京協和醫院來得少，湘雅醫學院仍有四十三位中國學生畢業從醫，人數少於北京協和醫學院。一九二六年，湘雅醫學院還有過一段光榮的歷史，時值蔣介石抵達長沙與軍官團召開軍事會議，籌畫對武漢和江西的最後一波攻勢，湘雅醫學院曾派出兩名醫生（我們可以想像這兩名醫生是如何戰戰兢兢）幫蔣拔除疼痛難耐的智齒。一些專門招收女生、大都隸屬教會學院的著名醫學院也開始在此時成立。而湘雅醫學院也曾與燕京大學合作設立一個重要的護士訓練計畫。

蔣介石與在華傳教士的私人情誼也助長了美國的對華影響力。雖然一九二〇年代，

* 譯注：張伯苓。

** 譯注：另有慈善家的美譽。

中國近五千名天主教神父和修女，絕大多數都是歐洲人或中國人，然而居住在此的六千六百三十六位新教宣教士中，卻有超過半數是美國人，他們大多一小群一小群地分散在遍布全國的小型宣教站。等到蔣介石堅定地開始執行他摧毀江西蘇區的計畫，宣教士對他的影響力也同時上升了，因為蔣介石與宋美齡決定在清風和煦、向來是外國人避暑之所的牯嶺（近九江）尋覓行館。蔣氏夫婦選中租下的宅邸*原屬於美以美會南昌差會，日後蔣夫人與房東詹森（William Johnson）建立深厚友誼；詹森來是來自伊利諾州的循道宗信徒，一九一〇年起就住在中國，對於中國的鄉村重建特別重視。雖然蔣介石最信賴的外國顧問是澳洲人端納（W. H. Donald，多年前亦曾擔任袁世凱的特別顧問），不過蔣經常與美國傳教士促膝長談。後來蔣更是重視其中幾位傳教士的意見，特別是公理教會宣教士史派德（George Shepherd），人稱是「蔣介石圈內最值得信賴的美國人」。

中美兩國關係友好的另一項重要因素是華人移居美國的問題已獲改善。清末美國通過排華禁令，海內外華人後來於一九〇五年發起抵制美貨運動，使兩國關係降至冰點。到了一九二〇年底，雖然美國新的法令規定美國公民的妻子若為中國人不得進入美國；以及夫妻若非定居美國，即使擁有美國公民權，其子女亦不能赴美；中美之間的關係仍達到了一個新狀態。原先因排華法案而驟減的在美華人人口數，在一九二〇年代重新開始緩慢爬升，同時，隨著新生代華人在美出生，昔日華人男女比例失衡的現象亦獲改善。

雖然華人在美國主要還是以經營餐館、洗衣店為生，不過已有華人開始經商，從事零售業、製造業，他們踏出西岸舊唐人街的華人社區，足跡遍布全美各地。廣州人在美優勢逐漸消退，一九二九年來自江蘇、浙江、江西的移民紛紛成立互助會，彼此相互扶持。此前，美國社會曾目睹在美各省、各族群中國幫派之間的激烈鬥毆，留下的負面印象久久揮之不去，但這些暴力事件在一九三一年後也告終止。

在這個時候，美國國內也開始認識到中國的農村生活。最重要的資訊來源是美國小說家賽珍珠（Pearl Buck），她的小說《大地》（*The Good Earth*）於一九三一年出版，美國人從這本著作一窺中國農民的生活境況。賽珍珠以細膩的觀察，描繪出一個中國農民家庭無止盡地與大地搏鬥，力抗大飢荒，在南京見識到共產黨的宣傳隊伍，最終返回到故鄉的一段歷程。賽珍珠生長在中國，雙親是長老教會傳教士，曾在長江沿岸的鎮江布道。她在上海讀高中，雖在一九一〇年赴美就讀大學，仍在一九一四年返回中國並與卜凱（John Lossing Buck）結婚；卜凱是一位農經專家，曾針對中國農民經濟和社會環境進行深入的研究調查。賽珍珠夫婦曾在皖北生活多年，後來移居南京，又在一九二七年三月排外運動爆發時逃至上海。這段經驗令她既緊張又激動，加上寫作欲望的驅使，於是在一九二八年初，花了不到三個月就完成了這部小說。

＊　譯注：即美盧。

《大地》一書賣出一百五十萬冊，更贏得「普立茲獎」（Pulitzer Prize）殊榮，被翻譯成三十種語言。一九三三年，《大地》登上百老匯舞臺，四年後又搬上大銀幕，估計美國有兩千三百萬人欣賞過這部電影（賽珍珠於一九三八年獲得諾貝爾文學獎）。由此可見，美國人確實喜歡從娛樂中認識中國，但這並不代表美國人需要一個充滿異國風情或是令人心往神馳的中國。也許，隨著美國人逐漸面臨大蕭條的困境與困惑，知道中國人過得比自己更悽慘是一種慰藉吧。

中國與日本

第一次世界大戰後，日本的對華政策就歷經轉折擺盪。一九一四至一九一五年間，日本占據德國位於山東的租界並提出二十一條款，態度極其強硬。一九二一至一九二二年在華盛頓會議上，日本願意聽從各國協調，撤除較為嚴苛的幾條要求，而將山東的租界與鐵路歸還給中國。但至一九二七至一九二八年，強硬姿態重現，

在美的華人人口數，1890-1940年[13]

	在美華人的總數	女性人口數
1890(年)	106,488	3,868
1900	89,863	4,522
1910	71,531	4,675
1920	61,639	7,748
1930	74,945	15,152
1940	77,504	20,115

這有一部分也反映了日本認為國共合作終將把中國導向新的排外主義時代，日人更以為任由這種局勢發展，將損害他們在華中的貿易特權及其在南滿的軍事宰制。日軍於一九二八年五月在濟南與國民革命軍爆發流血衝突，同年六月又暗殺張作霖將軍，正是日本再次採取強硬姿態的明證。

日軍與中國不同政府之間的緊張關係，其實也反映了日本國內出現越來越多的問題。自十九世紀末以來延續至二十世紀初，日本經濟巨幅又快速的成長在此時逐漸呈現波動和萎縮。雖然日本男性在一九二五年取得了完整投票權，接著年輕且有學者氣質的裕仁天皇（emperor Hirohito）於一九二六年登基，似乎都在向世人昭示日本的活力仍源源不絕，不過奉行大日本帝國憲法的政府事實上正進入一段衰敗期。當時很多人認為，有日本政府作為靠山的各大工業財閥此刻已勢力龐大到開始腐化，也隳壞了民選政治人物與官僚體系的廉潔。另一方面，裝備精良且訓練有素的日本陸、海軍隊，因政府所簽訂的國際條約與外交政策似乎抹煞了他們的重要性而深感挫折。

日本國內也瀰漫著一股顛覆政府的疑懼，即使共產黨在日本根本起不了什麼作用，日本政府仍在一九二〇年代末通過了嚴格的「治安維持法」（peace-preservation laws），賦予警察逮捕國內煽動分子的權力。從明治維新以降，日本總人口數已經成長了一倍，一九二八年已達六千五百萬人，這使日本開始面臨城市人口失業與農業蕭條的困境。另一方面，美國股市的重挫連帶影響日本絲綢對美國的出口，原本碩大的市場瞬間崩塌，造成日本成千上萬工人失業，而農民也失去了主要的額外收入來源，這使日本原本嚴峻的經濟情勢更是雪上加霜。一九二九年至一九三〇年，生絲的價格跌了四分之三，日本出口至美國的總量滑落了百分之四十。日本向美國輸出的珍珠、罐頭食品、瓷器復因美國在一九三〇年通過的「史穆特—霍雷關稅法案」（the Smoot-Hawley Tariff）而受到嚴重波及，根據這項法案，美國的進口關稅平均提高百分之二十三。同時期日本向中國的出口也下滑了百分之五十。

日本許多學者及政治人物對中國的態度十分複雜，在推崇中國昔日璀璨文化的同時，也交織著對中國現時困境的蔑視。日本知名的中國史專家、政論家內藤湖南（Naito Konan*）正是典型的代表人物。一八九四年中日甲午戰爭爆發的頭一天，二十九歲的青年內藤湖南便寫下：日本承擔的新「使命」就是要「把日本的文明與生活之道散播到世界的每一個角落」。因為中國是亞洲的大國，自然「應成為日本踐履使命的首要目標」。對內藤湖南而言，這一使命蘊含了特殊意義，因為日本在必然的變遷過程中，已經繼中國之後，成為成熟文明的擁有者與發揚者。

內藤湖南認為，從晚明到清初，中國文化的核心在江蘇、浙江，後來廣東也經歷一段光輝歲月（江、浙、粵三省在遠古都曾是非漢人居住的蠻夷之邦）。但到了一九二〇年代，「東方文化的中心已經移轉至日本」。內藤湖南的用語有時毫不掩飾他的輕蔑，他在一九一九年五四運動時曾寫道：「吾人勿須探究中國何時即將傾毀。她已經死了，只剩屍身還在顫動。」但他更常使用進步與改變的比喻來說明日本對中國未來的想望：

倘欲開墾大片稻田，就要先疏通灌溉溝渠。結果在挖通溝渠時，恰巧挖到一塊巨石擋住去路，因此，你必須使用鐵鎚甚至炸藥粉碎巨石。假使有人不顧你的最終目的，反倒批評你破壞土地，你當合滋味？[14]

內藤湖南思維中的中國經濟地位，正符合南滿鐵道株式會社、其他日本實業家、軍人的如意算盤，或已經在實行的作法：「首先須徹底改造中國，使之成為生產工業原料的國家。」[15]此類觀點綜合成「大東亞共榮圈」的構想，強調在日本強大軍事力量領導下，中國和日本會在世上占有一席之地，重新躋身應得的地位；為了達到這個目標，即使必須發動戰爭，逼使中國步上正軌也在所不惜。

那些希冀一九二八年張作霖暗殺事件會擴大華北戰事的日本軍官，沒有達成目標。事後東京政府態度趨於謹慎，未全面動員軍隊。而且，張作霖之子張學良也成功地繼承了父親的軍事領導地位。張學良於一九〇一年出生，在父親的東北軍中原是一名不起眼的普通軍官，嗜吸鴉片，人緣不佳，被許多張作霖的股肱老臣鄙視。最初張學良也確實不讓日本人感覺有所威脅，因而被他們戲稱為「少帥」。不過在一九二八年的夏、秋兩季，張學良展現驚人的

* 譯注：又名內藤虎次郎。

決心，將父親勢力範圍的黑龍江、吉林、遼寧等東北三省歸併於國民黨的南京政權，在名義上促成統一。南京政府則額外允諾畫熱河為東北第四個行省，歸張學良將出任主席的「東北政務委員會」管轄，就在一九二八年十二月，張學良不顧日本反對，誓言效忠南京政府。

此後，張學良的自主性令日本人不得不提高警覺。日本政府意圖通過奉系兩位軍政、民政的領導人*，也是張作霖的心腹知交去影響、甚至控制張學良。張學良獲悉後，於一九二九年一月宴請這兩位重臣，藉口例行注射嗎啡而離開現場，然後命人將之擊斃。張學良一如乃父在一九二七年突然搜捕蘇聯駐北京大使館，他在一九二九年春末也突襲搜查了蘇聯駐哈爾濱總領事館，並驅逐中東鐵路管理局的所有蘇方人員，試圖強行接管整條由蘇方控制的中東鐵路。然而史達林隨即下令俄軍強力反擊，張學良只能撤回接管行動。但一九三〇年秋天，北方軍閥組成軍事、政治上的同盟，試圖一舉將蔣介石逐出權力中心，張學良趁此機會下令部隊開進山海關，占領冀北，使其得以支配平漢鐵路、津浦鐵路的北部沿線，並控制天津豐厚的海關稅收。

蔣介石正全力反擊敵人同盟，只好接受張學良擴張根據地的事實，並承認張學良對現在擁有近四十萬軍隊之「東北邊防軍」的管轄。張、蔣兩人逐步對日本政府施壓，拒絕商討新的鐵路協定，積極謀思收復日本既有的特權，重新開始建設南滿港口，以與日人治下的旅順港抗衡。在朝鮮爆發嚴重排華事件之後，國民黨政府亦相應發起大規模的抵制日貨運動。

東京軍部、外務省的軍官和閣員面對接二連三針對政治人物、實業家的暴力行為，以及

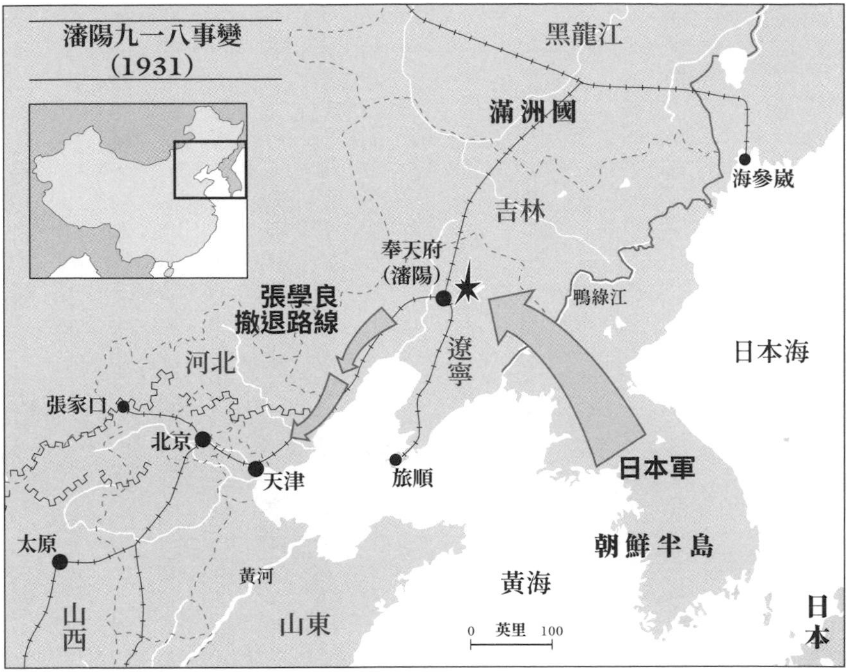

經濟的衰頹，開始緩和日軍在滿洲的武裝行動。一九三一年九月初，一名高級將領銜命前往旅順，要求統帥滿洲日軍的軍官能夠稟持「謹慎和耐心」來處理問題；這項命令一旦正式公布後，滿洲的日本軍隊便無法任意採取軍事行動。瀋陽的日本關東軍經由一則發自東京參謀本部少壯軍官的祕密電報，獲悉這位將軍此行的目的，於是毅然決定在接獲這道命令之前，即刻採取軍事行動。

一九三一年九月十八日夜晚，日本關東軍炸毀瀋陽郊外一段鐵

＊譯注：楊宇霆、常蔭槐。

路，因為此地接近中國東北軍駐瀋陽的北大營。隨後在一片紊亂中，日本軍隊與中國守軍爆發了零星的衝突。關東軍的一名高級參謀接著下令全面攻擊北大營，繼而攻陷高城厚牆拱衛的瀋陽城。日本駐瀋陽領事一再勸阻停止軍事行動，卻在其中一位軍官拔刀恫嚇之下噤若寒蟬。正當日本內閣多數官員力勸自我約束，中國與美國也訴請國際聯盟出面斡旋要求停戰之際，日本參謀本部發給東北日本駐軍的則是曖昧不明的訊息。日本駐朝鮮指揮官於是自作主張，下令部隊越過邊界進入南滿，瀋陽關東軍隊則是依當時自我防衛和掃蕩盜匪的綱領擴大軍事規模。蔣介石正面臨與支持者之間的危機，無力再發動另一場大規模的軍事行動。於是蔣介石命令張學良將部隊調至長城以南，避免與日軍正面對抗。一九三一年年底，東北淪陷，完全被日本控制。

誰將領導這個締造中的新「國家」？這個問題很快就有了答案。滿清廢帝溥儀自從一九二五年以來，一直住在天津日租界內。一九三一年七月，溥儀的弟弟赴日訪問，會見了日本政要；「九一八事變」爆發之後才不過十二天，關東軍總參謀長板垣征四郎派出的幾名代表旋即前往天津與溥儀會商。十月雙方繼續商談滿洲國的未來，日本代表向二十五歲的溥儀保證，日本軍事行動只是針對張學良個人及其軍隊，日本其實希望幫助滿洲人建立獨立的國家，但至於新國家採取君主政體或者共和體制，日本則未明確表態。顯然日本人這番話打動了溥儀，也或許再次喚起他復興清室的夢想；十一月，他便在日本汽船運送下，悄悄離開天津，至塘沽轉乘日本貨船前往旅順。一九三二年三月，溥儀與日本軍部代表經過冗長的協商，仍無法如願復辟為「大清帝國」的「皇帝」，於是退而求其次，接受了滿洲國「執政」的頭銜。一班前清王公貴族和守舊的漢人遺老紛紛趕來，跟隨溥儀締造的新政權。

國際聯盟回應日軍侵華的行動雖然遲緩，但並未任由局勢發展，一九三一年十一月國際聯盟決定派遣英國政治人物李頓伯爵（Lord Lytton）率領的調查團赴東北勘查局勢。美國雖然不願冒險武力介入，不過仍試圖左右其他列強採取堅定的立場。美胡佛（Herbert Hoover）總統的國務卿史汀生（Henry Stimson）在一九三二年一月宣布：美國不願承認滿洲國任何蔑視國際基本和平規範的「立場、條約及協定」。但英國以「目前中國局勢混沌未明，無法預測中國未來的發展」為由，尚不願意正式為爾後所謂的「不承認主義」主張背書。[16]

中國的情勢或許混沌未明，不過九一八事件激發了中國人更深的反日排外情結。一九三二年一月二十八日，上海抵制外貨運動，事態竟嚴重到導致上海工部局宣布當地進入緊急狀態，並部署軍隊保護由數個外國租界區組成的公共租界，避免一九二七年四月的攻擊外人事件重演卻毫無防備。當天晚上，日本海軍陸戰隊登陸上海保衛日本租界，並與國民黨十九路軍在貧民區閘北發生激戰。日本海軍將領聲稱這場衝突對日本帝國是一種「侮蔑」，於是在一月二十九日下令轟炸閘北。

日本的狂轟濫炸傷及大批無辜市民，引起舉世譁然。隨後日軍更全面攻擊上海中國守軍，總共投入三個師的兵力，但中國守軍仍頑強抵抗。中國守軍在槍林彈雨中的英勇行徑，加上遠在北方黑龍江另一支軍隊*堅決抵抗日軍的表現，重新燃起外國人對中國作戰能力的敬意。日軍發動侵略時，其國內社會日漸脫序：日本的大藏大臣在二月大選期間遭槍殺身亡，同月，三井商社社長在東京鬧區被暗殺，五月，首相則在官邸遭槍殺；因此日本聲稱要在逐漸分崩離析的中國重建秩序的說法，聽起來似是而非。

一九三二年五月，日本主動發起簽訂停戰協定，迫使中國接受將上海周邊地域畫歸為中立區。因為蔣介石並不信任十九路軍指揮官，於是便將這支英勇抗敵的軍隊調離上海，南下福建。同一年稍後日本再次挑釁：八月，日本政府宣布給予溥儀滿洲國正式的外交承認，並表示「日本、滿洲國、中國本為三個獨立國家，因文化與種族的相近，彼此有深刻的羈絆。殷切期盼三國攜手並進，共創並維持遠東和平繁榮的時刻指日可待」[17]，一九三三年一月日本政府獲悉李頓調查團的報告雖有調停之意，仍不願默認中國已喪失東北主權，於是下令日軍前進熱河，以「熱河事件正是滿洲國的內政問題」[18]為侵略的藉口。到了四月，日軍已攻陷熱河省，並拿下長城東端的山海關戰略要衝來鞏固其占領地。

一九三三年二月，正當熱河戰役酣熱之際，國際聯盟集會表決李頓調查報告。日本代表團的首席代表強烈表示國聯必須了解日本「殷切期盼以己力幫助中國。這亦是吾國應負之責。」[19]他更進一步警告，假若無法認清日本立場的道理，可能會招致「赤色中國」與蘇聯的結盟。國際聯盟的會員國除了暹羅棄權之外，一致通過了李頓的報告書，亦即否認滿洲國為一獨立國家。表決後，日本代表憤而離席，嗣後宣告退出國際聯盟。

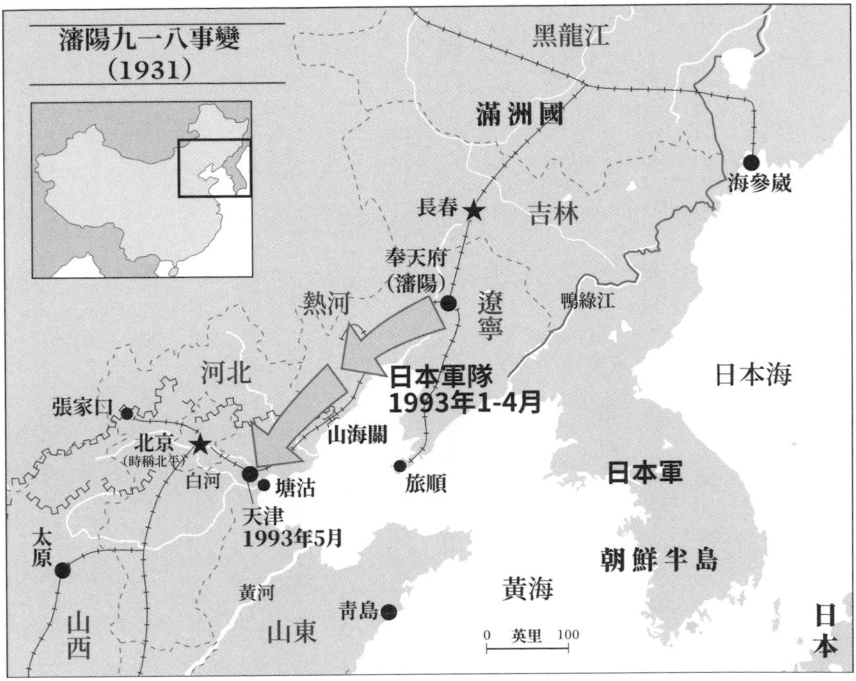

日本在中國東北建立根據地這齣戲碼的最後一幕於一九三三年五月上演。日軍眼見除非能掃蕩長城以南的中國軍隊，否則便無法鞏固在長城以北的勢力範圍，於是日本關東軍就在該月長驅直下，進入河北，以武力、狡詐的策略、心理戰，攻擊河北守軍。經過一連串正規軍事激戰之後，日軍把河北守軍逼退至白河沿岸。日軍透過天津的特務機構，收買了當地軍官和昔日軍閥，誘使他們叛離或成立敵對組織。日軍也鼓動地方祕密會社領袖以及非正規軍群起反抗政府。他們

＊ 譯注：由馬占山率領。

還設立電臺進入中國的軍用頻道，下達假命令給中國戰地指揮官，擾亂其作戰計畫。另外，日軍也派遣戰機低空飛掠北京市，令市民驚慌無助。

軍隊潰敗、士氣渙散、派系之間彼此撻伐，逼使中國軍隊不得不在一九三三年五月停戰求和。就在日本戰艦、驅逐艦隊的砲口下，中國代表在沿海的塘沽簽訂一紙屈辱的停戰協定。《塘沽協定》規定河北省東北部，即從白河的東北方不遠處開始畫起，畫歸為非軍事區，只能由警察機關負責該地區的治安，且不能配備令日方覺得抱持敵意的武器。而日本除了如多年前庚子議定書所規定的，維持通往北京的道路順暢所需的軍力外，其他軍隊撤退至長城一線，日本同時保有空中監視權，以確保沒有任何中國軍隊破壞協定。

就在塘沽停戰協定簽訂幾周後，滿洲國政府體制的相關問題再度浮上檯面，由溥儀及他的顧問群及日本軍方、內閣等代表齊聚東京展開討論。會中日本關東軍指揮官告訴溥儀，日方大致同意恢復帝制，溥儀聞訊立刻安排自北京將清末最後一位成年皇帝光緒的龍袍以船運送給他。

溥儀在一九三四年三月的慶典中，身著借來的龍袍在新首都長春東郊「天壇」登極。接下來的登基典禮，他則身著戎裝。溥儀改年號為「康德」，取用「康」字希望能復興康熙皇帝於兩百五十年前一統大清、抵禦俄人捍衛北境的權力與威望。幾位滿漢朝臣與日本官員圍繞虛位皇帝溥儀身旁，他們當中真心相信盛清的光輝歲月將再度躍上舞臺的人，可說寥寥無幾。

注釋

1 關於中山陵，請參閱：王利平（Liping Wang，音譯），〈創造國家的象徵：南京的中山陵〉（Creating a National Symbol: The Sun Yatsen Memorial in Nanging），見《共和時期中國》（*Republican China*），第二十一卷第二期，一九九六年，頁二三至六三。

2 楊格（Arthur N. Young），《中國國家建設的努力，一九二七至一九三七年：財政與經濟紀錄》（*China's Nation-Building Effort, 1927-1937: The Financial and Economic Record.*, Stanford: Hoover Institution Press, 1971），頁三八之表十五之一。

3 凱茲（George Kates），《豐盛的年代：舊中國的尾聲》（*Tne Years That Were Fat: The Last of Old China.*, Cambridge: MIT Press, 1967 reprint）。

4 伊羅生，《草鞋：中國短篇故事，一九一八至一九三三年》（*Straw Sandals: Chinese Short Stories*, 1918-1933., Cambridge: MIT Press, 1974），頁一六九。

5 史景遷，《天安門》，頁二一五。

6 雷茲與鄭培凱（Michael Lestz and Cheng Pei-kai），〈中國的法西斯主義，一九二五至一九三八年，文獻研究〉（Fascism in China. 1925-1938: A Documentary Study，未出版），頁三一一至三一四。（未出版的手稿，經兩位作者同意而引述。）

7 前揭書，頁三二八、三三一、三三四至三三五。

8 前揭書，頁三七二至三七三。

9 前揭書，頁二四〇。

10 前揭書，頁二四三、二四六。

11 侯繼明（Hou Chi-ming），《外國的投資與中國的經濟發展，一八四〇至一九三七年》（*Foreign Investment and Economic Development in China*, 1840-1937., Cambridge: Harvard University Press, 1965），頁十七之表四。

12 前揭書，頁八一之表十八。

13 童威廉（William L. Tung），《在美國的華人，一八二〇至一九七三年》（*The Chinese in America, 1820-1973: A Chronology and Fact Book*., Dobbs Ferry, N.Y., 1974），頁十八至三一。

14 岡本純平（Okamoto Shumpei），〈日本對中國民族主義的回應：一九二〇年代內籐湖南的中國圖象〉（Japanese Response to Chinese Nationalism: Naito Konan's Image of China in the 1920s），見陳福霖（F. Gilbert Chan）與埃佐爾德（Thomas Etzold）著，《一九二〇年代的中國：民族主義與革命》（*China in 1920s: Nationalism and Revolution*., New York, 1976），頁一六四，一六七。另見譚汝謙，〈一位知識分子對西方干預的回應：內藤湖南的中華民國觀〉（An Intellectual's Response to Western Intrusion: Naito Konan's view of Republican China），收在入江昭（Akira Iriye）編，《中國人與日本人：關於政治與文化互動的論文集》（*The Chinese and Japanese: Essays in Political and Cultural Interactions*., Princeton: Princeton University Press, 1980），頁一七二，一七五。

15 譚汝謙，前揭文，頁一七八。

16 克羅利（James Crowley），〈尋求自主性的日本：國家安全與外交政策，一九三〇至一九三八年〉（Japan's Quest for Autonomy: National Security and Foreign Policy, 1930-1938., Princeton: Princeton University Press, 1966），頁一五五至一五六。

17 前揭書，頁一八二至一八三。

18 莫力（James Morley）編，《中國的泥淖：日本在亞洲大陸的擴張，一九三三至一九四一年》（*Tne China*

Quagmire: Japan's Expansion on the Asian Continent, 1933-1941., New York: Columbia University Press. 1983），頁十九。

19 克羅利，〈尋求自主性的日本：國家安全與外交政策，一九三〇至一九三八年〉，頁一八五至一八六。

一九一八年（應為一九一九年，詳見譯注）* 十一月，充滿希望的中國人集結在北京，慶祝第一次世界大戰終戰條約簽訂之外，也同時為了保全中國領土權利的訴求而走上街頭。此照片由美國社會學家甘博（Sidney D. Gamble）所攝。（© Duke University）

* 譯注：根據杜克大學圖書館數位典藏網的檔案紀錄顯示，甘博此張照片應攝於一九一九年十一月二十九日。題名為「一九一九年十一月二十九日學生示威遊行，天安門廣場」。網址：https://library.duke.edu/digitalcollections/gamble_312-1785/，引自312-1785, Sidney D. Gamble Photographs, David M. Rubenstein Rare Book & Manuscript Library, Duke University.

陳獨秀。（©TPG）

李大釗。（©TPG）

蔡元培。（©PhiLiP）

毛澤東，約於一九一九年。（©TPG）

五卅事件後，宣傳海報中描繪著國外帝國主義者如何壓迫中國愛國者的畫面。（©TPG）

蔣介石，攝於一九二七年。（©TPG）

青幫領導人，這些人控制了一九二〇年代末期上海的犯罪事業，包括毒品生產。蔣介石與青幫合作，鎮壓上海的左翼分子。（©TPG）

南京大屠殺，一九三七年十二月。這些中國囚犯即將遭到活埋。（©TPG）

延安的共產黨領袖，一九三七年。由左至右分別是周恩來、毛澤東與博古。（©TPG）

第十六章

共產黨的存活

國民黨政府所面對的變局與紛擾可謂千頭萬緒，讓其無法處理中國百姓所關切的所有問題。此時中國的社會科學蓬勃發展，研究機構紛紛成立，同時也進行過許多研究調查以及統計資料的蒐集；易言之，相較過去，有更多關於中國城市與農村人口普查的統計數字可資利用，這也讓我們得以一窺當時百姓的日常生活。當然可以肯定的是，儘管東北已經淪陷於日本人手中，城市工業仍不斷成長；而新的農業技術和品種也改善了糧食生產的品質；鐵、公路交通網的擴展和商業流通渠道的暢通，在在有助於提升成千上萬人民的生活條件。但另一方面，仍有數以百萬計的百姓，或者更確切地說，有數以千萬的中國人民，處在悲慘、難堪的貧窮狀態，終日勞碌但求生存，從不敢奢望有什麼未來，也沒有餘力思索國家的命運。

工作屬於高階工業部門的工人，例如造船廠、鐵路機械廠、織紗廠、熱水瓶塞製造廠、銅板廠，每月大約有一百元，甚至更多的工資。但是其他工業部門多數的每月工資遠低於此，在一些製造業領域，例如石灰、染料、霓虹燈、水泥、硝酸、澱粉漿、酒、廢棉、電

中國內地和東北的工業產品，1926至1936年[1]

商品	中國內地			東北		
	1926	1931	1936	1926	1931	1936
煤礦	35.8	48.6	82.8	19.0	24.8	35.9
鐵礦	0.8	3.1	3.6	2.1	2.2	4.9
生鐵	3.1	2.5	3.9	2.9	6.6	13.8
鋼	1.2	0.6	2.8	×	×	13.8
銻	2.8	2.0	2.2	×	×	×
銅	×	0.1	0.1	×	×	×
金	7.8	4.8	8.8	3.4	4.9	6.3
汞	0.3	0.1	0.3	×	×	×
錫	17.5	14.8	21.6	×	×	×
鎢	3.3	2.7	4.0	×	×	×
棉紗	83.2	98.7	88.1	2.1	3.3	4.7
棉布	5.8	34.4	51.8	0.6	4.7	8.4
水泥	5.2	7.0	8.8	1.4	2.2	7.7
原油	×	×	×	0.1	5.4	15.4
電力	16.4	26.8	62.1	10.6	19.5	48.6
總數	183.2	246.2	340.9	42.2	73.6	159.5
指數	100.0	134.4	186.1	100.0	174.4	378.0

* 單位為 1933 年當時中國幣值的百萬元。符號 × 代表低於十萬元。

池、火柴等工廠工人的薪資，就只有二十元，甚至更低。女工與男、女童工的工資又再更低，一天大概只有三十分錢（如棉紡紗廠的童工），或者二十四分錢（如火柴廠的女工）。對於這類工人，即使一周工作六天，每個月也賺不到七或八元（大約兩到三美元）*。雖然一九二〇年代工人運動頻繁，中國工人的工時仍然很長，上海地區工人平均每天工作九點五小時（紀錄中工時最低的城市），北京和武漢則是十小時，其餘各省工業城市每天工時甚至高達十一、十二，甚或是十三小時。其他的工作條件更惡劣：工人一般都是住在工廠的宿舍裡，領取公司代鈔，僅能在公司自營的商店裡換取伙食和生活必需品，女工甚至要用肉體作為保住飯碗的交換條件。

然而並非人人都可以找到工作。誠如下表所示，即使是一項不包括所有省分和城市的非全面性調查，一九三五年部分工業地區的失業總人口數即已超過五百萬人。

同一年，儘管政府採取強力政策壓制工人

* 原注：一九三五年，呼籲全國團結抵抗日本的「十二・九」運動期間，中國「元」與美元之間的官方匯率「固定」在三點三三元兌換一美元。

中國的失業人口，1935年 2

地區	人數	地區	人數
河北	49,750	湖南	114,756
山東	48,996	四川	534,960
河南	58,010	廣東	1,578,482
江蘇	411,991	廣西	1,960
浙江	278,813	南京	161,476
安徽	5,545	上海	610,701
江西	460,300	北京	500,935
湖北	233,391		
		總計	5,050,066

* 僅部分省市統計數字

抗議行動，各工業部門仍發生了兩百七十五件勞資爭議，其中有一百三十五件導致工人全面罷工。這種種工業抗爭總共跨越五十三個不同地區，當中抗爭發生的產業部門以及其議題可見上表。根據這些數字顯示，每一次罷工行動平均有兩千六百名工人參加，每一次罷工平均約八天。當時工會組織的力量較顯薄弱，因自一九三四年起，蔣介石就在五個省分（河南、湖北、安徽、江西，以及福建）以防止工會剝削為由，明令禁止組織工會，在上海則是禁止工會收取會費，藉此削弱其力量；此外，即使勉強苟存的工會也往往受到地痞流氓的控制。在同一年間，就有一千五百零六位工人死於工作意外，四千一百二十三人遭受職業傷害。

上海是全中國勞動人口最多的都市，許多研究在此進行，而且成果豐碩。住宅委員會曾依據平均收入、工作技術等級，針對上海三百九十個家庭在一九三六至一九三七年間的消費行為進行調查。上海技術工人剩餘支出占總收入的比例甚至不亞於一九三〇年代美國的工人家庭。他們平均每個月大約有十元的剩餘支出，一般都花費在休閒娛樂、宗教奉獻、大眾交通運輸、閱讀、醫療、菸酒，以及婚喪喜慶上。對半技術工人而言，扣除每月基本開銷之後的「剩餘」大約是三點五五元（稍多於一美元），因此在滿足基本需求之後，幾無餘力從事別的休閒活動。至於無技術工人，基本需求的支出已經超過每月平均收入的百分之十一點六五，因此不足的差額必須仰賴舉債或是其他家庭成員打零工（如果有機會的話）才能平衡。

上海這三百九十個家庭當中，沒有一家的住房超過一間房間。這份研究調查詳細描繪了一戶總面積為七百一十八平方呎的廉價租賃住宅。儘管內容看來千篇一律、索然無味，不過卻如實呈現出多數都市貧民的生活面貌：

它的中庭加蓋。地面樓層的房間被隔成兩房，旁邊的走廊上有個儲物閣樓。前面那一間約有十呎見方，二房東和他的家人共五人就住在這一間房，他向房東承租整棟房子，再把其餘房間出租給房客。後面那一間房約為十呎寬八呎長，住有三人。廚房又隔出一間九呎見方的房間，住有三人。樓上，最大一間房被隔成兩間。前面那一間與整棟樓的寬度同寬，通風好、光線佳，是整棟樓最好的房間，住了兩人。後面那一間因為留有通道的緣故，所以面積較前面那一間小，但住了三人。廚房上面那一間房的優點是比較僻靜，這裡也住了兩人。原本這是一棟兩層樓的房子，但是外有傾背屋頂的閣樓同樣被隔成兩間。前面那一間的前側高度只有五呎，後側至屋頂高七呎六吋，深八呎，這一間成為兩人的棲身之

家庭支出，上海，1936至1937年 [3]

工人技術等級	糧食	租金	衣著	剩餘	總計
技術工人（平均工資45.82元／月）	53.49%	13.50%	9.87%	23.14%	100.00%
半技術工人（平均工資29.55元／月）	64.53	15.85	8.10	11.52	100.00
無技術工人（平均工資21.24元／月）	83.26	18.42	9.97	—	111.65

所。後面那一間約十平方呎，正好在屋頂斜背下方，後側只有三呎高，僅住一人。原本用來當晒衣場的地方也被圈圍起來，裡面住有兩人以上，面積大約九平方呎。[4]

這份報告附帶說明，這絕非他們所見最糟的環境。為了體驗其中滋味，可以試想一座城市，充斥著五千零九十四間由稻草、竹子、茅草蓋成的小屋，住有兩萬五千三百四十五人，其中大部分是工廠工人，平均每月每「房」的租金是四十分到三元不等。其中生活條件最差的是潮溼陰暗的貧民窟，往往聚集在外國租界區的邊緣，疾病叢生且患病者通常未獲治療。這些貧民每天擔心受怕，唯恐自己用來遮風避雨的破爛住處因為在都市中看來太過礙眼而遭推土機剷平。[6]

除了城市之外，研究人員也對農村的環境展開研究。像費孝通這類新一代、受過良好訓練的中國社會學家，從事農村田野調查研究時，往往是冒著生命危險：費孝通在前往廣西的首次田野調查途中，曾誤入住民捕抓老虎所設的陷阱，他的妻子則在找人援救他時不幸溺斃。費孝通大難不死，仍完成了一系列田野調查，他主要是依據貧民與國家之間經濟均衡態勢的瓦解這一觀點，來分析中國農村的困境。費孝通相信，在帝國主義以及世界市場的擴展進一步對農村地區造成經濟壓力之前，這種均衡之勢確實存在，不過後來帝國主義與世界市場摧毀了農民賴以擺脫貧窮的手工業及其他副業。（誠如前述，在清朝早期皇帝順治以及康熙在位期間，不同屬性的農民之間、農民與地主之間的社會緊張關係業已浮現。）一九三〇

工業抗爭（罷工），1935年 5

議題	產業部門	工資	工時	解雇	待遇	其他	總計
煤礦	農業	—	—	—	—	1(1)	1(1)
	礦業	3	3(2)	4(2)	(3)	3	13(7)
工廠	木製品	2(1)	—	3	—	—	5(1)
	家具設備	2(1)	—	—	—	—	2(1)
	金屬	—	—	—	—	2	2
	機械	1	—	1(1)	—	1	3(1)
	交通工具	2(1)	1(1)	2(2)	—	—	5(4)
	磚 玻璃	2(1)	—	—	—	—	2(1)
	住房 築路	3	—	—	—	—	3
	瓦斯 水 電力	—	—	—	1	2	3
	化學	5(3)	1(1)	5	2(1)	3	16(5)
	紡織	40(24)	5(4)	14(10)	2(1)	13(8)	74(47)
	成衣	7(6)	—	—	—	1	8(6)
	皮革 塑膠	3	—	1	—	—	4
	食品 飲料	8(3)	—	4	1(3)	7(2)	20(8)
	紙 印刷	2(2)	—	—	—	1(1)	3(3)
	鐘錶	1(1)	—	—	1	—	2(1)
	其他	5(1)	—	2(2)	1	2(1)	10(4)
	交通	19(6)	—	9(4)	5(1)	33(21)	66(32)
商業金融	一般	5(2)	—	4(2)	1	4(2)	14(6)
	不動產	—	—	—	—	1	1
	銀行	—	—	1	—	—	1
	飯店員工	5(1)	2(1)	—	—	4(1)	11(3)
	官方機關	1(1)	—	—	1(1)	2(1)	4(3)
	專業技術	2(1)	—	—	—	—	2(1)
	總計	118(55)	12(9)	50(23)	15(10)	80(38)	275(135)

年代初，英國學者托尼（R. H. Tawney）在中國農業的調查中總結指出，中國農業主要是受困於兩種相互糾結的危機：一是土壤養分的流失、濫伐森林、洪災，以及相對於資源稀少的龐大人口壓力等生態環境的危機；另一則是由剝削性的佃租體制、嚴苛的借貸制度、落後的交通網絡、原始的農業技術等因素造成的社會經濟危機。

另一位有影響力的研究者是美國的傳教士卜凱（John Lossing Buck），他主要是靠自學的方式修習農業經濟學。（卜凱與小說家賽珍珠的婚姻一直維持到一九三五年。）卜凱在獲聘為金陵大學教授之後，利用學生放假返鄉時所蒐集到的資料寫了一系列的田野研究。後來卜凱雇請了一批專業助理，並於一九三七年出版有關「中國土地利用」的研究報告。在卜凱的出版報告中包括一冊本文及兩冊的圖表、統計數據，詳載了二十二個省分的一百六十八個地區、涵蓋近乎一萬七千個鄉村的資料。卜凱的數據資料不僅包括土地、農作物、家畜等類別，同時還旁及農耕設備、家具，甚至農家的衣著。雖然他發現不少富有的農家，但擁有少量土地、糧食、工具、衣服而仍處在窮困邊緣的農戶仍不計其數。儘管卜凱的某些發現難以解讀或具有爭議，不過他的研究報告對其他研究者仍是豐富的寶藏。

經驗知識的狂熱已蔚為主流，這使得共產黨人的開拓性研究相形見絀。洛克斐勒基金會贊助設立的天津南開大學經濟研究所，曾經發表過許多有關一九三〇年代中國經濟的一流研究報告，該所一位中國學者在一九三五年業已注意到，過去十五年來已有超過一百零二篇專論、兩百五十一篇期刊論文是以土地問題作為研究主題。在這類期刊中有百分之八十七是在一九三三年之後創刊的。這些研究顯示出中國農村環境的分殊形貌，因此很難獲得一致的結論或提出共同適用的解決方法。在部分地區，強大的宗族組織支配著整個社群，同時彼此形成複雜的互助模式；有些農業社會則相當分化，這使佃農容易受到住在外地地主階級的剝削。這些地主背後往往有國民黨政權的警察勢力撐腰，一九三四年蔣介石重建保甲制後，這種相互監視的制度便取代警察成為地主的最大後臺。在其他區域，特別是華北地區，最成功的農民典型是所謂的「經營農場主」（managerial farmer），他們擁有二十至四十英畝的耕地，自己親自墾殖部分耕地，部分則是雇工耕種。

許多研究報告對農村景況、甚至社會緊張關係的描述都近似於晚明時代，這顯示中國新的經濟發展成果並未平均嘉惠於黎民百姓。根據蒐集到的資料顯示，全國各地仍有龐大的農村人口處在赤貧中。許多人在蕭條期間從事拉車、搬運的工作，或者是在農忙時節充當農工，他們的工作所得都僅能勉強餬口。他們得於凌晨四點或更早便成群結隊，帶著工具，急切地等待工作上門。這群人當中只有少數人有能力成親，其餘多數人均是卑微地度過短暫而坎坷的一生。他們有些人或「逃進」工廠裡，或成為人力車伕，拉著雙輪的黃包車穿梭在擁擠的城市街道。這些黃包車車伕不時受地痞流氓的欺凌勒索，下工之後各自拖著疲憊的身軀回到陰暗的住所，於狹窄的空間裡窩在其他車伕外出工作而空下的位置，與人背靠著背擠在一起睡覺。老舍在一九三七年出版的小說《駱駝祥子》中就曾翔實勾勒出這類車伕的生活百態。

數以千萬計百姓就是毛澤東與其他共黨人士所謂的「貧農」，這些人的耕地面積太小不足養家活口，他們迫於情勢不得不「壓榨」自己家人的勞動力，因此，即便是家裡更需要勞力，有些人仍必須利用農忙季節打工賺取外快。也有許多貧困的農民被迫鬻子或眼睜睜看著小孩子餓死。儘管有機械和燃料，只要仍有剩餘勞動力可利用，富農就不會把資金花費在農業機械化上面。他們也不會把錢用在馱獸身上，因為雇用一個人的每日工資大約等於一頭驢子每天所需的飼料成本。工人可以因為失去利用價值而解雇，但驢子需要有人整年餵養，即便不需牠們工作時也一樣。

貧窮的婦女同樣會逃離農村到工廠或是大城市的紡紗廠做工。雖然工作條件惡劣，還會遭受地域和性別的歧視，不過在城市的生活相對比農村要好得多，因為在農村裡她們受到媒妁之言的婚姻、辛勞的農事、養育子女等事務的束縛，在閒暇時還得從事手工業或植桑養蠶貼補家用。雖然婦女的工資十分微薄，勞力嚴重受到剝削，但是她們卻能團結互助，分享彼此僅有的資源，改善生活，盡量避免受到男性主宰的世界侵擾。從現存的一九三〇年代中國警方檔案資料我們可以清楚看出，無數婦孺因為逃家，或因遭人拐賣而淪為性工作者抑或一般人家的僕役。巡邏員警必須常到火車站或河流渡口盯哨，查緝人口販運案件，並學會辨別哪些是為了改善生活而逃離農村的一般人家，哪些是偽裝成家人，但實際上遭人拐賣的婦孺。

對貧民而言，單調的伙食是生存不可或缺的一部分。有東西吃才是重點，而不是菜色多寡。位於河北省、天津西北方農村的一位農民回憶他平常的伙食說：

春天，早上吃粥，中午小米乾飯，晚飯粥和蔬菜；夏天，早飯吃小米水飯，中午小米乾飯和豆麵湯，晚飯小米燒飯和蔬菜；秋天，早飯粥，中午小米乾飯和豆麵湯，晚飯小米水飯。[7]

而在山東的農民，他們的主食是甘薯而非小米：

在貧民之間，一整年每天每餐都吃甘薯。從收割到來年的春天，他們吃的是新鮮的甘薯；過了這段時間，他們就吃儲藏起來的乾薯片。這些乾薯片經過煮熟，或者和著麵粉搗碎製成麵包或麵條。除了甘薯外還有一些配菜，首先，是一種由麥粉和花生粉做成的稀粥；其次，是用剁碎的蘿蔔與大豆汁攪拌而成的蘿蔔泥；最後，是一、兩種的醃菜。偶爾，還有一些麵餅。[8]

日軍侵略華北也有意想不到的結果，亦即日本研究人員在當地進行了大規模的實證調查，雖然他們是基於政治和軍事目的，不過時至今日這些資料仍十分有價值。其中第一組調查隊是由日本軍情人員、「南滿鐵道株式會社」調查人員，以及在中國工作的日本留學生等

河北省米廠村樣本農家的所得和支出，1937年[9]

	經營式農場主	富農	中農	貧農
農場面積（畝）（一畝 =1/6 英畝）	133	60	34	13
農戶中耕作男丁數	2	3	2	2
租入耕地（畝）	0	8	7	7
農場總收入（元）	2,192	1,117	514	234
農場淨收入（總收入扣除肥料、地租、工資、稅等）	1,200	514	247	56
肥料支出費用（元）	152	161	114	53
肥料占總收入的%	6.9	14.4	22.2	22.6
地租支出費用（元）	0	14	35	38
地租占總收入的%	0.0	1.3	6.8	16.2
支付現金的工資與伙食費	550	259	80	66
支付現金的工資與伙食費占總收入的%	25.1	23.2	15.6	28.2
稅（元）	113	41	22	6
稅占總收入的%	5.2	3.7	4.3	2.6

於一九三五年所組合而成，在華北二十五個村莊從事調查工作。一九三七年初，另一組日本研究人員（沒有日本情報單位人員參加）又選擇四個村進行深入訪談研究，其中一個地點是河北省的米廠村*。

不過這些調查所蒐集到的統計數據少有是在同一地區橫跨數代時間的紀錄。因此，很難根據這些資料，就斷定中國的貧農和雇農的生活是否比十年前更差、不改變，或者略有進步。我們同樣也很難拿這些數據來與清朝中葉、或晚明的農民逐一比較。那些力持中國農民境遇每況愈下、終至爆發革命危機的主張，主要立論於兩種解釋：第一，地主的冷酷結合了外國帝國主義加諸中國的壓力，加深了對農民的剝削。這兩者的發展迫使曾經擁有土地的農民淪為佃農或雇農，並備嘗變化莫測的世界市場機制的苦果。第二種解釋主張人口的成長、技術的落後、土質的惡化，才是造成中國農村日趨貧窮的原因。階級結構之惡並非主因。不過這兩種解釋似乎都無法獲得有力的證據支持，於是又出現第三種學派，認為伴隨農產品的商業化，以及因為使用卡車、火車、蒸汽機所帶來的市場機制和運輸模式的變革，使得農民在一九二〇年要比在一九〇〇年的生活條件更好。

不過可以肯定的是，中國農民在一九三〇年代初，承受了新一波的危機，使他們的生活陷入困頓。一九三一年長江洪澇肆虐造成約一千四百萬人流離失所，氾濫成災的面積約當等於紐約州大小。日本占領東北導致數以十萬計的季節性農工沒辦法再前往該地區打工，而日軍攻擊上海後，也讓該人口密集區域的勞動力分配大亂。由經濟蕭條所引發的世界經濟變局，遽然重創中國經濟作物的出口，挫傷了中國的地方手工業。國民黨歷次的軍事鬥爭以及

＊　譯注：這份田野調查紀錄即所謂的〈滿鐵調查資料〉，係由南滿鐵道株式會社調查機關組織編撰，詳細內容可參見黃宗智所著《華北的小農經濟與社會變遷》第二章。

重建管理制度和工業體系各種措施的構想，導致農民的賦稅負擔增加。在缺乏精確數據的情形下，我們僅能肯定農民的苦難是無止盡的，貧窮的農家正在困頓的環境中逐漸滅絕，雖然這讓其他農民得以接收他們的土地，但這些新農民仍得為自己的生計掙扎奮鬥。然而我們並無法論斷，這些貧農比起城市人更了解、關切共產黨的政策或是戰雲密布的局勢。但就是在這個百姓普遍貧窮，心生不滿的大環境中，差一點在一九二七年遭全數殲滅的共產黨人才獲得了重新集結的機會，並開始思考新的革命戰略。

毛澤東與農村蘇維埃

因為秋收暴動的失利以及放棄攻占長沙的計畫，毛澤東受到中共中央委員會的來信批評。一九二七年十一月，毛澤東被解除中央委員會委員一職，連湖南省委員會委員的資格也不保。過了幾個月，毛本人或許還不知道中共中央這項懲戒令，因為毛此刻正帶領秋收暴動的殘餘部隊，總數約有一千人左右，流竄至長沙以南，在一九二七年十月抵達湘贛交界、地處偏遠的井岡山。儘管此時已是一九二〇年代，但情形仍與前清無異，亡命之徒總是可以把各省交界的三不管地帶當成安全的藏身處，因為國家部隊欠缺統合協調能力，無法分進合擊。更河況這時的「國家」仍處在分裂的狀態，而毛澤東的敵人則是一群各自與國民黨勢力維持不同結盟關係的各路軍閥，以及國民黨本身。

毛澤東在這段期間所採取的行動經常是遷就於現實因素而非出於理論考量。秋收暴動前夕，毛曾告訴中共中央委員會，他傾向贊成立即組織強大的農民蘇維埃，而且是在以沒收和重新分配土地而團結在革命凝聚力之下的農民蘇維埃；另外毛也希望能拋開忠於國民黨旗幟的虛假面具。這種政治立場受到當時中央委員會悍然拒斥，但是隨著史達林政策的轉向，到了一九二七年底，中央委員會認可毛的這三項主張，同時增加黨應該支持持續發動農村暴動的立場。農村暴動的目的不僅在於建立穩固的根據地，同時還要維繫群眾高漲的革命意識，並將其貫徹到參與暴動的武裝力量中。

儘管中央委員會做出上述決定，然而，毛澤東在井岡山的實踐經驗肇使他根本上違背了這些決定。雖然毛澤東在他轄下方圓兩百五十公里內的五個村莊成立黨組織，下令處決了一些地主，並意圖建立蘇維埃機制的運作架構，不過毛還是遭受來自富農以及那些控制著窮困鄰里的家族勢力的頑強抵制。面對各方反對勢力，毛並未企圖依據個人的工作能力重新分配所有土地。毛反而藉由與當地兩位土匪頭子*合流來壯大自己的聲勢，而這兩位匪酋都是與「三合會」結盟的匪幫分子，他們麾下六百人的加入，使毛此刻帶領的是一支來自社會被剝削者「遊民無產階級分子」的部隊。早在此之前，毛澤東就曾以他一貫的生動筆調描述這類人：

* 譯注：即袁文才、王佐。

分為兵、匪、盜、丐、娼妓。這五種人名目不同，社會看待他們也貴賤各別，然他們之為一個「人」，他們之有五官四肢則一。他們謀生的方法兵為「打」，匪為「搶」，盜為「偷」，丐為「討」，娼妓為「媚」，各不相同，然謀生弄飯吃則一。他們乃人類中生活最不安定者。[10]

無論如何，毛接著說道，「這一批人很能勇敢奮鬥，引導得法可以變為一種革命力量。」

共黨部隊於一九二七年在華南遭受清剿後流竄至井岡山，這雖然讓原有部隊大幅增添生力軍，但這塊紅色根據地還是不斷遭受國民黨軍隊的攻擊，另一方面，他們仍必須不時派遣精銳部隊支援中共在各地發動的戰事。這是中共「六大」所通過的政策——當時共產黨在國內情勢危殆，在一九二八年夏天召開這次會議時，甚至必須假莫斯科舉行。在這次大會中，中共回應史達林的訓示，決定當前即便尚未出現革命的高潮現象，他們必須隨時準備武裝暴動並在無產階級領導下建立蘇維埃政權機關。像這類命令基本上是毫無意義的，因為此時全國各地仍然忠於共產黨的工會成員最多只有三萬兩千人，而且根據周恩來的估算，中共黨內無產階級人數僅占百分之十。到了一九二九年，則驟降為百分之三。

一九二八年底，國民黨持續攻擊火力，迫使毛澤東放棄井岡山根據地。流竄的共軍部隊逐漸向東轉進，越過江西抵達福建西部，最後在另一個邊界——閩、贛交會的崎嶇山區落

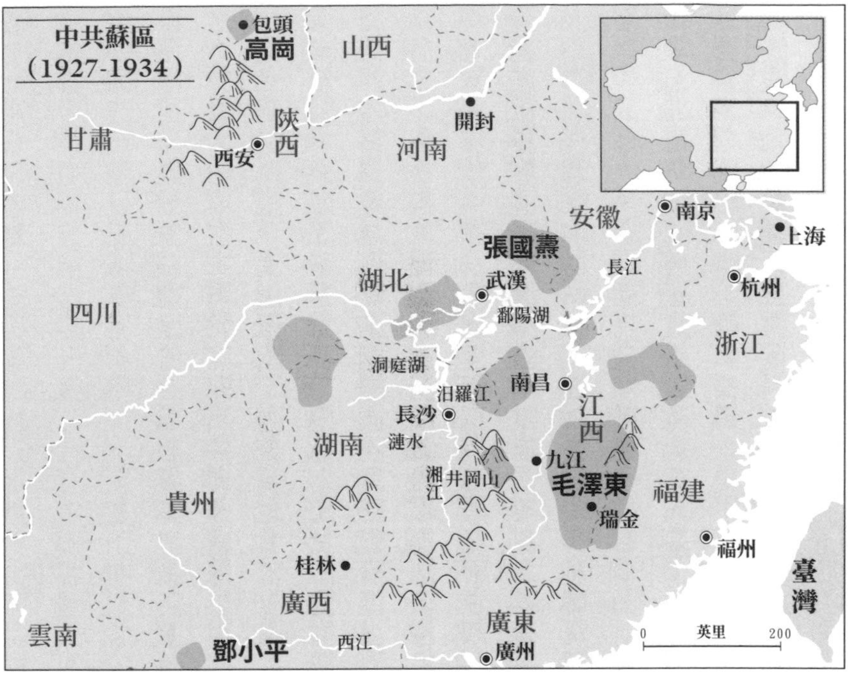

腳。在此，中共以瑞金作為新的根據地，建立新的江西蘇維埃政權，一直維持到一九三四年。

然而我們不應就此認定，毛已經憑藉超凡的機巧在他的兩個根據地成功建立了農民蘇維埃政權；也不能妄下斷言，毛已在整個農村中國沸沸揚揚地激起農民對地主的怨恨。從一九二〇年代到三〇年代初，中國確實曾爆發過數以千計農民作亂的事件，規模或大或小，都是在憤怒、絕望之餘以暴力反抗當地政府。但是農民攻擊的對象主要是國家的代表：官員與軍官；他們強納苛捐雜稅、橫徵暴斂，逼迫農民義務勞動，假公共計畫之名徵收農民的土地，或強制農民種植或採收他們用來生產鴉片的罌粟，藉以操控地方和全國的販毒網絡。儘管曾有農民衝著地主而暴動，但相對而言，卻是少之又少。因為就某種程度上而言，多數地主的佃租收入取決於佃農的財產多寡，這類反抗行動通常是針對外地地主在天災發生時還派來課徵重稅的管事，或當地胥吏。像毛澤東這類共產黨人的組織技巧，就在於能將人民對於稅賦的不滿轉化成階級的鬥爭，因而在共產黨領導下能有效地推動革命性的社會改造。

一九三〇年晚春，通過對尋烏縣的調查研究，毛澤東加強了他對江西農村面貌的認識。我們從這段調查經驗所做的報告可以了解，自從在一九二七年二月發表〈湖南農民運動考察報告〉之後，他對於農村社會的分析技巧又更加純熟了。一九三〇年在尋烏縣時，毛澤東深入調查村民日常生活的細節，並研究如何在複雜的農村工作及土地所有權情況下，正確畫分階級。現在，毛鉅細靡遺地調查市集中不同類型的商業活動及其所得，以取代過去對「無產階級」和「剝削」等籠統概念化的作法。毛澤東研究尋烏城內的鹽商、雜貨商、油行、大豆商、屠坊、釀酒商人、販賣藥材、香菸、雨傘、爆竹等店家、木工、豆腐小販、伙店，打鐵匠、銻匠、娼妓。毛觀察地方市場運作的律動，個別家族組織勢力的相對實力，佛寺、道觀與其他廟宇及宗教團體的分布與財富，以及一些改信基督教的活躍分子（共十三人，其中十人是新教徒，三人為天主教）。

毛同時也嘗試盱衡尋烏縣的剝削程度，以便精確分析當地的階級衝突。他計算尋烏城裡的妓女人數，發現在總人口兩千六百八十四人的小城市中，大約有娼妓三十餘人。另外，毛也發現貧農被迫賣子還債的現象，以及小孩的價錢和被賣時的歲數。男孩的賣價從一百元到兩百元不等，被賣時年紀大約在三歲到十四歲之間。（毛並未發現女孩遭販賣的例子。這或許是因為尋烏人優先考慮的是勞動力，而不是做家事或性服務。）而一有貧農鬻子償債，其他債主便蜂擁而至。「聽見人家賣了兒子了，債主就急急地到他家裡去討帳。『賣了奶子（當地客籍人家管兒子叫「奶子」）還不還埃（我）嗎！』」[11]毛還考察土地占有與地租的實際情況，將結果歸納在一個分類表中，該表非單純以個人土地面積、而是基於地租收入及謀生之道作為合理畫分標準（見頁二一二）。

昔日，廟宇與家族組織以及其他團體占尋烏縣百分之四十的土地，百分之三十歸地主所有，農民只占剩餘的百分之三十。報告中顯示毛對於土地重新分配的權衡判準極為敏銳。毛一方面察覺在革命環境中，大部分土地只是大致依據人口分配，一方面也認識到某些主張按勞動力分配土地的論述。毛認可婦女在分田時的特殊需求，因為她們在耕作上盡的責任要比男子多（也更能吃苦）；還俗僧尼、道士、傳教士，以及其他貧民階層的問題；以及分配房屋、山林、池塘的困難度。

在軍事謀畫方面，毛澤東也日益成熟機敏。毛在軍事方面的修為主要拜朱德所賜。朱德是來自四川的富有軍人，早年沉溺於鴉片煙，後來戒除，一九二〇年代初，朱德赴德國留學，返華後負責指揮國民黨的一個「教導團」。朱德與共產黨暗通款曲直到一九二七年八月南昌暴動，朱潰敗逃亡，最後投身毛的井岡山根據地。由毛澤東、朱德所建立的「紅軍」至

尋烏縣舊有的土地關係[12]

地位	每一群體的百分比
大地主	
收租五百石*以上	0.045
中地主	
收租五百石以下兩百石以上	0.400
小地主	
收租兩百石以下	
破落戶1%新發戶2%	3.000
富農	
有餘錢剩米放債	4.000
中農	
自足不欠債	18.255
貧農	
欠債	70.000
手工工人	
各種工匠、船伕專業腳伕	3.000
遊民	
無業	1.000
雇農	
長工及零工	0.300

* 一石大約等於一百三十三磅的米或其他糧食作物。

此發展成一支機動性的游擊力量，英勇抵抗國民黨軍隊的攻擊。截至一九二九年初，紅軍僅剩下約兩千人，毛與朱強烈反對李立三企圖將紅軍切割成小單位，分散部署在各農村以加速地方暴動的軍事方針。毛、朱在寫給中共中央祕書長李立三的信件中得意地表示：

> 我們三年來從鬥爭中所得的戰術，真是古今中外的戰術都不同。用我們的戰術，群眾鬥爭的發動是一天比一天廣大的，任何強大的敵人是奈何我們不得的。我們的戰術就是游擊戰術。大要說來是：
>
> 分兵以發動群眾，集中以應付敵人。
>
> 敵進我退，敵駐我擾，敵疲我打，敵退我追。
>
> 固定區域的割據，用波浪式的推進政策。強敵跟追，用盤旋式的打圈子政策。
>
> 很短的時間，很好的方法，發動很大的群眾。[13]

然而諷刺的是，紅軍在瑞金的成功整編和擴展竟肇致中央委員會過於樂觀，判定他們已經強大到可以跨出蘇區而投入傳統的陣戰。所以就在一九三〇年，即毛完成尋烏調查不久之後，毛澤東和朱德接獲中央直接下達攻擊南昌的命令，這個命令是毛、朱不可違抗的。此一攻擊命令是李立三意圖將共產主義鬥爭推向革命高潮的野心之一；同一時刻，李立三也作出攻擊武漢、長沙的計畫。儘管國民黨再度奪回長沙之前，共產黨曾占領長沙十天，然而這三項冒進計畫終歸失敗。南昌一役失利後，毛和朱受命支援長沙的共產黨部隊，再次發動攻勢奪取長沙，他們勉強同意；但是面對自己悉心培養之部隊毀於一役，他們在未經同意下就撤離戰場返回瑞金。

在江西期間，毛不僅關切經濟和軍事的演變，同樣注意社會改革諸如女權方面的議題。自從一九一九年毛澤東發表論趙女士自殺的文章之後，他就逐漸意識到經濟與家庭的壓力阻礙了中國兩性關係的平等。在一九二七年〈湖南農民運動考察報告〉的文末，毛再度表達相同的情緒，他寫道，中國男子普遍受到三種權威形式的支配：政權、族權、神權。而女子還需忍受第四種權力，即夫權的束縛。毛感覺夫權在貧農中比較弱化，「因為經濟上貧農婦女不能不較富有階級的女子多參加勞動，所以她們取得對於家事的發言權以致決定權的是比較多些。」像這類婦女，「性的方面也比較有自由」。毛熱切歡迎湖南各地組織「鄉村女界聯合會」，促使婦女「抬頭」的機會降臨。

我們不難想像毛在蘇區所公布的重要法案之一就是《婚姻法》，新的婚姻法明令禁止媒妁之言的婚姻形態，鼓勵自由選擇配偶，以及廢除一切「封建的包辦、強迫與買賣的婚姻制度」。儘管新的婚姻法在措詞方面仍然模棱兩可：「現時離婚問題，應偏於保護女子，而把因離婚而起的義務和責任，多交給男子負擔。」[14]但是它對於離婚要件的規定相當簡單，只要兩造有一方訴請即可。唯一例外是紅軍的妻子不得於丈夫在外征戰時，片面提出離婚。

根據共產黨幹部在江西蘇區兩個縣的調查顯示，在三個半月內，就有四千兩百七十四個離婚案件登記在案，其中百分之八十是由單方提出離婚申請；而同一時期有三千七百八十三人登記結婚。其中有九例是在一天內結婚又離婚。毛澤東的立場或許有助於新婚姻法的催生，因為毛本人已離開他在五四運動期間熱烈追求的妻子楊開慧與兩個小孩子，公開和第二任妻子賀子珍同居，賀子珍在井岡山加入毛的行列，之後就跟隨毛到江西蘇區。

但是毛同樣對他的紅軍弟兄有所承諾，當時紅軍大都非常窮，所以期望共產黨政府能幫他們討一房在媒妁之言的婚姻制度下所養不起的媳婦。因而在江西蘇區的婦女就經常被迫「成親」，或是與數人發生肉體關係。在這方面，男性幹部濫權的現象時有所聞。據說許多寡婦在丈夫死後數日就被迫再嫁。但毛澤東堅持男性最低的結婚年齡是二十歲，女性是十八歲。「洗衣女隊」被派至某些單位服務、招徠新兵，說明中共也毫不避諱她們從事賣淫。

及至一九三〇年，國民黨及其同盟在城市裡對共產黨的攻擊行動日漸猛烈，同時也更有斬獲。部分共黨人士叛逃國民黨陣營後，中共派刺客暗殺他們，取回被拿走的經費，但卻往往以失敗告終。國民黨特務組織越狡詐純熟，許多都會地區的共黨地下組織都遭滲透。（一九三二年之後，國民黨一樣也派出刺客去對付那些與日本人私通的漢奸。）工會組織因國民黨特務的滲透而騷動不安，另一方面，實業家也常雇用幫派分子，以暴力破壞工會組織發起的示威抗議。至此，李立三在城市鼓動大規模暴動的意圖最後還是全部一敗塗地。莫斯科指派一些新領導人來挽救頹勢，結果於事無補。莫斯科派來的人大都年紀輕，缺乏實務經驗，只知死守馬列主義教條，他們在中國被戲稱為「留蘇派」。一九三一年，一連串的逮捕行動和叛變導致許多資深的共產黨幹部全面撤離上海，抵達毛的根據地瑞金。幾位重量級的「留蘇派」領導人在一九三三年也來到瑞金，並指責毛的富農路線太過右傾，致使毛澤東一度失勢。根據一些資料顯示，一九三四年間毛確實因為他的錯誤政策而遭到軟禁。（在一九三〇年三月共產國際的主要刊物上曾經出現一則毛的訃聞，顯示某些老幹部欲去之而後快。）

面對國民黨在正規部隊與現代化武器兩方面的軍事優勢，為求存續，中共曾一度嘗試過某種新戰略：暫時放棄都會地區的據點，也不仰賴無產階級，轉而前往鄉間拓展根深柢固的勢力。中共領導們此時與貧農同住，在生活上靠他們資助，也不得不在思想上有所調整。蔣介石同樣也必須重新思考戰略與優先目標。他所掌控的國民黨取得城市的控制權，華北最強大的軍閥若非遭其擊敗就是雙方已經結盟。但若要奪取農村地區，就必須集結各方力量，耗費龐大的軍事與政經資源。為此，蔣介石向新的對象請求援助與專業建議：聘請幾位德國軍事專家來擘畫後勤體系，做長遠的軍事規畫。但一直要等到一九三二年蔣介石的政治權力越來越強大，中德雙方的關係才日趨密切。他在一九三二年安排自己就任軍事委員會委員長一職，並兼任參謀本部參謀總長，統帥陸、海、空三軍。在一九三一和一九三二年的兩次圍剿中，蔣介石均無法把共產黨逐出江西蘇區，反而被紅軍擊敗；因此為了進一步勦滅農村蘇區的共產黨，蔣介石在軍事委員會底下成立了「剿匪司令部」，自任總司令。因為總司令得以在共產黨活動的區域中獨攬民政、軍事、黨務大權，因此國民政府的五院根本無法制衡蔣，

南京政府的軍事支出與債務支出，1928-1937年[15]

年度	軍事支出		債務支出		軍事與債務總支出	
	數目	總支出的百分比	數目	總支出的百分比	數目	總支出的百分比
1928-29	210	50.8	158	38.3	368	89.1
1929-30	245	45.5	200	37.2	445	82.7
1930-31	312	43.6	290	40.5	602	84.1
1931-32	304	44.5	270	39.5	574	84.0
1932-33	321	49.7	210	32.6	531	82.3
1933-34	373	48.5	244	31.8	617	80.3
1934-35	368	34.4	356	33.2	724	67.6
1935-36	220	21.6	275	26.9	495	48.5
1936-37	322	32.5	239	24.1	561	56.6

* 單位：百萬元。

當然也無法阻止他將大量資源投注在軍事部門。誠如下表政府支出項目所顯示的，扣除直接軍事費用支出以及政府貸款的利息支出（往往是因應軍事的需要而舉債借款）之後，餘額即為「政府部門」的實際支出總數，而在一九三四、三五年之前，「政府部門」實際支出的數額均不超過總支出的百分之二十。同時，這些數值並不包括省級政府分配用來作為軍事防衛與安全的支出。

另一方面，當國民黨開始野心勃勃地計畫徵調民工，課徵額外重稅，修築戰地機場和公路網時，同時也在江西蘇區周圍構築由堅石或磚塊堆砌的碉堡，作為經濟封鎖之用，同時也是防衛據點，並兼具儲藏庫、臨時野戰醫院，以及前進基地的作用。在此，蔣介石刻意地採取七十年前曾國藩鎮壓捻亂的戰略。為了支援一九三三年和一九三四年的第四、五次圍剿，國民黨總共構築一千五百哩的新路以及一萬四千座碉堡。

雖然有許多德國軍官以顧問身分參與剿匪，蔣介石仍覺得有必要另聘一位真正讓他信賴的資深顧問，而且必須有過人的歷練與智慧，得以洞察中國的軍事結構。蔣介石最後挑選了一戰期間的傑出指揮官塞克特（Hans von Seeckt）將軍：塞氏於一九二〇至一九二六年間負責整頓威瑪共和國時期的德軍軍紀，作風強悍，把德軍改造成訓練有素、精神抖擻、裝備精良的勁旅。

塞克特於一九三三年五月抵達蔣介石位於南昌附近的牯嶺別館，與蔣密集晤談數日。雖然塞克特並未接受蔣介石所提供的德國顧問團高級顧問的職位，但表示願意研究中國軍隊現代化的問題。塞克特在他向蔣所提的建議書中強調，國民黨亟需一支素質優良，並由兼具犧牲精神和專業能力之軍官團所領導的軍隊，方能成為中央政府「統治權威的基石」。塞克特認為蔣的軍隊太多。他建議應以不超過十個師為要。塞克特主張，應先成立教導旅，增進軍官的指揮作戰能力。為了達成這一目標以及隨之的合理化改革，蔣介石必須增加德國軍事顧問的數量，並提高其工作效率，同時要由德國顧問來掌管教導團的發展。[16]另一方而，塞克特也建議，由德國顧問團參與中國軍火工業的建設，而中國軍火工業的生產應先由德國顧問加以管理，然後再交還給德國培訓的中國人管理。在塞克特所提及的構想中，還包括以中國生產的原料與德國交換中國所需的軍需品和其他物資。

在塞克特的建議下，中、德雙方於一九三四年一月邁開合作的第一步，德國財政部及軍方同意成立一家私人公司*來處理交易。一九三四年夏天，塞克特二次抵華，蔣介石給他月薪相當於兩千美元的優渥待遇，這名德國人在致其姐的信中頗為得意：「在這裡我被視為是軍事方面的孔夫子。」[17]嗣後，中、德雙方在一九三四年八月簽訂一項「極機密」的協定**。中、德雙方進行一項總值一億馬克的計畫，中方自德國取得軍工原料、探勘礦產的機械設備、現代化的兵工廠。塞克特早就指明，中國所生產的軍需產品有「百分之七十五到九十不適用於現代化軍隊」。

德國則是自中國獲得「高質量」的礦產。在雙方的協議中並未載明礦產種類，不過德國需要的主要是銻和鎢，這兩種礦產都是現代化戰爭不可或缺的重要原料。銻可被作成合金，用於軍火工業的生產，特別是砲彈彈殼與雷管的製造；鎢（提煉自鎢錳鐵礦中）與其他鐵礦高溫熔合後可用來製成裝甲、能穿透裝甲的砲彈、飛機、燈泡的燈絲、電話的零件等。德國並不生產銻、鎢，但中國的湘北、湘南，銻的生產占全世界產量的百分之六十，湘、贛兩地生產的鎢則占全世界總產量的百分之五十。無論塞克特是不是中國軍方的「孔夫子」，江西

* 譯注：這家公司的名稱即為「Hapro」，在中國則取其諧音稱之為「合步樓」。

** 譯注：《中國礦物及農產品同德國工業品及其他產品的易貨協定》。

共黨部隊所承受的壓力已經大到無法承受。就在國民黨與德國政府雙方開始把合作關係提升到兩國政府部門正式交流的層級之際，中共已經偷偷決定要完全撤離江西這個地盤了。

長征

一九三四年年中，蔣介石協同公路系統與軍事碉堡，對江西蘇區進行經濟封鎖與軍事包圍，這使共產黨的處境極為艱困。同年八月，江西蘇區的四位主要軍事領導人——紅軍總司令朱德、留蘇派的博古*、周恩來，以及共產國際的代表布勞恩（Otto Braun**）——達成棄守蘇區的共識，儘管這四人對於撤退的時間、多少軍隊斷後、共軍最後目的地等問題並沒有達成共識。此時毛澤東因為土地政策問題與中共領導階層不合，被排除在中央政治局之外，因此並非決策核心人士。

要突破國民黨的全面封鎖，只有出其不意，因此計畫進行得極為機密，大部分地方將領只知道個大概。而且，因為上海的國民黨警察破獲共產黨原本用來與莫斯科聯絡的通訊設備，中共中央因而無從與蘇聯或共產國際的領導人協調最後計畫。中共獲悉蔣介石意欲於秋末發動新一波攻勢，而粵北則有一位國民黨將領或許願意與共產黨祕密協商之後，加速了撤退的步伐。

共產黨部隊探知國民黨軍事封鎖線的西南角，也就是江西贛州與會昌兩市之間最為薄弱，即使蔣介石的部隊在那裡布置了四道綿延一百五十哩的防線。駐守此處的廣東、廣西部隊，作戰能力不及蔣的精銳部隊；更何況，與其在江西蘇區北方與國民黨軍隊正面對決，不如向西南地區逃逸較有勝算。於是九月時，共產黨備妥且分配糧食、輜重、衣服、醫療用品，打包或銷毀共黨相關文件，決定長征隊伍及留守人員之後，共產黨部隊伺機向西南突圍。

撤退的戰略是由周恩來擬定的。以資深紅軍所組成的「紅一軍團」和「紅三軍團」擔任先遣部隊。這些部隊是分別由曾在北伐和江西蘇區聲名大噪的兩位優秀將領擔任指揮：紅一軍團是由出身黃埔軍校、時年二十七歲的林彪率隊；紅三軍團則由三十七歲的彭德懷領軍。林彪的部隊約有一萬五千名兵力，彭德懷麾下則有一萬三千人，不過這兩股兵力面對國民黨封鎖，顯得軍備不足。每一部隊僅配有九千枝來福槍（每一枝來福槍不到一百發子彈）、兩門野戰砲、三十門輕型迫擊砲與自製彈殼，及三百機關槍。每一支機關槍至多配給五百發或六百發子彈，在激戰時高速擊發的狀態下約莫僅能維持十分鐘。另外，大部分戰士兵均配備一、兩枚手榴彈。

緊接在這兩支部隊之後的是江西蘇區的龐大人員。「軍委縱隊」是由中央委員會委員、情報人員、幹部，以及少數防空單位所組成；之後則是「中央縱隊」，包括其餘的黨政人

* 譯注：秦邦憲。

** 譯注：中文名字為李德。

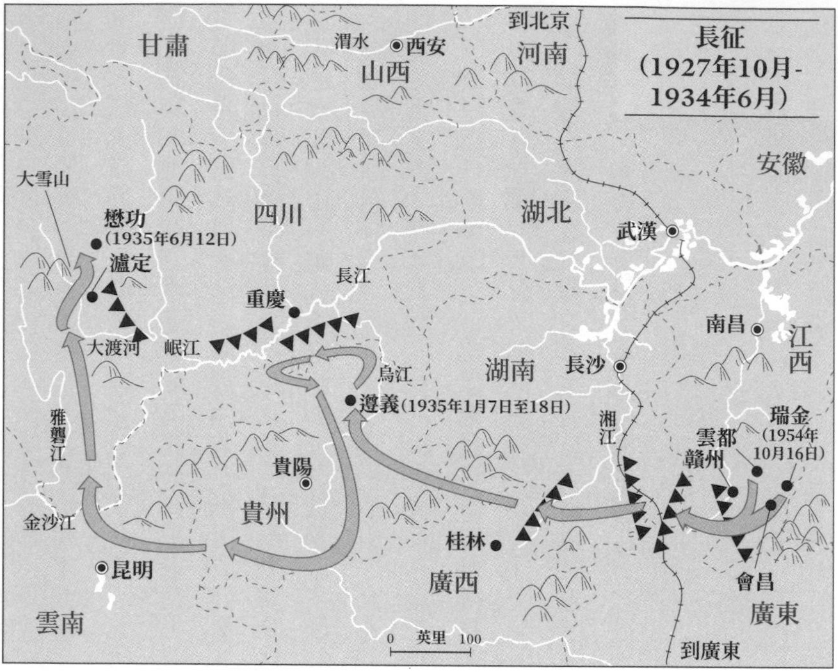

員、野戰醫療單位，他們還帶著中共小心翼翼儲備的金條銀元、製造簡易軍備的機器，以及油印設備與政治宣傳品。這兩支縱隊有數百名新近徵召來的挑夫，一萬四千人的隊伍中只有四千名是戰鬥部隊，因此行進速度十分緩慢。加上三支殿後護衛側翼、軍備更加不足的小規模部隊，使突圍隊伍總人數達八萬人，每一人攜帶兩周份的米和食鹽。

在這兩支縱隊中約有三十五名女子，其中包括毛澤東懷有身孕的第二任妻子賀子珍，以及朱德來自農村、年輕的第四任妻子*。（朱德的前三任妻子，一位死於生產，一位被軍閥殺害，一位則是遭國民黨處決。毛澤東的第一任妻子楊開慧在一九三〇年亦遭國民黨逮捕被處決。）但大部分的婦孺（包括揭櫫婚姻自由理念的新婚姻法通過後的紅軍戰士子女）都須被迫留置江西蘇區，在國民黨軍隊占領後備受迫害。

留守的還有約兩萬八千名部隊，其中兩萬名是無法隨部隊密集行軍的傷兵，為了進行游擊戰以便奪回江西蘇區失地而留下，並從事地下工作，以待有朝一日共產黨部隊返回。留守人員中包括毛澤東的弟弟毛澤覃以及在一九二七年第二波紅色暴動之後下臺的領導人瞿秋白，瞿此時因染上肺結核而無法長途跋涉。毛澤覃後來被國民黨部隊擊斃，而瞿秋白在寫下一份詭異且譏諷的「臨終遺言和聲明」**，表明他對教條馬克思主義的幻滅，並強調他所追求的是一個更平和、更浪漫的世界之後，同樣遭國民黨部隊槍決。

一九三四年十月十六日共產黨在夜色掩護下，祕密從江西突圍，開啟了中共「長征」的序曲，成為中共黨史上眾多英雄詩篇中最輝煌的一頁。中共化先前節節敗退的挫折為力量，在歷時三百七十天、步行六千哩之後，最後卻獲得戰略上的成功，在一九三五年十月二十日抵達陝西。

* 譯注：康克清。

** 譯注：瞿稱此文為〈多餘的話〉。

長征的最初階段幾乎都按計畫行事。雖然林彪的紅一軍團在南方山區傷亡慘重，不過彭德懷率領的紅三軍團很快就突破第二道封鎖線。長征隊伍面對地方軍力和國民黨軍隊的窮追不捨，採取四小時前進、四小時休息循環交替的全天候作戰策略，穿越過國民黨在粵漢鐵路沿線設置的第三道封鎖線。長征隊伍受累於笨重行李，挑夫紛紛脫逃，又苦於地圖老舊，加上湘、桂之交路況惡劣，有時根本無路可行，在十二月中旬沿著湘江準備突破最後一道封鎖線時險些被誘捕。雖然國民黨及其盟軍阻絕了江西主力部隊與湖南地區的其餘共軍會合，但是卻無法阻止共軍沿著湘、桂邊境進入貴州。

接下來數周，長征部隊占領貴州境內的數個市集城鎮，他們扔掉一些包括大砲、已無彈藥可用的重裝備，並補充必需品，然後重組隊伍。隨著敵軍的分散，以及紅一軍團、紅三軍團在一九三五年一月七日利用竹筏橫渡烏江，突破貴州守軍之後，共軍的前鋒部隊在遵義城內富商巨賈和國民黨官員還來不及潛逃之前，就進入這座熱鬧的城市。雖然城內極度欠缺軍需物資，他們還是補充了許多迫切需要的糧食和衣物。

當共軍駐紮在遵義後，共黨領導人開始在此地推動激進的變革。他們召開群眾會議、討論土地改革問題、強制重分配物資、組織革命委員會，再度激起昔日運動的熱潮。共產黨也在遵義召開了一次緊湊而關鍵的共產黨高層會議。一九三五年一月十五至十八日的遵義會議，共有十八位重要的共產黨領導人參加：政治局統治集團的六位成員、政治局的四位候補委員、七位資深軍隊領導，以及共產國際代表布勞恩。在四天的討論過程中，與會領導人反

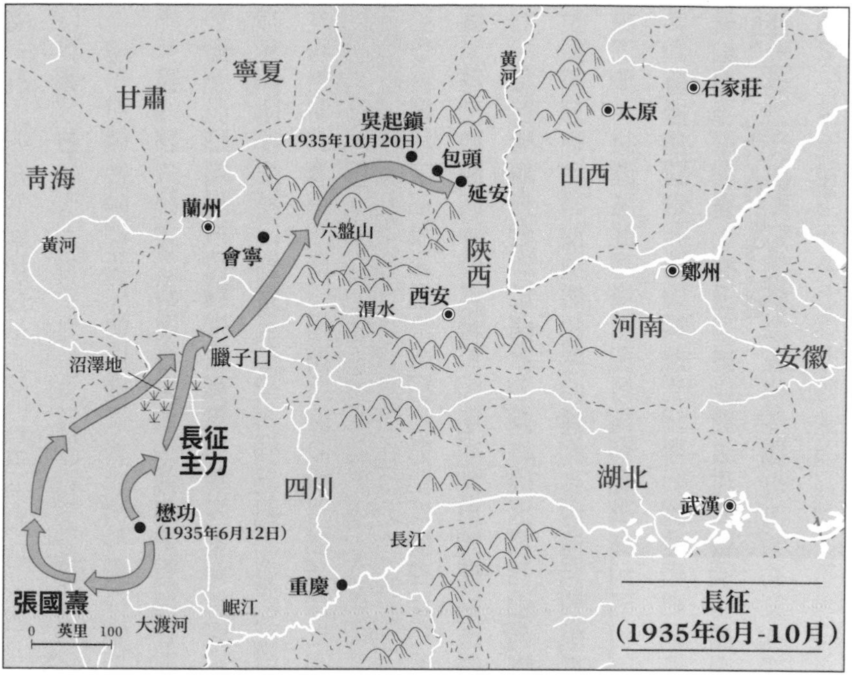

覆檢討黨在江西蘇區挫敗的原因，並分析當前所面臨的政治抉擇。根據會後所公布的「總結決議」，江西蘇區的領導人遭批評採取「單純防禦」而非「運動戰」，導致共產黨軍隊一九三四年初在蘇區盲目而拚命與敵人作戰，造成共軍疲憊不堪，而使中共的突圍像是「一種驚慌失措的逃跑以及搬家式的行動」。[18] 這份總結報告內容大抵反映了毛澤東的觀點，所以可視為毛澤東邁向黨內權力之路的象徵。會後毛澤東晉升為政治局常務委員會委員，並佐助周恩來謀畫戰略。留蘇派的博古失去他「一個人包辦黨內一切工作」的那種領導地位；至於共產國際代表布勞恩則是失去了與聞軍事決策的掌控權。

遵義會議後，毛澤東也逐漸接收了周恩來的軍事領導權。共軍部隊在那一段日子裡冒險犯難，在雲貴兩省北部與川南之間顛沛流離，必須面對當地軍閥的頑強抵抗與國民黨正規軍的追剿。有時候蔣介石會搭機前往貴陽，親自統籌剿匪事宜，並且趁著共軍盤據西南的機會來建立自己的政治權威，凌駕於軍閥之上。

長征隊伍為了避免重蹈南明桂王和吳三桂過去受困於偏遠山區的命運，故大膽決定於五月初北上，進入四川、西康（以前的西部西藏）。長征隊伍花了八天的時間，以輕舟橫渡金沙江，往北進入蠻荒的嶙峋山區。穿越橫亙在大渡河之上的瀘定橋，一支共軍部隊以大無畏的精神執行軍事任務，堪稱所謂「長征精神」的最佳典範，因此在中共史料中留下大量紀錄。在水流湍急的大渡河上，唯一通道即是由鐵鍊懸吊著的木板吊僑。敵軍拆除大部分的木板，並對準瀘定橋架設機槍，嚴陣以待。二十名紅軍攜帶手榴彈攀緣橋索，匍匐爬行一百碼前去襲擊對岸陣地。即便這「強渡大渡河」的故事有遭人美化之嫌，但還是非常了不起，此次行動使共產黨餘部得以在一九三五年五月底安全橫越大渡河。

接著是翻越大雪山的嚴酷行程，途中毛澤東染上瘧疾，屢屢發作，必須靠擔架扛著走，林彪則因高山空氣稀薄時而昏厥，許多戰士受凍瘡之害而必須截去腳掌或腿部。長征隊伍一路飽受西藏部隊的攻擊以及國民黨空軍的零星轟炸，又必須攀爬一萬六千呎的險峻高山，最後終於在一九三五年六月十二日，抵達川北懋功，但隊伍已經折損泰半，只剩下約四萬人。

長征隊伍抵達川北，與張國燾部隊匯合，張適才棄守川東的蘇維埃區，帶著五萬名部隊建立新的根據地。依常理而論，共產黨軍隊應該對這次會師感到高興，因為張與毛過去在北大時就已熟稔，同時在各自成立根據地政府之前，兩人皆是一九二一年共產黨創黨大會的與會代表。然而歷經數周的開會討論之後，雙方歧見也越顯尖銳，毛堅持部隊北上，繼續向東北的陝西或寧夏前進，張則是意圖深入川、康邊界，成立地處偏僻而易守難攻的蘇維埃政權。在一項或許是朱德奔走協調所促成的妥協中，雙方的軍隊先行混編，後重組。毛澤東指揮「右路軍」，麾下包括林彪、彭德懷紅一軍團和紅三軍團的殘眾以及張國燾的兩個軍（四軍、三十軍）；張國燾除了率領自己原先的部隊之外，復又取得毛先前的第五軍和第九軍，另有紅軍總司令朱德加入張國燾的「左路軍」陣營。

現在中共的軍力再度分裂。八月底、九月初，正當張國燾準備率部隊進入西南地區補充糧食和禦寒的冬衣時，毛所率精疲力竭的部隊在青海、甘肅交界的荒涼沼澤地帶奮力前進，滂沱的大雨、冰雹，沼澤泥潭，糧食闕如，以及除了站立無法入睡的溼地，導致數千名長征戰士飢寒交迫、癘病叢生，折損無數。循著前方斥候設下的細草繩作為指引，長征隊伍在黑暗中摸索前進。離開沼澤地帶後，毛澤東的部隊在橫渡黃河西彎處和翻越六盤山時遭逢甘肅、陝西部隊的襲擊。十月二十日，毛澤東的部隊終於抵達陝北近寧夏邊界的吳起鎮，與此處一支共產黨游擊隊（劉志丹的紅十五軍）會師。當初離開江西時跟隨毛的八萬名部隊，現在僅剩八千至九千人。隨後一年間，張國燾和朱德兩人轄下「左路軍」在川、康一帶歷經激戰，嚴重折損後，殘餘部隊慢慢也又分別竄入陝北。

一九三五年十二月，毛澤東總結長征的經驗寫道：「長征是歷史上的第一次，長征是宣言書，長征是宣傳隊，長征是播種機……它向全世界宣告，紅軍是英雄好漢，帝國主義者和他們的走狗蔣介石等輩則是完全無用的。」[19]但毛澤東的豪言壯語並不能掩飾共產黨已經喪失在華南和華東、城市和鄉村所有根據地的事實。十五年的努力庶幾付之東流，要在一片廢墟中重建黨組織更是難上加難。

西安事變

老舍是三〇年代中國十分受歡迎的作家之一，他是旗人，一九三〇年返回中國之前曾在英國居住、工作六年。老舍十分推崇狄更斯（Charles Dickens）、勞倫斯（D. H. Lawrence）、康拉德（Joseph Conrad）等人的文采，因而寫作時深受影響，他的作品往往語帶譏諷，但卻能以現實為本，敏銳觀察社會，並輕易點出東、西文化的差異。一九三一年，老舍在山東濟南教書，迷上一九二八年五月北伐後期、濟南城內流傳的一些地方回憶錄，當時中、日之間的嚴重衝突迫使蔣介石更改北伐的路線。老舍寫了一部關於「濟南慘案」的長篇小說*並交由上海知名的「商務印書館」出版。

可惜的是，上海商務印書館在一九三二年一月「一二八事變」期間，毀於日軍砲火，連帶使老舍那本小說的手稿付之一炬。老舍並未重寫燒毀的故事，而是另闢蹊徑寫了一部全新的小說《貓城記》，並連載於一九三二年底至一九三三年期間。雖然老舍自認《貓城記》的技巧拙劣，但再也沒有其他一本三〇年代的作品如此真實且近乎殘酷地刻畫出當時國共內戰的荒謬和悲慘，國、共雙方無休止的纏鬥幾乎耗盡了國家所有的能量，而讓日軍為日後的侵略奠基。

《貓城記》是一部不折不扣的政治寓言，故事描述一位太空旅遊者飛行至火星，發現「貓國」（暗喻中國）正遭受矮兵（即日本）侵略。敘述者「我」細述貓人因社會和政治的嚴重分歧，而無法團結抵禦外侮，敘述者尋思這對貓人的意義並感到悲嘆，因為其中有些貓人是他所尊敬、甚至喜愛的。「革命，革命，每次革命要戰爭，」老舍小說中敘述者所言其實同樣適用於國民黨和共產黨，「而後誰得勝誰沒有辦法，因為只顧革命而沒有建設的知識與熱忱，於是革命一次增多一些軍隊，增多一些害民的官吏；在這種情形下，人民工作也是餓著，不工作也是餓著」。然面臨這樣的危機，我們必須時而反省個人與國家之間的關係，因為「亡國不是悲劇的舒解苦悶，亡國不是詩人的正義之擬喻，它是事實，是鐵的事實。」[20]在老舍這部令人寒顫的小說中，最後殘餘的貓族人就在矮兵眾目睽睽下相互殘殺至死。

愛國的中國學生則起而回應老舍的批判。他們在一九三〇年代策畫數起反日遊行示威，

* 譯注：《大明湖》。

一九三二年在江西蘇區根據地的共產黨主張對日宣戰，順利贏得中國人心歸向。共產黨歷經長征之後抵達陝北，重申中國必須形成「統一戰線」以抵抗日本侵略。毛澤東依據長征時期在四川時所提的論點，對「關門主義者」——亦即指中共黨內譴責所有民族資產階級皆是「全部永世反革命」的黨員——進行抨擊。他的這一番論述早在長征期間就已於四川提出。毛主張採取彈性策略，聯合反日勢力，而不論階級屬性是否為富有的城市資產階級、知識分子、富農、政府官員、國民黨控制的工會組織，抑或是軍閥。換言之，毛的策略其實呼應了當時共產國際刻正努力尋求合作的力量，對抗歐洲興起的法西斯主義的觀點。

東北「少帥」張學良是贊同此一觀點的強人之一。一九二八年，張學良的父親被日軍炸死，他則是在在一九三一年九一八事變後率部隊撤離東三省。張學良在西醫的護理下，於上海戒除嗎啡毒癮，然後到歐洲遊歷，對義大利和德國的軍事力量留下深刻印象。一九三四年初，張學良返華擔任蔣介石的「豫鄂皖剿匪總司令部」副司令一職，順利達成肅清豫鄂皖三省交界的共產黨蘇區的任務。然而令張學良懊惱的是，日軍利用他掃蕩共產黨的時機，發動了新一波的軍事行動。日本接著又計畫在內蒙古扶植獨立政權，並意圖擴大一九三三年所簽訂的《塘沽協定》範圍，把整個河北省納入非軍事區內。一九三五年十一月，日軍扶植一名中國將軍*在河北省東部成立所謂的「冀東防共自治政府」，欲將勢力伸入當地。

成千上萬的學生不顧國民黨對示威運動的壓制，於一九三五年十二月九日齊聚北京，抗議日本侵略。警察駐守城門，並在寒風中向人群噴灑水柱，毆打或逮捕遊行的學生，藉以威嚇抗議隊伍。然而這場很快就遭命名為「十二・九」的示威遊行已經觸動了民族情緒：一周後，超過三萬人、聲勢浩大的隊伍再度於北京遊行示威，還有成千上萬的群眾在國民政府所在地南京，以及武漢、上海、杭州、廣州等城市發起抗議運動。共產黨積極介入、協調這些示威抗議，並進一步爭取婦女、農民，甚至以愛國口號號召警察支持，以擴大「十二・九」運動的群眾基礎。

此刻，少帥張學良正前往西安清剿陝西蘇區，在那裡還幫助不少遭警察逮捕的示威者獲釋。即使張學良遵從蔣介石命令繼續執行「剿匪」任務，他顯然也深受共產黨一致抗日訴求所動。當共軍折損了張學良部分精銳之師，造成慘重的傷亡，張學良不禁向一位友人吐露，似乎已到了和平解決共產黨問題的時刻。一九三六年一月，共產黨逕向張學良所部那些離鄉背井的軍隊提出呼籲，號召他們加入工人民主政府與紅軍的行列，共同抵抗日軍侵略。[21] 二月，張學良與共產黨舉行至少一次的會商，最後，張成功地促成這群陝西的共產黨人釋放他們所俘虜且已經灌輸了統一戰線、一致抗日等觀念的東北軍。

一九三六年春天在張學良認可和默許下，共產黨的代表即以張學良的年輕參謀與軍官組成一個抗日團體。接著在四月底、五月初，張學良抵達共產黨位於陝北山區的根據地，數度

＊ 譯注：殷汝耕。

與周恩來長談，並協議可能的抗日行動。周恩來幼年曾經住過奉天，且剛開始展現出對外協調的靈活手腕；成功使張學良為其傾倒，因而更加相信共產黨人抗日的真心誠意。

儘管蔣介石十分明瞭舉國上下的反日情緒，然而他還是執意先剷除陝西共軍、後抗日的「先安內、後攘外」戰略。蔣介石於一九三六年十月藉機前往西安，十月底，在包括閻錫山、張學良等人在內的將官為他舉行的五十歲壽宴上*，蔣介石當場斥責那些不贊同「日本人是疥癬之疾，共產黨是心腹之患」觀點的人。然而這群聽眾已不再信服蔣那套陳腔濫調，問題懸而未決，蔣則返回南京。

一九三六年十月底至十一月，滿洲國的傀儡軍隊和蒙古軍隊在日軍戰鬥機和裝甲車的支援下，全面進攻綏遠北部。當地駐軍**的英勇抵抗令全國上下震驚不已。而在其他地方，日本人所屬工廠裡的中國工人為了抗議日軍的侵華，紛紛舉行罷工示威，而所謂「救國會」的領導人也在上海發動數起示威活動。在國際局勢方面，德國和日本在十一月底簽訂了《德日反共產國際協定》，由於蔣介石一向倚重德國軍事顧問，因此某些人士擔心此協定可能促使蔣倒向日本。等到日本海軍登陸了原德國在華租界青島，逮捕該市的罷工工人與反日人士，並占領青島市的公共建築物後，則更加深世人對蔣介石親日傾向的疑慮。

十二月初，蔣介石不顧親信的警告決意冒險再訪西安。蔣介石在西安接連單獨召見少帥張學良麾下將領，以測試他們的忠誠度，並斷然決定發動最後一波的剿共戰爭。蔣下令將嫡系部隊調至西安，並派遣空軍進駐該市，堅持「八年的剿匪……可望在兩周、至多一個月內完成」。一九三六年十二月九日，成千上萬的西安學生群聚市內舉行「十二・九」一周年紀念活動，蔣介石則是置若罔聞、不為所動，仍然堅持既定政策。學生隊伍意圖遊行至蔣的指揮所，但中途遭警察攔阻，甚至開槍射擊，而傷及兩名學生。至此，張學良決意迫使蔣介石表明抗日，他在十二月十一日與東北軍高級將領召開最後一次會議，十二月十二日凌晨，張的軍隊襲擊蔣在西安郊外***的山區指揮所，殺了蔣介石大部分的侍衛，最後在一塊巨岩下的山縫裡抓到著睡衣倉皇爬過院牆、渾身顫抖、因翻牆而受傷的蔣委員長。

稍後在當天清晨，張學良及其在西安的支持者向全國，包括中央和各省當局、新聞媒體、各個社團組織發布電報。電文中公布他們向蔣介石提的八點諍諫：改組南京政府，容納各黨派共同負責「救國」、停止一切內戰、釋放在上海被俘的愛國領袖、釋放全國所有政治犯、鼓勵民眾參與愛國運動、保障人民集會結社的政治自由、奉行總理遺囑，以及召開「救國會議」。

爾後兩周，則展開了中國近代史上最複雜而微妙的一次斡旋行動。南京政府出現兩種不

* 原注：蔣介石生於一八八七年十月，所以他們是按照西方人的算法，慶祝他邁入出生後的第五十個年頭。

** 譯注：傅作義部。

*** 譯注：臨潼華清池。

同聲音，一派主張採取嚴厲的軍事報復手段，另一派則是希望通過懷柔協商的方式營救蔣介石，最後國民政府決定雙軌並行。一方面動員洛陽陸、空部隊和空軍對西安進行了為期三天的攻擊，另一方面派遣蔣的澳洲籍顧問端納（原為張學良顧問）飛抵西安，同行者包括蔣夫人、蔣夫人的胞兄宋子文、藍衣社的領導人戴笠。蔣介石的軍閥盟友大都採取觀望的態度，焦急地等待事件發展；不過有一群為數兩百七十五員、皆為黃埔軍校畢業的青年軍官，宣稱代表七萬名其他軍事院校的學生致電張學良，措詞強烈地警告張學良，領袖若有不測，「吾等誓與汝有不共戴天之仇」。[22]

在共產黨的陝西根據地，蔣介石遭劫持的消息令共產黨人既振奮又困擾。一如南京政府，共產黨內部也是意見分歧。部分人認為這是處決蔣的絕佳機會；也有人力主藉此實現抗日民族統一戰線，提升中國共產黨的地位。關於如何處置蔣介石，中共告訴張學良，必須請示共產國際的意見，而正當共產黨人議論紛紛並等待莫斯科的覆電時，一封咸信是由史達林親擬的長電傳抵毛澤東、周恩來等共產黨領導人手中。史達林表示支持組成民族統一戰線，但不認為張學良有權力或才能勝任領袖。史達林論稱，撇開一九二七年以來的是是非非，蔣依然是有能力承擔此重責大任的唯一人選。史達林同時敦促共產黨人確保蔣獲釋放。史達林在這份出人意表的電文裡，再一次顯露出他陰險的本性，且恣意地扭曲事實，他認為，整個西安事變幕後的指使者可能就是日本在幕後操縱的，目的在於激化內戰來造成中國的四分五裂。

協商一直持續至一九三六年的耶誕節，蔣介石自遭挾持以來就拒簽任何書面文件，然而耶誕節當天，他終於「口頭允諾」張學良及西安的其他領導人，將會重新評估局勢。經過進一步的協議後，與張學良聯盟的其他將領同意在當天午後釋放蔣，讓他飛離西安。張學良為了證明自己動機純良以及駁斥叛徒的指控，同時也是為了讓蔣介石信守承諾，自願與蔣一同搭機返回南京。蔣一行人大約在下午兩點飛離西安，飛機在途中數度落地加油，終於在十二月二十六日中午飛抵南京，蔣受到近四十萬人夾道歡迎。西安事變以及蔣介石在事件中表現出來的堅毅氣節，無疑已使蔣介石重新成為眾望所歸的領袖。

不過後續發展卻急轉直下。張學良在南京被以違紀抗命的罪名遭軍法審判，判處十年有期徒刑，旋即特予赦免，委由軍事委員會嚴加管束。對蔣介石抱持敵意的西安軍隊，在意圖政變之後被調至其他地區，由忠於蔣的部隊取而代之。中共承諾，一俟實現抗日民族統一戰線，共產黨的紅軍即刻歸國民黨領導；然而在一九三七年二月召開的擴大會議*上，國民黨重申反共的必要性，斷然拒絕落實統一戰線。

然而，局勢到底已經不同了。此刻陝西根據地一時的喧騰已經冷卻下來，共產黨逐漸在群山環抱的延安城內鞏固勢力。蔣夫人、少帥、端納、宋子文和全中國一同見證，蔣介石悄

* 譯注：國民黨五屆三中全會。

悄兌現了他的口頭承諾，改變了原先的政策方向。突然間，終於有了機會，讓老舍心中可怖的疑慮不至於成真，「貓族人」在自相殘殺之前似乎已經達成共識，一致抵抗外侮。

注釋

1 張長基，《共產主義中國前的工業發展》，頁一〇三，表二八。

2 修訂自《中國年鑑，一九三六年》（*China year book, 1936.*, Shanghai, 1936），頁三三一。

3 轉引自華格納（Augusta Wagner），《中國的勞動法》（*Labor Legislation in China.*, Peking: Yenching University, 1938），頁四七，甘博（Sidney D. Gamble），《中國家庭如何在北京生活：二八三個中國家庭的所得和支出的研究》（*How Chinese Families Live in Peiping: A Study of the Income and Expenditure of 283 Chinese Families.*, New York and London, 1933），第九章。

4 華格納，頁五〇。引自這一報告的頁九九。關於這些貧民窟，請參閱：陳怡君（Janet Y. Chen），《貧窮之罪：一九〇〇至一九五三年之間的中國窮人》（*Guilty of Indigence: The Urban Poor in China, 1900–1953.*, Princeton: Princeton University Press, 2012）。

5 《中國年鑑，一九三六年》，頁三二一（合併表格）。

6 陳怡君，《貧窮之罪》。

7 黃宗智，《華北小農經濟與社會變遷》，頁一八九。

8 楊懋春（Martin Yang），《中國的一個農村：山東省臺頭村》（*A Chinese Village: Taitou, Shantung Province.*, New York: Columbia University Press, 1945; 1968 reprint），頁三三一。

9 引自黃宗智，頁一八六的表十一之一與頁一八八的表十二之二中編號第一、五、八、十號家庭的資料。

10 施拉姆，《毛澤東的政治思想》，頁二四五至二四六。

11 湯普森編譯，《毛澤東：來自尋烏的報告》（*Mao Zedong: Report from Xunwu.*, Stanford: Stanford University Press, 1991）。

12 前揭書，尋烏縣的統計表，頁一一六。

13 湯普森編譯，《毛澤東：來自尋烏的報告》。

14 毛澤東，前揭書，頁四五至四六。另參見施拉姆，頁二五八、三三七。

15 田弘茂（Tien Hung-mao），《國民黨中國的政府與政治，一九二七至一九三七年》（*Government and Politics in Kuomintang China, 1927-1937.*, Stanford: Stanford University Press, 1972），頁八三。

16 柯偉林（William Kirby），《德國與中華民國》（*Germany and Republican China.*, Stanford：Stanford University Press, 1984），頁一一一至一一九。

17 前揭書，頁一一七。

18 班傑明．楊（Benjamin Yang），〈遵義會議作為毛邁向權力的第一步：中國共產黨歷史研究的蠡測〉（The Zunyi Conference as One Step in Mao's Rise to Power: A Survey of Historical Studies of the Chinese Communist Party），《中國季刊》，一九八六年，第一〇六期，頁二六三至二六四。

19 毛澤東，前揭書，頁一六〇。

20 老舍，《貓城記》（*Cat Country*），萊爾（William Lyell）譯（Columbus: Ohio State University Press 1970），頁二六八至二六九、二八〇至二八一。

21 吳天威（Wu Tien-wei），《西安事變：近代中國史上的轉捩點》（*The Sian Incident: A Pivotal Point in Modern Chinese History.*, Michigan. 1976），頁一一五至一一六。

第四部

戰爭與革命

一九三七年夏天，全面對日抗戰，蔣介石再無機會建立一強大且中央集權的國家。日軍在一年內席捲整個華東，占領了昔日國民黨治下的工業重鎮與豐饒土地，也形同切斷了國民黨的對外聯擊。位於長江上游一千英里的戰時陪都重慶雖然成為抗日的象徵，但並不適宜發動任何反攻。而共產黨的勢力同樣亦孤立在陝西延安根據地內，甚至連重慶的農業資源都付之闕如，堪稱中國最貧窮的地區之一，更欠缺發展工業的能力。我們甚至很難說共產黨人可以在延安存活下去，更遑論它會成為傳播革命思想的聖域。

戰爭的頭幾年，因著國、共兩黨在統一戰線原則下所形成有名無實的同盟關係，國家統一的夢想得以存在。當日軍藉由扶植漢奸的傀儡政權來統治華東時，重慶與延安雙方似乎均有意尋求更有利的群眾基礎。共產黨人暫緩推行土地改革，緩和昔日尖銳的政治詞彙；國民黨則為求國家長治久安而進行經濟、行政改革。然而到了一九四一年初，國、共兩黨再度兵戎相向，從兩黨的架勢與兵力配置看起來，內戰似乎較燃眉之急的對日抗戰更有可能發生。

一九四一年十二月日軍偷襲珍珠港之後，美國對日宣戰，改變了此均衡態勢。中國至少在書面上被視為「四強」之一，開始取得同盟國的軍事協助和鉅額貸款，而軍事物資及燃料等後勤補給都是經由印度飛越崇山峻嶺而來。這些援助大都流入當時被視為中國唯一合法政權的重慶國民政府手中。延安的共產黨僅能依靠自製的粗劣武器，或是襲擊日軍而獲的用品苟延殘喘。共產黨迫於環境，援引江西蘇區所發展出的群眾運動技巧，精練游擊戰術，並在日軍封鎖線的後方成立無數的根據地。嗣後，共產黨人開始實行較激進的土地徵收與再分配，以贏得農村地區的廣大民心。

一九四五年戰爭結束，國民黨歷經長期戰亂之後顯得士氣低落，人事傾軋，通貨膨脹嚴重，使政府積弱不振。國民黨迅速接管日軍的占領區域，由於缺乏訓練有素的幹部以填補日軍撤退後遺留下的權力真空，枯竭的財政更使政府無力重建戰後的殘局，在淪陷區樹立統治權威。共產黨同樣在缺乏資源的清形下，迅速接管日軍占領區，並在華北建立穩固的據點。共產黨尤其覬覦東北，希圖以其作為秣馬厲兵、予蔣介石最後一擊的根據地。事後證明，他們的戰略選擇相當正確。到了一九四八年，蔣在東北的部隊己潰不成軍，而他的權力基礎又因新一波的惡性通貨膨脹而嚴重受損，大多數知識分子、學生、專業人士、城市工人也逐漸對蔣的統治心生不滿。一九四九年，蔣的部隊終於瓦解，是年年底，他率領效忠於他的殘部撤退臺灣，毛澤東則在北京宣布締造新的中華人民共和國。

中國新秩序的重構不單是軍事統一，還涉及全面重建官僚組織與政府結構，並將共產黨整合於其中，消弭通貨膨脹的壓力，實行根本的土地改革，革絕國內反對勢力。這種種工作因韓戰的爆發而益形艱難，中國在一九五〇至一九五三年韓戰期間，投注了龐大的人力物力而損傷慘重。但韓戰對中共的正面影響在於幫助其認清軍事重組與軍隊現代化的迫切需要。就國內政治而言，韓戰成為中共調查、攻擊、驅逐外國人的藉口，促使中共發動一連串群眾運動，打擊可能私下認同國民黨、外國強權，或先前與之有密切關係的人。其他群眾運動的範圍牽連更廣，手段更加暴力且具威嚇性，無所不用其極地打擊官僚體系內的因循苟且與貪汙腐化，各宗教派門與其他祕密會社、黑社會組織，以及城市資產階級根深柢固的弊病與歧視。

俟韓戰與群眾運動結束後，中國領導人也初步完成其經濟成長策略。他們刻意模仿蘇聯早期經驗，制定了全面性的「五年計畫」。其中的工業成長主要是靠榨取農業的盈餘才得以完成。為了進一步提高農業生產以及避免舊社會形態於鄉村復甦，中共實行第二波、更激進的土地改革。過去土地重分配政策並未根絕私有產權的觀念，如今新政策則將所有農業耕地集中在全國幾十萬個大型合作社中，它們皆由為數兩、三百個家庭所組成。截至一九五六年底為止，幾乎所有農民均被編入合作社內，而毛澤東心目中嶄新的社會主義中國似乎已經向前跨越一大步。

激進土地政策帶來外交政策的調整與軍事組織的變革。一九五〇年代中葉，中國在外交政策和軍事組織方面採取了既高度實用又專業化的立場，似乎有意壓抑革命意識形態。學生與知識分子在毛澤東的哄騙下，紛紛抒發隱匿心中對黨國的怨懟。一九五七年中期，接連數周的大鳴大放震撼了黨。一如所料，黨並未正面回應種種批評，而是採取反擊，將批評者貼上右派標籤，為此受懲戒者數以十萬計。

毛澤東以及黨內資深領導人於是陷入進退維谷的困境。國家已受中共全面控制，經濟也穩定成長，但農村並未出現預期中令人振奮的成長動能。對毛而言，徹底釋放人類意志的力量才是通往經濟突飛猛進之道，中央計畫官僚的謹慎實用主義路線無法達成此一效果。一場疾風暴雨式的運動中，新成立的合作社又進一步組建成更大規模的人民公社，中共破除傳統性別、年齡、技術、職業的社會區別，發動「大躍進運動」以達致激奮生活動力和促進經濟發展的目標。然而它卻是一場不切實際的奇想，在激情之後，接踵而至的是讓數以千萬計的百姓身陷飢荒的大災難。

大躍進搖撼了中共政權的根基，中共於一九六〇年初試圖自我重建，重新採取集中控制，並讓經濟回歸到可預測的軌道上。不過這一切都必須仰賴中國自身的資源，因為中蘇之間的齟齬於一九五〇年代末爆發，一九六〇年進而導致全面衝突，於是蘇聯召回所有的顧問團與技術專家。一如「一五計畫」時期，全面性計畫經濟當道，特別是重工業再次因襲傳統的快速成長道路。然而這種中央計畫的刻板和官僚本質，加上黨對多數來自農村的老一代革命幹部的攻擊，促使毛澤東進行更瘋狂、更激進的大逆轉。毛在人民解放軍的支持下，再加上國防部長林彪積極吹捧他為政治天才，開始挑戰他一手所建構的黨內官僚體系。毛澤東首先在文化領域發難，一九六六年繼之將矛頭擴及政治、社會、教育、經濟等範疇。毛及其跟隨者激發紅小兵反抗師長的火力，發動了所謂「無產階級文化大革命」運動；這是一場讓中國陷入多年浩劫、社會嚴重脫序的大規模鬥爭。黨的官僚體系受到空前的挑戰，而那些留在權力圈內的幹部則是重組成許多「革命委員會」，宣稱在每一間工廠、公社、學校，或是工作單位內灌輸激進主義新精神。

文革的混亂相對助長了人民解放軍新的權力，人民解放軍如今所扮演的多重角色令人眩惑，不過就在毛澤東開始懷疑林彪有個人野心的同時，林彪則是日益憂慮自己的命運。在詭異而曲折的故事情節裡，林彪據說意圖暗殺毛澤東，結果死的卻是林彪自己；而當陰謀論四處流傳時，毛澤東的神聖地位也開始受到質疑。中國人如今該相信什麼？他們的革命遺產所剩為何？中國該往何處去？如今或許唯有結束多年來的孤立，重啓大門接納日本和西方的先進技術，才能在經濟體制注入新的動力。然而朝向此一目標的同時，勢必又將引起人們對毛主義（Maoism）基本教義的質疑。中共面臨了兩難的抉擇。

第十七章

第二次世界大戰

華東的淪陷

一九三七年春天，中國正處於風暴前的寧靜。正當國共兩黨在共擁統一戰線、互爭宣傳主導權之際，日本正在一旁虎視眈眈。一九三七年初，日本內閣及軍隊之間的衝突導致日本政府改組；新內閣首相是作風強勢的前陸相林銑十郎（Hayashi Senjuro）將軍，他在東京召開的首次記者會上宣稱：「本人對於輕啟戰端的外交政策並無信心。」而林銑十郎新任命的外相也公開表示，不願與中國發生衝突，「日本應直接採取公開的外交途徑。」[1]諷刺的是，中國軍隊在這寧靜之中益發自信而浮躁。一九三七年五月，美國駐南京大使擔憂反日情緒最終會演變成「中國種族意識的一部分」，而美國大使的北京參事也認為，在河北所爆發的衝突可能源自中國軍隊「自信心逐漸增強」。[2]

一連串大小事件匯聚一起，最後終至步上致命的不歸路。林內閣經濟政策遭到議會否決而解散，由深具影響力但卻優柔寡斷的貴族近衛文麿繼之組閣。日軍的華北指揮官死於心臟病，由一名經驗不足的部屬代之。駐防於盧溝橋四周的中國守軍決定加強永定河沿線的軍防。盧溝橋位於北京西郊約十哩處，以風景秀麗著稱於世；乾隆皇帝曾在破曉時分觀之，賦詩盛讚「盧溝曉月」。如今，有一條具戰略價值的鐵道橋梁行經盧溝橋附近，在宛平縣與多多條南下鐵路接軌。因此，只要軍隊能拿下宛平縣，就能控制通往天津、張家口、太原的交通要衝，所以，華北的日軍基於戰略的理由，經常在此進行軍事演習，這也是他們在一九〇一年庚子拳亂後所獲得的權利。

一九三七年七月七日，日本華北駐屯軍第一聯隊第三大隊第八中隊選擇盧溝橋作為軍事演習的基地。演訓部隊獲得授權，對空擊發空包彈來模擬戰況。晚間十點三十分，中國守軍曾向日軍集結地區發射子彈，但未造成傷亡。但是，一名士兵點名未到，日軍指揮官懷疑他被中國軍隊俘虜，於是下令攻打宛平縣。日軍這項攻擊行動立即引起中國守軍還擊，可說揭開了第二次世界大戰的序幕。

翌日，接近宛平縣鐵路交會點的中國駐軍向日軍陣地發動攻擊，卻遭逐退。接下來數日，雖然戰火已經平息，不過片面的協商、聲明，與反聲明在中、日北京當局、中日的地方指揮官，以及南京、東京政府之間往來穿梭。雙方的情緒逐漸高升。日本軍部要求動員日本國內五個師的兵力前往中國，支應可能在華北、華中爆發的意外，蔣介石則下令四個師進駐冀南的保定。日相近衛在記者會上堅持這場意外「完全出於支那方面有計畫的武力抗日行為」，近衛還要求中國當局要為其非法的武力抗日行為向日本政府道歉。蔣介石則在牯嶺避

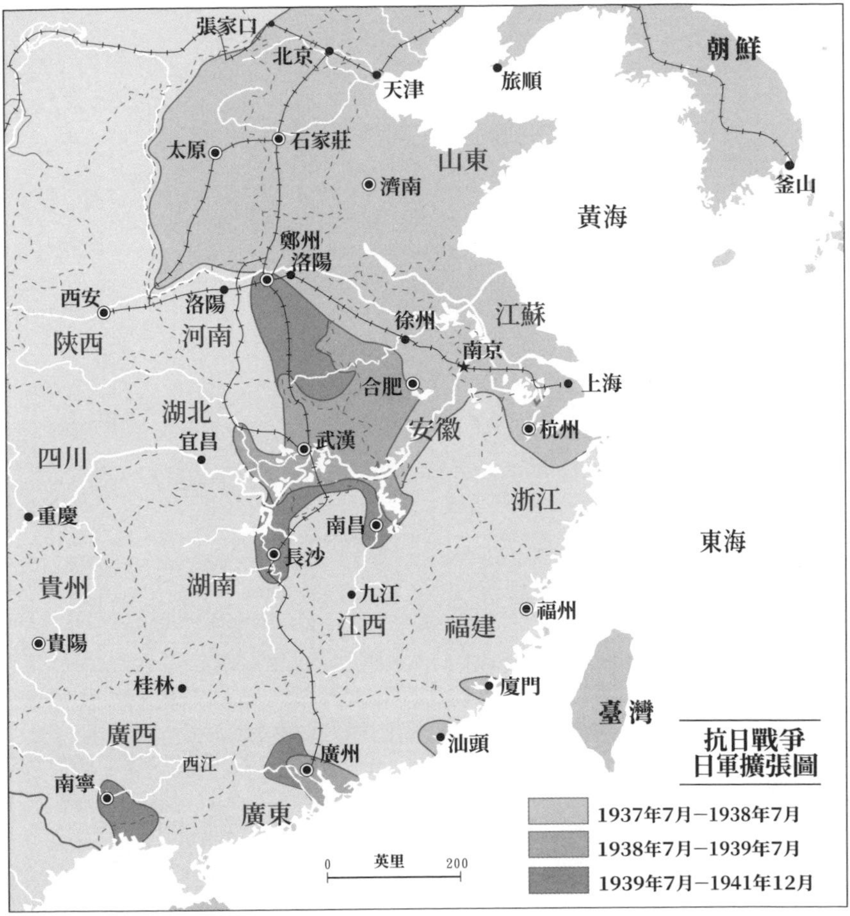

署別館聲言，先前與日本所達成的協議應予以維持，保持現狀，蔣表示，「如果放棄尺寸土地與主權，便是中華民族的千古罪人。」[3]

七月二十七日，當地軍事指揮官即將達成撤軍協議，不料雙方再度於盧溝橋一帶爆發更猛烈的戰鬥。日軍占領盧溝橋，並在永定河左岸挖掘工事，建立陣地，到了月底已完全控制整個平津地區。

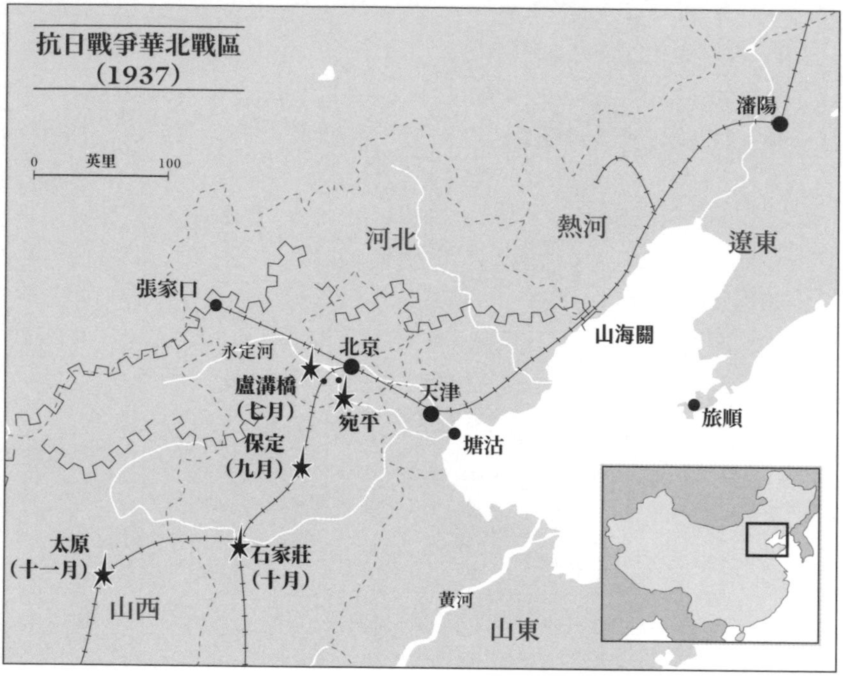

近衛首相得悉中國反擊，要求「徹底解決中日關係」。蔣回應以：「惟有發動整個計畫，領導全國一致奮鬥，為捍衛國家而犧牲到底，此後絕無局部問題解決之可能。」[4]

蔣介石在這場軍事與戰略的豪賭中，決意對上海日本駐軍發動攻勢，藉以牽引華北戰場的日軍。蔣在上海的精銳部隊由德國顧問團所訓練，在共產黨被逐出江西蘇區步上「長征」後，就進入備戰狀態。蔣的軍隊在數量上遠勝在上海的日軍，約為十比一。蔣也是在德籍顧問的建議下，於京滬鐵路的無錫一帶構築數量龐大的水泥碉堡群，以備撤退之需。

八月十四日，蔣介石下令空軍

轟炸停泊上海的日本戰艦。倘若蔣期望這次轟炸可以報復一八九五年日本海軍重創清廷的威海衛駐軍，那麼恐怕他要失望了。因為日軍攔截並破譯一份密電，讓中國空軍錯失突襲先機，加上空中投彈不準，不僅未中日艦，反而誤炸上海市區，造成數百名無辜市民死亡。雖然國軍的行動荒腔走板，日本的艦隊司令官依然宣稱「皇軍已忍無可忍，被迫採取必要且有效的反擊手段」。近衛首相宣布，日本政府至此「不得不斷然訴諸行動，讓南京政府有所醒覺」。[5]

日本政府在尚未正式「宣戰」的狀況下，繼續增派十五個師進駐華北、華中。蔣介石通令部隊，不惜一切代價擊敗駐上海日軍，但在進攻初期就發現無法突破日軍防線。自八月底以至九、十兩個月，日軍戰艦以重砲轟擊、以航空母艦及其子機，還有從陸地起飛的飛機（部分包括來自日本殖民地臺灣）轟炸，以及以重裝海軍陸戰隊、陸軍部隊發動反覆的強烈攻勢。國軍雖然處於守勢，但是鬥志依然高昂。中國人為響應蔣介石的全面抗日，付出了慘痛代價，死傷人數約二十五萬，其中百分之六十是蔣的精銳部隊，而日軍約僅折損四萬人。

日本兩棲部隊終於大膽地從上海南側的杭州灣成功登陸，突破中國防線，從背後威脅中國。十一月十一日，中國守軍開始向西撤退，但由於撤退的情況過於混亂，以致未能守住於無錫預作的防禦工事，而直接撤退至首都南京。

幾個世紀以來，南京飽經戰火煙硝以及繼之而來的政治宣傳：一六四五年滿清入主、一八五三年太平天國之亂、一八六四年地方團練、一九一二年的革命軍部隊。此刻，一九三七年，誓守南京的蔣介石卻將守城重責交付給曾是湖南軍閥，後來才轉投國民黨陣營的唐生智，但唯一能用來證明他效忠蔣介石的事蹟，只有他曾於一九二六年夏天帶領麾下湖南部隊加入蔣介石的北伐大業。唐生智特別篤信一位高僧，長久以來便以其信念教導軍隊忠貞之道，也指點唐的個人生涯。當時，這位高僧建議他接受衛戍南京的任務，於是唐在上海全面撤退之後受命。日軍於南京空投傳單，承諾善待留在城內的市民，從淞滬之戰撤退至南京的中國軍隊心生疑懼，為得到平民裝束以便易裝逃跑，於是殺害、搶奪老百姓。十二月十二日，唐生智倉促間棄守南京城；由於他之前誓言與南京共存亡，所以並無任何撤退計畫，他的叛逃使得局勢更形混亂。

接著就是現代戰爭史上最令人髮指的南京大屠殺。日軍在十二月十三日進入南京城，接連七周，以少見的殘暴手段對付中國降軍與南京城內百姓。根據外國人觀察估計，遭受日軍強暴的受害婦女約有兩萬人，其中許多人死於反覆輪姦，遭處決的戰俘約有三萬人之譜，另有一萬兩千名市民被殺。但根據當時許多中國人的觀察，數字恐怕高達十倍，只是實在難以確定精確的受害人數。燒殺擄掠讓南京幾成廢城，這場恐怖屠殺沒有什麼道理可以解釋，或許也根本找不到理由。原本期待一舉征服中國的日軍，卻在中國戰場上苦戰數月，而且付出超乎意料的慘痛傷亡代價。他們開始煩躁憤怒、士氣低落、身心俱疲。中國婦女手無寸鐵，男性同胞又無力保護她們，或者根本就不在身邊。這場戰而未宣的戰役並沒有明確的目標或目的。或許所有的中國人，無分性別、年齡，都是這場戰爭的受難者。

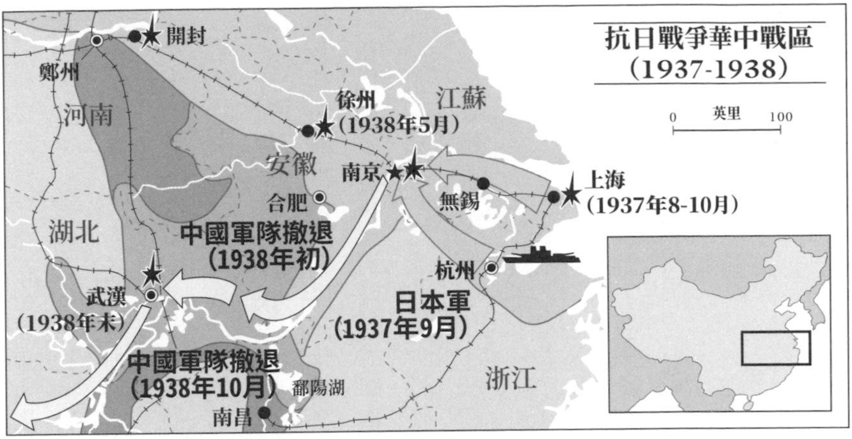

暴行籠罩南京之際，國民軍殘部沿著長江向西撤退，意圖於武漢重新集結。武漢曾是民國的新生地，也曾於寧漢分裂期間成為共產黨人的希望所在。一九三八年上半年，中、日戰事擴及華中地區。日軍勢如破竹，只有在魯南的鐵路要衝徐州附近的臺兒莊等役受挫而已。四月，蔣麾下最優秀軍事將領之一李宗仁在臺兒莊設陷阱誘敵深入，殲滅日軍三萬餘人，向世人證明，只要有正確的領導和精良的武器，中國人也能立於不敗之地。不過李宗仁的戰果未能持久。五月，徐州落入日軍之手。

日軍欲向西挺進，攻占古都開封，務以控制通往武漢的鐵路要道，於是蔣介石下令工程人員炸毀黃河河堤。潰堤的河水困住日軍長達三個月之久，但也沖毀了華北逾四千個村莊，導致無數農民喪生。黃河決堤使得一八五〇年代以來即從山東半島北岸入海的黃河改道，轉向南流，由蘇北流入黃海。

一九三八年夏末，日軍集結大批戰機、坦克、大砲準備對武漢三鎮進行總攻擊。雙方在武漢的北方、東側發生激戰，戰事持續約五個月。日本從北部以鐵路增派援軍至武漢戰場，並派遣戰艦巡弋長江，清剿國民政府的防衛陣地。一俟日軍集結海軍艦隊，足以掃蕩國民政府亦十分在意的鄱陽湖，準備從南進攻武漢時，武漢已陷入腹背受敵的險境。

要不是史達林派到中國的俄國飛行員採取英勇的行動，武漢三鎮恐怕早已淪陷，而史達林之所以再次關心國民政府政權是否能維繫，可以追溯到德、日在近兩年前簽署的反共產國際協定。俄國飛行員的基地位於甘肅蘭州，補給品則由駱駝、卡車通過古絲路運送；他們數度重創日本空軍，有時透過正面對決的激烈空戰，偶爾則是因為巧妙的策略應用得宜。

不過到了一九三八年十月底，武漢三鎮已是滿目瘡痍。蔣介石早已另覓新根據地，這次是位於長江上游、扼制長江咽喉的四川重慶，於是他搭機安抵該市，可以撤退的國軍部隊也開始移動。一九三八年十月二十五日，日軍占領武漢這塊飽受兵燹之禍的地區，日軍傷亡人數（根據中國的估計）約二十萬人，損失一百多架戰機。而四天前，日本陸海兩棲部隊攻占了廣州。至此，蔣介石實際上已經喪失了北起山海關、南抵亞熱帶良港的整個華東區域，包括了當地最富庶的商業、工業重鎮、全國最肥沃的可耕地，以及中華古文明的心臟地帶。

中國的分裂

到了一九三八年，過去大清帝國治下的廣袤江山已經分裂成十個主要單位：受日本人不同程度的操縱的滿洲國、內蒙古、長城以南的華北地區、華東與臺灣等地，以及重慶的國民黨政權、陝西的共產黨根據地。再加山西省大半、特別是太原四周，仍屬軍閥閻錫山的勢力範圍。日軍占領廣州之後，又另外形成一個權力中心，一如遠在西部邊陲地帶的新疆。新疆地區的回民是由自治的「邊防督辦」盛世才統治，他曾先後向蘇聯、國民黨乞援。而西藏也在尋求獨立。

中國自一九一一年以來就不斷經歷政治的分裂與內戰，不過這種各自分立的狀態有如十九世紀末外國帝國主義對中國的威脅，中國很可能就此分裂，讓中國回到秦始皇一統天下之前，西元前三世紀的戰國時代，整個華夏神州由十個大國統治。或有可能重現西元三世紀至六世紀魏晉南北朝、十世紀至十三世紀五代十國那種治亂循環的歷史演變模式。

一九三八年底武漢陷落，標誌日軍首次大舉進兵中國的第一波攻勢結束，因為日本軍部之前計畫最多可在中國戰場投入二十五萬戰鬥部隊，然而事後證明不可行，而且有越陷越深之虞。日軍侵華的目的在於掠奪中國的天然資源，以支應日本國內軍事、民生工業，並在日本文化的引領下建構亞洲「新秩序」，這是日本四十年來所企求的夢想。日本無意讓兵力被牽制在擴及全中國的戰場上，而是計畫以滿洲國的模式，在中國扶植數個傀儡政權，形成一個互通聲息的網絡，賦予日本在華經濟特權，堅持反共立場，並以日本的名義提供軍隊、巡護各政權領土。日本更陰謀進一步瓦解中國經濟，特別是破壞國民政府自一九三五年以來頗具成效的法幣改革，那麼日本就能動搖中國僅剩的穩定財政。無此財政基礎，重慶政府必垮

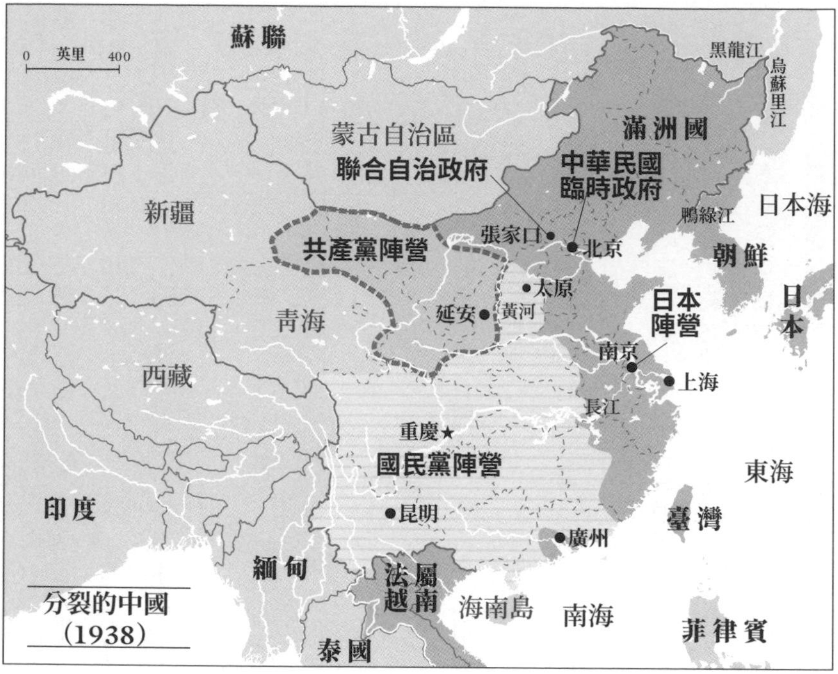

分裂的中國
（1938）

無疑。

日本扶持的第一個傀儡政權滿洲國成立於一九三二至一九三四年間，已迅速擴張軍備與工業的發展。第二個傀儡政權成立於內蒙古，滿洲國派出先頭部隊與蒙古軍、日軍會師，但遭到中國軍隊頑強的抵抗而進退維谷。一九三六年的西安事變、一九三七年的淞滬之役後，日本對逐漸高漲的蒙古民族主義情緒採取姑息政策。蔣介石則一向拒絕姑息，深懼如此一來，蒙古將完全脫離中國。日本更扶植一位蒙古親王成立了「蒙疆聯合自治政府」，並由日本「高級顧問」從旁加以輔佐。

一九三七年十二月中旬，南

京屠城時，華北的日軍把長城以南的各個「委員會」和「自治政府」整合成第三個傀儡政權，命名為「中華民國臨時政府」。日軍指派曾任少帥張學良的財政顧問、前清舉人、外交官、銀行家王克敏擔任新政府執行委員會的委員長。這一傀儡政府位於北京，並與新成立的「華北開發公司」（North China Development Company）密切合作，進一步有系統地開發先前由一些日本知名會社諸如「三井」、「三菱」（Mitsubishi）、「大東電力」（Taido Electric）、「朝日玻璃」（Asahi Glass）等所經營的各項工業。「華北開發公司」總計資本額三億五千萬日圓，旗下公司包括「華北交通公司」（North China Transportation）、「華北電話電信公司」（Telephone, and Telegraph Companies），並接收了當地煤、鐵開採，設置鋼鐵廠，以及港口設備的所有權。

俟南京淪陷之後，日本又如法炮製，在華中成立第四個傀儡政府，不過卻很難覓得願意擔任領導的中國人，尤其是這代表必須與受人厭憎、被視為南京大屠殺幕後元兇的日本官員合作。最後是由另一位前清舉人梁鴻志擔任南京「維新政府」的行政院長一職，梁早歲曾定居日本長崎，爾後曾任親日的段祺瑞內閣的閣員。

日本又循華北的前例，成立了所謂的「華中開發公司」（Central China Development Company），監督所屬企業幫助日本工業的發展。「華中開發公司」的資本額約為一億日圈（不到「華北開發公司」資本額的三分之一），其主要的工作是修護因激戰而受砲火毀損的上海、長江流域的鐵路運輸網絡。在戰爭期間，多數鐵道與橋梁均受到重創，只剩下約百分之七的火車車廂可堪使用。另外，這家公司及其所屬子公司還必須負責修護電力廠、自來水廠、大眾交通運輸系統，以及航行於內陸地區的船舶。上海公共租界也發生了暗殺漢奸、資本家，攻擊日本軍人及特務的事件，於是日本一仍天津地區慣例，逼使外國社區允許日軍進入。

第五個是在臺灣建立的日本殖民政權，其與日本本土經濟與政治生活整合的程度遠比其他四個傀儡政權來得密切，因為自從一八九五年《馬關條約》簽訂以來，臺灣就已是日本的殖民地，供應日本工業的生產原料，從紙漿、化學原料到銅礦、食品原料皆有之。臺灣此時已有令人印象深刻的機場網絡，而且還在進一步擴建，以及像基隆、高雄這類港口也有完善的鐵路交通運輸系統。在臺灣的漢人子弟接受的是移植自日本生活習俗價值的皇民化教育，學習的是日文而非漢語。日本反對由臺灣人自己選出代表來組織議會，甚至嚴禁臺灣人獨立經營報社，臺灣卻因仰賴日本而得到繁榮。

假使在北京或南京傀儡政權統治下的中國人對當時的臺灣稍有知悉，或許可以把臺灣人的殖民生活當成他們未來的命運。希冀擁有自由的人，無論如何危險，都必須在已各自成立新臨時根據地的兩個政權——四川重慶的國民黨與陝西延安的共產黨之間作一抉擇。來自重慶和延安內部，呼籲團結一致抵抗日軍侵略的聲音響徹雲霄，基於民族情感，已經不容國共雙方迴避人民的要求。千千萬萬中國人不懼旅程險阻，跋山涉水前往四川或陝西的新根據地。工人馱負著工廠重要機械設備長途跋涉。來自北京、天津等大學的各級學生，帶著書籍和行囊翻山越巔，以蹣跚的步伐前往剛在雲南昆明成立的「西南聯合大學」（主要係由北大、清華、南開三所高等學府聯合而成），在此他們或許可以不必再擔心日軍軍部隊的武力侵擾。工人和知識分子這種投身未知的偉大行跡，堪稱另一種「長征」。城裡人、自由派知識分子以及年輕人來到貧瘠的農村，忍受匱乏的生活，或進入山裡的非漢人族群區，他們對這些少數民族一無所知，更不用說他們的風俗習慣和外貌了。

但大多數的華北、華東居民卻選擇留下，他們沒有力氣，也沒有本錢和意願離鄉背井。他們在國民黨和共產黨的政策與政治運作中看不到前景，於是寧可在日本統治下面對不可知的未來。對於工廠的工人，或是南方、北方的農民來說，實情確是如此。如果他們放棄工作或離開家園，除非入伍從軍，否則無法保證可以找到工作。

重慶與延安，一九三八至四一年

日軍憑恃各地的傀儡政府來鞏固華北和華東，延安的共產黨與重慶的國民黨都面臨了相同的問題：如何護衛統治區避免遭到日軍的攻擊，如何構築有效率的政府組織，以及如何強化大後方人民的忠誠度。這些迫在眉睫的問題之外，還有另一長遠目標：亦即透過游擊力量等手段，在日軍占領的敵後地區爭取民心，以期擴充勢力範圍。

或許對重慶的國民黨而言，這些工作更顯艱鉅，因為國民黨比共產黨損傷更大。重慶仍是一座缺乏現代工業及行政管理經驗的傳統城市，之前國民黨在此亦無支持基礎，因此當時

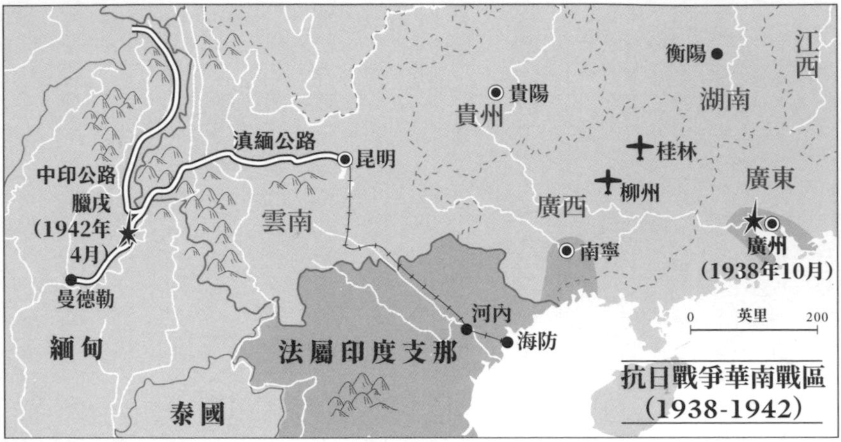

抗日戰爭華南戰區
(1938-1942)

面臨的是可怕的孤立形勢。假若我們把鐵路交通網視為經濟發展與整合程度的指標，那麼從重慶在一九三七年與各主要鐵路運輸網的距離，可看出國民政府當時完全與鐵路運輸的發展模式絕緣。

國民黨為了追擊長征的流竄隊伍，在一九三五年把勢力伸到四川，當時國民政府在四川實行一連串的改革政策，意圖壓制地方軍閥，把四川納入全國的政治框架之中。這些措施包括成立省級政府、集中地方稅收的權力，並派任新的行政長官到四川，監督地方行政管理工作的執行。國民政府將地方軍隊的數量裁減五分之二，把軍官階層的冗員送進位於成都新設立的職業訓練學校。另外，蔣介石還指定特派官員到四川追剿當地的共產黨殘部。國民政府以地方鹽稅的收入作為擔保，償還四川過去曾發行的七千萬元公債，同時中央銀行的重慶分行也發行三千萬元的法幣，以收回仍在市場上流通的各式貨幣。國民政府簡化稅種，籌畫鐵路建設，同時為了在一九三九年完成全面禁植罌粟的目標，雷厲風行推動反鴉片運動。當時僅重慶一地的鴉片煙館就超過一千三百間，所以這些改革來得一點都不嫌早。

但是，這些改革的成效有限。一來地方軍閥群起抵制，二來一九三六年四川大旱，造成年冬糧食嚴重歉收。婦孺為以市內觀賞用的樹皮果腹，不時必須閃躲巡行的警察。一九三七年初，在火葬場完成之前，警察甚至必須親自埋葬四千名餓殍。四川各大城市爆發糧食暴動，盜匪自然四起。蔣介石飛離武漢經桂林，於一九三八年十二月八日抵達重慶時，此地似乎仍在風雨飄搖之中。

蔣的當務之急就是設法使鄰省雲南與其四川根據地緊密合作。自從一九二七年以來，雲南在彝族軍閥龍雲的獨裁統治下，形同獨立王國。龍雲雖然染上芙蓉癮，仍不忘開發礦產、發展工業以增強雲南的經濟力量。雲南省的面積差不多是法國的三分之二，省會昆明的人口在戰前僅有十四萬七千人左右；一九三七至一九三八年間，約有六萬名難民湧入，徹底改變了該城的原貌。此時，蔣介石認可龍雲作為雲南省主席，兩人在戰爭期間合作，但是貌合神離。龍雲拒絕配合國民黨實行嚴格的出版檢查法令，結果昆明成為戰時中國的學術重鎮，設立此地的「西南聯大」成為華北流亡教授、學生蜂擁而至的棲息之所。起自緬甸臘戍（Lashio）的公路穿越崇山峻嶺，預計以昆明為終點，一旦長江河道遭到日軍封鎖，而且法國等國船隻在日本壓力下，無法從河內經由鐵路運載軍備物資北上時，昆明的地位就更形重要。

國民政府軍隊的軍力，1937-1945年[6]

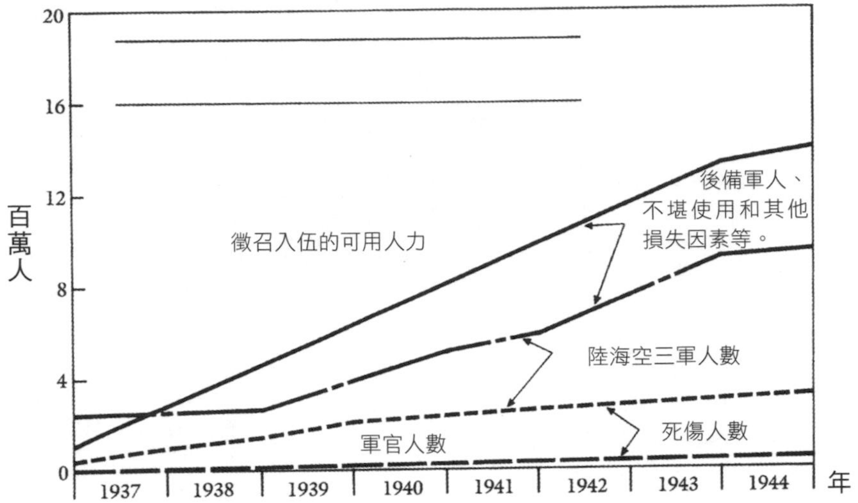

　　此時，滇緬公路是華南唯一的對外補給線，總長七百一十五哩（其中六百哩在中國境內，一百一十五哩在緬甸），載運著蔣介石抗日所需的戰略物資。滇緬公路在華東戰事升高之際開工，引起舉世矚目。西方世界對中國人勤奮、有耐力的傳統印象，再一次於常時的文字與圖像報導中獲得力證：成千上萬的中國築路工人，不分男女老幼，在千山萬壑之間徒手做工，用竹籃子運土石，以簡易的竹管裝填火藥炸開巨岩石壘。數千名築路工人死於意外傷害和瘧疾，而其他多數則普遍死於營養不良，因為這些勞工都是徵召而來的，最多僅能獲得食物。滇緬公路在一九三八年十二月二日通車，不過通車後仍遺留許多問題尚待克服：山崩、單線通行、橋梁載重量不足、雨季裡泥濘溼滑的危險路段，以及電報通訊中心和加油設施的闕如。不過當首批物資於一九三八年十二月從仰光（Rangoon）運抵昆明時，仍是一項傲人成就。

國民政府在重慶所構築的政府架構是以「國防最高會議」為最高決策機關，由蔣介石出任主席。不過實際權力是掌握在「軍事委員會」的手中，「軍事委員會」仍然由蔣介石膺任委員長，蔣介石因而得以統一號令中國的陸、空軍，並被賦予法定權力「領導全國民眾」。[7]一九三八年，蔣介石被國民黨全國代表大會尊為黨的「總裁」，先前僅孫逸仙有過類似尊銜*。自一九三二年即擔任國民政府主席的謙和政治人物**於一九四三年過世後，蔣介石即接任該職。

國民黨意圖鞏固華南、華中之時，延安根據地的共產黨人亦積極經略西北。日軍進攻上海之後，重慶與延安在一九三七年底達成協議，將紅軍改編為「第八路軍」，歸軍事委員會統一節制。是年九月，雙方宣稱在四項關鍵議題上信守「合作」的承諾，每一項議題都象徵共產黨對國民黨的讓步：致力於實踐孫逸仙的「三民主義」理想、放棄武裝暴動，取消蘇維埃組織形式，撤銷強行徵收地主土地的政策、撤除陝西蘇區現行自治政府的組織結構、取消

* 原注：孫逸仙曾任「總理」。
** 譯注：林森。

紅軍番號，將先前大約三萬名紅軍置於國民政府的指揮之下。此時中共雖然仍須奉行共產國際對世界各國共產黨所下達的命令，不過蔣還是嚴正宣稱，這是「民族情感超過其他各種考慮的表現」。[8]

一九三九年八月，蘇聯與德國希特勒簽訂《德蘇互不侵犯協定》。這則突如其來的聲明並未動搖中共統一戰線的基本方針。毛澤東樂見希特勒與史達林簽訂互不侵犯條約，並視之為具有挫敗英、法「國際反動資產階級」陰謀與打擊中國「投降派」[9]的積極作用。然而，雖然國民黨曾與蘇聯簽訂互不侵犯條約，蘇聯與德國簽署這項條約並不意味德國即將恢復一九三〇年代初期與中國合作的工業、軍事計畫。當時德國忙於歐洲戰事，無暇支持日本的東亞政策。

中共不但沒有在其控制地區組織新的蘇維埃，反而在國民黨同意之下，宣布成立兩個邊區政府。一是「陝甘寧」，取北方陝西、甘肅、寧夏三省的第一個字；第二個是「晉察冀」，意指山西、察哈爾、河北的邊區（「晉察冀」這個名號比較難懂，因為它用的是三省的簡稱）。日本在晉察冀的軍力遠較在陝甘寧為強大；不過既然日軍、華北臨時政府或是內蒙古，都無能徹底控制這一區域，所以共產黨人在此地有很大的活動空間來籌謀政策，進行敵後破壞行動，甚至補充「八路軍」兵源。此外，長征時期滯留華中進行游擊作戰的共產黨殘餘勢力現在也重新整編為「新四軍」。自一九三五年以降，這些共軍游擊隊都過著與世隔絕而獨立的危險生活，常以山區、森林為藏身地，靠機智活動，他們聯繫的對象包括鄉間貧

中國戰場上的傷亡數字，1937-1941年[10]

年分	日本方面	中國方面
1937	—	367,362（7至12月）
1938	823,296（1937年7月至1938年11月）	735,017
1939	395,166	346,543
1940	847,000	—
1941	708,000	299,483

戶還有先後抵抗國民黨與日軍的人士。相隔三年後又重整在一起。新四軍擁有一萬兩千人戰鬥部隊，名義上歸國民黨號令，不過實際上卻完全接受共產黨老幹部*的指揮。

中共在延安的頭幾年積極強化黨、政、軍的組織，一如國民黨所為。中國共產黨黨員在這個時期人數陡增，從一九三七年的四萬人左右到一九四〇年的八十萬人，部分原因來自中共不斷增補新黨員、尋覓人才，另一方面也要歸功於中共統一戰線政策受到多數人民的擁護。中共暫時停止強制徵收土地之後，實行一套有系統的減租減息政策，這套分級稅制允許先前處於不利經濟地位的地主保留大部分的土地，同時也讓為數眾多的貧農增加耕地面積。因此，這些村莊免於分裂鬥爭，而群起效忠共產黨和抗日行動。

延安的政府包括中央的邊區政府及其所屬之行政機構，

* 譯注：葉挺、項英。

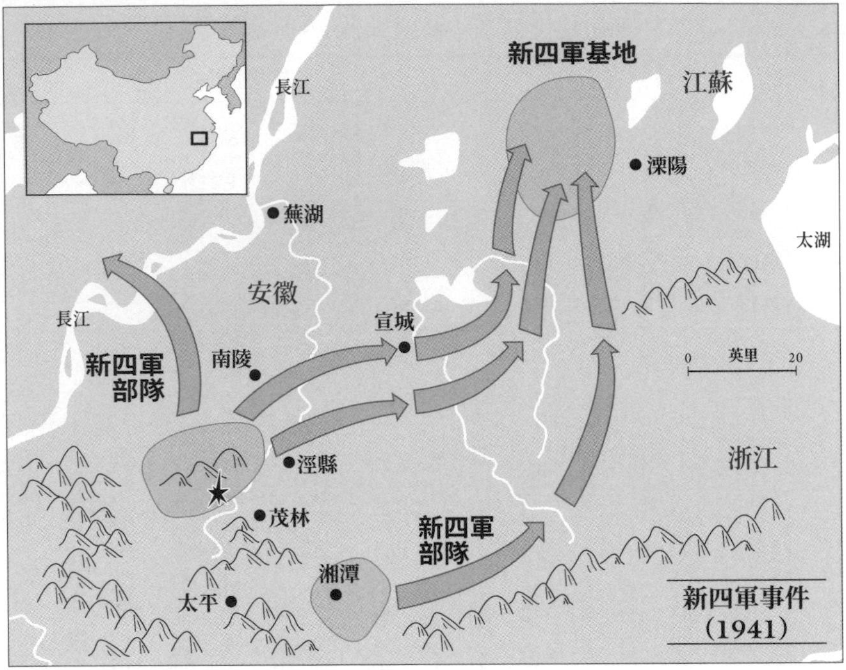

新四軍事件（1941）

以及在理論上（事實上在某些地區確是如此）能直達縣級機關的各級代表大會。統一戰線政策的共識在中共實行的所謂「三三制」（three-thirds system）中彰顯出來：根據統一戰線的原則，共產黨員在政府機構中所占的比例不超過三分之一，其餘的，用毛澤東的話來說，「非黨的左派進步分子占三分之一，不左不右的中間派占三分之一。」從毛的著作看來，他相信這樣的制度可以確保中國共產黨的統治地位，因為只要有三分之一政府機構的職位由共產黨的人擔任，「就可以保證黨的領導權，不必有更多的人數。」[11]下表（見頁二六六）說明了幾個縣級代表大會成員的社會組成以及共產黨員所占的比重。

共產黨的軍隊不僅包括八路軍、新四軍（以長征時期的老幹部朱德任總司令、彭德懷為副總司令），還有眾多來自當地、全職的地方軍。這些地方民兵的骨幹是由年齡十六到四十五歲、仍然擔負農事工作或在城鎮裡有正當職業的男女所組成，他們的武器裝備落後，不過其角色卻有助於情報蒐集、後勤補給以及掩護正規野戰部隊的行蹤。中共十分重視軍紀，嚴禁打家劫舍，買糧食和各類補給品都必須付款，並禁止侵犯民女。中共也小心爭取華北地區若干已軍事化的地方祕密會社如「哥老會」、「紅槍會」的奧援，以奠定中共在其心目中的抗日地位。如此一來，中共逐步擴展群眾基礎。

當社會革命的力量在邊區偃旗息鼓，共產黨在一九四〇年對日軍在華北的堅固據點及公路、鐵路發動一連串的攻擊。這場中共黨史上所謂的「百團大戰」是由彭德懷元帥指揮，事實上，中共軍方總計投入了一百零四個團。起初，中共內部對於攻擊計畫（據稱毛澤東事先對此並不知情）以及攻擊目的有不同意見：是否與日本正規部隊決一死戰，團結全國力量一致抗日；抑或轉移國民黨對共產黨新四軍在華中擴張勢力的注意力。

縱使中共軍隊英勇殺敵，但這些預設的目標卻無一達成。日軍確實受到重創，但日本正規部隊加上傀儡政府部隊的增援，旋即對共產黨腹地進行殘酷的大掃蕩，日軍往往將整個村莊夷為平地，人畜、建物無一幸免。結果，共產黨根據地的人口從四千四百萬驟降為兩千五百萬，而八路軍傷亡、逸逃者總計十萬人。而全國抗日的力量也不見強化。一九四〇年

延安各代表大會成員的社會階層與黨籍分布情形，1941年[12]

階層	綏德	慶陽	合水	曲子	新正	新寧	志丹
地主	23	12	7	47	—	14	2
富農	159	89	56	32	20	30	45
中農	578	325	166	181	185	115	101
貧農	1,301	460	1,334	719	165	393	541
佃農	—	—	—	—	13	19	—
雇農	22	36	4	22	2	1	89
工人	236	22	63	—	—	2	14
商人	127	27	6	—	1	—	3
士紳	—	—	—	—	—	10	20
總計	2,446	971	1,636	1,001	386	584	815
共產黨	400	196	219	257	124	151	386
國民黨	161	41	58	—	2	2	—
非黨人士	2,075	732	361	744	188	487	439
總計*	2,636	969	638	1,001	314	640	825

* 黨籍的總人數與階層總人數不盡相符，因為存在有紀錄不正確或沒有紀錄的現象。

三月，孫逸仙昔日副手、一度曾為蔣介石之下第二號人物的汪精衛，自輕自賤社會聲望轉而接受日本扶植之南京傀儡政府的高官厚祿，可說是正中日本下懷。日本政府為了掠奪華中地區的經濟資源，更進一步給予汪偽政權外交承認。儘管國民黨所屬軍統特務頭子戴笠屢屢安排密探刺殺許多聲名顯赫的漢奸，但汪精衛的政權仍屹立不搖，獲得滬寧地區幾千萬百姓認可為合法政權。

華北的戰事顯然也並未轉移華中國民黨將領對新四軍的注意力。國民黨將領十分了解，新四軍為共產黨在長江三角洲地區占據了有利的戰略位置，因為這塊被日軍控制的地區向來是中國的魚米之鄉及重工業中心。然而這裡，同時又是國民黨正規部隊、地方團練、散兵游勇、青幫及其他幫會組織勢力等交相滲透之區。其中由藍衣社領導人戴笠將軍統合的勢力，尤其憎惡共產黨人擠進其勢力範圍內的寧滬鐵路沿線一帶。國民黨後悔在統一戰線政策中允許部分共產黨軍隊重整長江以南軍備，駐守在這些地區的國民黨將領*飭令新四軍北上。共產黨人堅不從令，國共雙方爆發數起零星摩擦以及一場正面衝突，國民政府軍隊試圖強制執行命令卻遭到嚴重挫敗。一九四〇年十二月初，蔣介石終於下達最後通牒：長江以南的八路軍務必於十二月三十一日前渡江撤至江北；同時，新四軍必須行進至長江以北，並在一九四一年一月三十一日前撤至黃河以北。

新四軍希圖延宕，甚至根本就沒打算從命並藉故向國民政府索求，對於撤退路線、行軍安全保障、換發軍需裝備，以及支付開拔費用進行協議。新四軍獲悉國民黨部隊正在集結伺機發動攻勢，召開會議聲明，雖有部分隊伍不從，仍盤據江南，但他們確有意願接受命令。

* 譯注：何應欽、白崇禧等。

從一九四一年一月七日至十三日的六日激戰中，新四軍的南翼部隊在山區誤陷國民黨軍隊的埋伏，約有三千名共軍遭屠戮，其中大多數在被俘虜或被移送戰俘營之後遭到槍決。人員的傷亡對共產黨是一大打擊，不過對共產黨而言，這一場皖南事變卻極富宣傳價值。他們指控這次伏擊乃是蔣的冷血陰謀，蔣所謂中共應當因「不服從」而受罰的說法是無法令外國人和中國人信服的。嗣後，中共又在江北的六個區域分別重整新四軍，並且旋即在長江以南的太湖西岸重建一處游擊根據地。這場日後所謂的「新四軍事件」並未瓦解統一戰線，不過確實凸顯了統一戰線政策的內在矛盾。自一九四一年以降，儘管國、共仍維持抗日的合作關係，但雙方的齟齬嫌隙則更甚於往昔。

擴大戰爭時期的重慶和延安

一九三九年夏天，二次大戰歐洲戰場的爆發有助於日軍侵略中國。如同一九一四至一九一八年的世界大戰，如今法、英、德各國心力都放在本身戰事，沒有餘力關注東亞的國際局勢。在第一次世界大戰期間，日本一方面戒慎尊重英、法兩國在東亞的利益，一方面僭取德國在華的領地和租界；而第二次世界大戰爆發後，日本顯然已有能力將英、法逐出這一區域的強權地位。曾經劇烈衝擊中國歷史的「歐洲帝國主義」勢力，霎時煙消雲散。

前文已述及日本政府如何逼迫海關總稅務司就範，並對天津、上海曾是不容侵犯的外國租界施加壓力；也說到日本如何封鎖長江流域，禁止外國船隻通航，因而造成一些英國貿易

中國的通貨，1937-1942年[14]

階層	國民政府的支出（以十億元為單位）	國民政府的歲入（以十億元為單位）	未償還的銀行債券（以十億元為單位）	12月的零售價格指標，以1937年1月為1.00	元與美分的兌換價格
1937	1.16	0.87	2.06	1.18	.30-.29
1938	2.18	1.31	2.74	1.76	.29-.15
1939	2.80	0.58	4.77	3.23	.16-.06
1940	5.55	1.58	8.40	7.24	.08-.04
1941	10.93	2.02	15.81	19.80	.05-.03
1942	26.03	6.25	35.10	66.20	-03-.02

公司的鉅額損失；以及日本如何強迫法國關閉越南的鐵路運輸線，藉以切斷昆明、重慶兩地中國人所獲得的軍事援助。就在一九四〇年七月，英國正試圖從「敦克爾克大撤退」的危機中逐漸復甦，並為即將到來的英倫空戰集結兵力，首相邱吉爾（Winston Churchill）在下議院宣布他將應允日本政府的要求，禁止滇緬公路運送軍備、物資、汽油三個月。這段期間的後期，隨著英國對德戰事的逆轉改善，邱吉爾下令重新開放滇緬公路，但蔣介石仍十分憤怒，他指出在如此艱困時期封閉滇緬公路，無疑會永久破壞英國人在中國的聲譽。[13]

一位美國財政顧問就此觀察：「中國如今最令人擔憂的是士氣，因為中國幾乎是孤軍奮戰，美國必須在中國的士氣瓦解之前，趕快採取行動。」[15]但是美國政府此刻正專注於日本的勢力擴張——日本軍隊在一九四〇年入侵法國殖民地越南，所以在一九三八至一九四一年間，美援僅止於美財政部購買了中國的白銀，並給予國民政府兩千五百萬美元至五千萬美元不等的貸款。不過這些貸款的用途可以用於非軍事支出，或用來穩定幣值，並且可用錫、鎢等出口礦產作為貸款擔保品。然而，如頁二六九的表所示，中國仍面臨嚴重的幣值驟降問題。

重慶政府所面臨的最棘手問題之一是國民政府幾無任何空軍戰力。前美國空軍飛行員陳納德（Claire Lee Chennault）自一九三七年即獲聘為蔣介石的顧問，武漢淪陷之後，他曾試圖說服中國向美國飛機製造廠訂購現代戰機。中國可用賣給美國財政部的白銀所得來支付貨款；一九三七至一九三八年間，中國共計出售三億一千兩百萬盎司的白銀，得款一億三千八百萬美元。不過中國政府內部對於契約的簽約人、價格、交貨日期等細節爭論不休，使購買案不了了之。

俄國受到歐洲戰事的牽絆，對中國空軍的援助腳步開始放慢，並且調回「志願」參戰的俄國飛行員。在華最後一批德國籍顧問團於一九三八年返德，蔣介石的義大利籍空軍顧問團亦隨後離華。由義籍顧問協助建造的幾座飛機製造工廠很快就被日本空軍夷平，使得重慶幾無防衛力量，自一九三九年五月之後，日軍更是有計畫地轟炸這座戰時陪都。直到國民政府完成重慶的地下防空坑道，以及在日軍防衛線後方靠敵後人員以無線電發報器通知，成立預警系統，在日軍轟炸機起飛時發出警告，日軍空襲所造成的嚴重傷亡才告減少。

一九四〇年，蔣介石委派陳納德至華府尋求援助，這時中國只有三十七架飛機可堪使用，另有三十一架沒有夜航裝置的舊式俄國轟炸機。日本則有九百六十八架飛機駐防中國，其中更有許多速度快、命中率高的新型「零式」戰鬥機，另外有一百二十架飛機進駐中南半島。而美國因為英國戰場的龐大需求，沒有多餘的戰機可賣給中國。於是蔣介石又派宋子文為私人特使，以及昔日五四健將、時任中國駐美大使胡適，抵達華盛頓進行遊說。羅斯福（Franklin D. Roosevelt）政府同意運送一百架P-40戰鬥機給中國。另外，為了避免違背對日本所採取的中立外交政策，美國以非正式協議的方式同意陳納德招募美國陸軍、空軍飛行員，以「志願」的方式投入中國戰場，一方面擔任飛行戰鬥任務，另一方面訓練中國新生代飛行員。陳納德率領的美國飛行員戰績卓著，「飛虎隊」（Flying Tiger）的聲譽名聞遐邇。一九四一年末至一九四二年初，飛虎隊幾次重創日軍，而他們只要擊落一架日本軍機便可獲得五百美元的獎金。從某個角度來看，飛虎隊彪炳的功勳可與八十年前的「常勝軍」相媲美。

飛虎隊的行動僅侷限在重慶範圍，所以延安的共產黨人連這點激勵士氣的外援也沒有。新四軍事件重創共產黨在長江以南的勢力，而隨後的百團大戰引發日軍在華北地區進行大規模的軍事掃蕩。彭德懷將軍企圖以正規作戰的方式攻擊日軍，但還是不敵日軍在兵力和軍備補給方面的優勢。一九四一年初蘇聯與日本簽訂中立協定，承認滿洲國的「領土完整」之後，中共已無法取得蘇聯的援助。這時中共也只能用豪語以對之：「我們必須收復中國的失土。我們必須獨自打到鴨綠江，並將日本帝國主義趕出中國。」[16]不過局勢的發展並無法讓中共採取這類行動。一九四一年六月德國入侵蘇聯，使得中共在歐戰結束之前，斷難再倚靠俄援為後盾。

新四軍事件之後，蔣介石決意進一步孤立延安，他下令對陝西邊區政府實施經濟封鎖，禁運食鹽，並終止在統一戰線政策共識下對八路軍的補貼。物資短缺在延安引發嚴重的通貨膨脹。不過可想而知，亟需軍事援助的中共仍採取了一套回饋制度，鼓勵百姓於每次戰役結束，就到戰場上去找武器。農民每繳一挺機槍給共產黨，就可以換取五十元報酬，而每一支來福槍的價格是十至二十元不等，手槍則是五元。然而誠如幹部手冊所指出的，現代化武器並非是「絕對需要」的：「舊式的火器、矛槍、大刀、斧頭、鋤頭、石頭通通可以用來殺敵。」[17]

共產黨寄望組織農村社群來抵抗日軍，卻遭遇日軍簡稱「三光」的殘酷計畫，日軍在若干特定地區下令執行「殺光、燒光、搶光」的掃蕩策略。農民若是躲在地下交錯的坑道躲避日軍，日軍就包圍村莊並將毒氣灌入地下坑道內。一份資料指出，八百名中國人因而死亡。在另一則案例中，冀東一村莊則總計有一千兩百八十名村民被日軍處決，整座村莊更被夷為平地。一九四一年的八至十月間，日軍在華北地區進行所謂的「掃蕩運動」、造成四千五百名村民死亡，十五萬間房屋遭到燒毀，並有一萬七千名中國人被遣至滿洲國充當勞役。日軍的這類暴行主要是殺雞儆猴，要中國人別與共產黨的游擊勢力合作。日軍的行動有時收到效果，不過還是有無數的例證顯示，共產黨更能巧妙地加深中國人對日軍的仇恨。不過，共軍抗日活動的規模與成效到底有多大，仍是許多史家爭論的問題。

一九四一年十二月七日，日軍轟炸珍珠港，導致美國全面加入對日作戰，重慶政府因而稍有喘息的餘地。自一九三一年「九一八事件」以來，日本與美國便處於衝突一觸即發的狀態，一九三七年對中國開始全面抗戰之後，日本政府更是將美國太平洋艦隊視為其戰爭目標的主要威脅。因為只要美國艦隊能隨意調動，日本不僅無法全面封鎖中國沿海，也無能力鞏固其在越南和緬甸的戰果。日軍偷襲珍珠港卻為中國帶來新的援助，此刻美國已將中國戰場視為美國戰事的一部分。在一項《租借法案》*中，援助金額從一開始很少，到戰爭結束時已累計為總額十億美元，此外還有金額龐大的現金貸款，最後總額達到五億美元；然而美國方面沒有一個人了解這筆款項的用途，且蔣介石也斷然拒絕給予美國任何保證或接受其他附帶條件。

羅斯福總統指派資深的史迪威（Joseph Stilwell）將軍擔任他與蔣介石的聯絡人，以及美軍在中印緬戰場的指揮官，並監督美援的運用。陳納德的飛虎隊正式納編為美國空軍的第十四航空隊，陳也擢升為將軍。此時，政府軍成功阻擋了日軍全面攻擊湖南長沙，軍民士氣

* 原注：一九四一年美國國會通過《租借法案》來軍援同盟國，規定只要援助對象是與美國對抗共同的敵人，就可以不必償還美援。

大振，也適時凸顯了中國是不容忽視的盟邦。雖然英國持保留態度，但中國仍被羅斯福總統納入包括蘇聯、英國在內的同盟國四強之一。

中國軍隊在同盟國的作戰中的確扮演相當關鍵的角色，因為在日本所有可用兵力當中，約有五分之二身陷中國戰場而動彈不得。而隨著英軍轉眼間在東亞地區全面潰敗，中國抗日的潛在重要性就顯得益發鮮明。香港的迅速淪陷並不令人意外，因為香港其實並無任何防禦能力，但一般認為新加坡是一座固若金湯的防禦要塞，日軍絕不敢輕啟戰端，結果新加坡卻在一九四二年二月十五日遭到攻陷，只經過一天的戰鬥，當地十三萬守軍遭俘虜，英國原本在中國人心目中已經不彰的聲譽更是一落千丈。誠如周恩來在一九四二年四月與美國官員的談話中所指出，「現在英國已被日本人打敗了」，中國人「瞧不起英國的地位」。[18]

在中國人看來，英國無力守住緬甸、防禦自一九四〇年底重新開啟的公路補給線，比新加坡的淪陷還要嚴重。英軍不願依據中國軍隊的運動或史迪威將軍的建議來調整戰略，結果部署失當，遭日軍擊敗。一九四二年四月底，士氣低落的中國軍隊協同英軍作戰，結果在與日軍激戰五小時之後，緬甸的重要城市臘戍就被日軍攻下，再度切斷了補給重慶的滇緬公路。緬甸戰役讓蔣介石的兵力損失慘重，第五、六軍受過德式訓練，也是蔣個人權力基礎的核心，數量約為其戰略後備兵力的三分之一，而第五、六軍的重裝備幾乎不保。自此之後，重慶與延安一樣陷入孤立無援的險境，重慶的對外通道就僅剩下飛越喜瑪拉雅山（Himalayas）這座「駝峰」抵達印度的危險航道。

重慶政府內部在這個節骨眼出現軍事戰略方面的爭執：空中作戰與傳統地面作戰何者較能有效遏制、進而擊垮日軍？陳納德與史迪威對此針鋒相對。陳納德將軍建議發展空軍戰力，他曾經向蔣解釋這一戰略耗費較省，因為空軍從印度起飛不是難事，將飛機的零件、汽油、彈藥裝備越過喜瑪拉雅山脈運抵中國。史迪威反對陳納德的意見，他認為空軍需要堅實基地的防禦，而國民政府的部隊統帥無方，裝備落後，訓練不足。史迪威認為，中國首先應發展小型的精銳部隊，分別在印度和中國西部接受訓練，再從緬甸北部到印度雷多（Ledo）另外開闢一條內陸補給線，將大型裝備運抵重慶。

最後，陳納德將軍的建議獲得採納，相較於外號「酸醋喬」（Vinegar Joe）的史迪威，陳納德將軍既富謀略又較有耐性，他的飛行員也打了幾場漂亮的勝仗。史迪威通曉中文，對中國的一般士兵相當友善，不過十分蔑視蔣介石，在公文書裡給他取了個「花生米」的代號，也厭惡他手下那些懼戰又欺上瞞下的將領。因此，雖然史迪威為蔣提出若干訓練計畫，多數資源還是投入重慶政府統治區域的東緣至湘南衡陽之間、以及廣西的柳州一帶，從事機場建造工事。

在延安周圍的邊區政府，共產黨同樣面臨財政短絀、社會控制，以及士氣低落的嚴重問題。在一九四二至一九四三年之間，共產黨的應對方法是透過群眾動員，讓共產黨人更深入滲透到農村社會的底層。而且根據後來針對延安政府所做的分析資料指出，針對少數直接控制的地區，共產黨偷偷設法強化生產活動、促進消費，如此一來延安政府就可以誇大宣傳經

日本的軍力配置，1941年12月[19]

	中國	太平洋和東南亞	滿洲國	日本	臺灣與韓國
陸軍師（50）	21*	10**	13	4	2
混合旅或相同等級（58）	20*	3	24	11	—
空軍飛行中隊（151）	16	70	56	9	—

* 加上由日本皇軍總司令部直接指揮駐守於上海的一支騎兵軍團和一支陸軍師。

** 加上一支特種艦隊。在這十個師中有兩師是由中國戰區以船艦運抵的。

濟成就，在民間博得美名。也有證據顯示，共產黨鼓勵農民恢復種植罌粟，並將鴉片銷往日軍占領區與國民黨控制的地區，以緩和財政危機。不過，鴉片是以「特殊物件」或「肥皂」的名義來掩人耳目。僅管共產黨也以相當高的稅率向貧農徵稅，不過減租減息政策仍有助於幾無能力繳稅的貧農。[20]

知識分子，特別是延安地區的知識分子，透過「下鄉」向農民學習的特殊運動去認識農村的基本生活。從毛澤東早期的文章可以窺見他輕蔑中國傳統的精英階層，正是因為精英階層全然不知農村疾苦，也不切實際。延安一如重慶，已經成為成千上萬難民的落腳處，中共於一九四二年在其治下邊區對人民發動激烈的「整風運動」，藉以喚醒人民對社會主義革命至高無上的熱情。一些被指控的對象在群眾大會上遭受鬥爭，或被迫做出自我批判，或從要職調到農村，轉而從事卑賤的工作。許多人遭受肉體的凌虐或因而自殺。在這些受害者當中，有些人追隨與毛爭奪黨內領導權的王明；王明自蘇聯返回中國之後，就想辦法鞏固他個人的權力基礎。發動整風運動有助於確保毛在黨內的領導地位，也可讓中共的意識形態獨立於蘇聯操控之外。

作家丁玲是眾多紆尊降貴、下放到農村進行勞動改造的幹部之一，她發表於一九二八年的《莎菲女士的日記》翔實記錄了那個年代中國青年的徬徨惆悵。丁玲的丈夫在一九三一年被處決，之後丁玲便加入中國共產黨，曾在南京遭國民黨的軟禁，一九三六年脫逃抵達延安。在延安，丁玲再度透過小說創作犀利地譏諷中共幹部對女性勞工的漠視，以及中共如何以意識形態的框架來箝制個人創作與抒發意見的自由。她同時表示，中共的領導人正利用全國團結一致抗日和黨的團結等口號，來壓制婦女艱苦取得的權利。

毛澤東以整風運動來批判像丁玲這類的知識分子，藉以懲一儆百，毛堅持知識分子表達意見與批評的範圍應由中共來定義。為了強化黨這個角色，將毛澤東、史達林等人的作品指定為黨員和知識分子研讀和討論的教材。毛在一九四二年五月所發表的幾次演講*之中，論及藝術與文學的社會目的；在延安的這群文藝工作者必須了解他們應該為群眾所擔負的責任，必須認清「人民生活本來存在著文學藝術原料的礦藏」，而這些礦藏是「一切文學藝術取之

* 譯注：〈在延安文藝座談會上的講話〉。

不盡，用之不竭的唯一泉源」。毛表示中國古代的文藝傳統，以及五四運動那一代的知識分子、甚至魯迅所服膺的外國藝術雖不必完全排斥，但必須使之居於次要地位；而且借鑑吸收之道是有「文野之分……但是繼承和借鑑決不可以變成替代自己的創造」。因此，知識分子的使命就是要投身如火如荼的戰鬥中，而在駭人的複雜中將其完全吸收：

中國的革命的文學藝術家，有出息的文學家藝術家，必須到群眾中去，必須長期地無條件地全心全意地到工農兵群眾中去，到火熱的鬥爭中去。[21]

飢餓與剝削的現象到處存在，毛說，「人們也看得很平淡。」然而真正的文藝工作者就是要改變這種態度，而能「使人民群眾驚醒起來，感奮起來，推動人民群眾走向團結和鬥爭。實行改造自己的環境」。毛澤東認為，即使是在抗日的兵馬倥傯裡，中國的知識分子還是必須以人民長期變遷的需求為念。

戰爭的結束

日軍的占領區跨越太平洋，從吉爾伯特群島（Gilbert Islands）經東南亞地區西至印度邊緣悉數被日軍占領，不過在一九四三、一九四四年之間，日軍承受的龐大軍事壓力來自美國，而非中國。中國對於戰事最大的貢獻，主要來自中國在戰場上牽制住大批日本正規軍，因為日本從未達到以傀儡政府軍隊來鞏固淪陷區的既定目標。美軍在中途島一役（一九四二年六月）贏得漂亮的勝仗之後，以跳島戰略進攻南太平洋諸島，陷入緩慢而血腥的戰鬥中。此刻，美國「參謀首長聯席會議」（Joint Chiefs of Staff）開始籌謀對日本本島進行戰略轟炸，另一方面，也預計部署威力強大的新型B-29轟炸機於陳納德將軍所建造的機場，而這至少讓美、蘇、英三國的軍事決策圈時時記住中國能扮演的角色。

一九四三年的局勢進展，顯示日軍的軍事勝利以及中國的頑強抵抗，已經改變了一世紀以來西方強權對中國的剝削形態。這種局勢變遷的重要徵兆之一，就是同盟國之間經過冗長的討論，終於在一九四三年一月同意廢除施加在中國人身上治外法權的桎梏。歷經了一整個世紀的屈辱，現今在華的所有外國人（享有外交豁免權的外國人除外）都必須接受中國法律的約束與規範。*一九四三年八月，在日本人的運作下，汪精衛的南京偽政權收回上海的法國租界。一九四三年十二月，蔣介石與羅斯福、邱吉爾出席開羅會議，會議中三位領袖同意戰後滿洲國與臺灣應當歸還中國。

另外，從日本人在戰時所刻意實施的政策也可以看出西方人在中國的地位轉趨弱勢。珍珠港事變之後，儘管日本政府允許西方人留在北京與上海少數地區繼續就學和從商（通常是

* 原注：從一九四三年的六月至戰爭結束，在華服務的美國官員一直僅接受美國法律的管轄。

有限制的），但是到了一九四三年三月底，日軍將北京地區的外國人（德國人和日本的其他盟邦除外）集合起來，讓這群背負著行李、高爾夫球桿、毛皮大衣的西方人步履蹣跚、零零落落地前往火車站。在街上，日本人召集了一群中國人默默注視著這些即將離去的西方人。一位美國人回憶道：「我們所呈現的正是日本人所希望看到的滑稽景象。」[22]這群來自北京的外國人被日軍移往位於山東中北部濰縣的收容所。在濰縣一處形同廢墟的傳教士宅邸裡，一千名西方成人和五百名小孩被剝奪了過去的特權，失去了服侍他們的僕人，必須在糧食供應闕如、幾無醫療設備的情形下共同求生存，現在僅剩下他們所能自給的社會禮儀、教育，以及些許的娛樂罷了。

原先住在上海、現被遷移至華中地區其他收容所的美國人、歐洲人亦受到同等對待，不過其中具有猶太人血統的外國人所蒙受的待遇卻不盡相同。五月中旬，上海一萬六千名來自歐洲的猶太難民大部分被日軍移往虹口特設的猶太人社區*。這群猶太人在倉促間被告知之後，被迫以極低廉的價格變賣辛苦賺來的家產、事業，而組織成彼此監督、相互保護的「保甲」組織。社區裡的猶太人必須仰人鼻息，被一位自封「猶太王」的守軍軍官控制。無論他們是要出外營生、參加喪禮，或者有其他緊急事故，這位日本官員有權決定放行與否。[23]

許多猶太人淪為當地中國人的「苦力」，或是在地方慈善團體所興辦的公共食堂吃飯，因此幾乎所有人都營養不良。有人不得不靠行乞或賣淫為生，最終又得再度淪落到早先所過的悲慘生活。不過日本政府無意仿效納粹的恐怖手段，因此上海的猶太人並未遭逢歐洲猶太人被集體處決的殘酷命運。

西方人在中國所受到的屈辱發生在中國的慘烈戰況稍緩之時，但中國戰場上的軍事僵局於一九四四年赫然終止。史迪威、英軍以及他們所共同訓練的中國軍隊正與日軍在緬甸北部進行激戰，並開始從雷多建造一條能夠接通舊滇緬公路的新路，而陳納德和成千上萬的中國工人也逐漸擴建和改善位於重慶東部的幾座機場。一九四四年六月初，進駐中國新機場的B-29轟炸機群在一次訓練行動中猛烈轟炸秦國曼谷的鐵路調車廠。六月十五日，這群B-29轟炸機甚至遠抵日本南方的九州，在當地的「八幡製鐵所」（Yawata steel plant）投下兩百二十一噸炸彈。美轟炸機在轟炸九州的工業重鎮之後，又空襲滿洲國鞍山鋼鐵廠、蘇門答臘的煉油廠，以及臺灣的幾座機場。

不過誠如史迪威將軍所提出的警告，日軍隨即大舉反攻。一九四四年夏天，日軍在代號為「一號作戰」（Ichigo）的攻勢行動中，迅雷不及掩耳地進入河南，肅清平漢鐵路沿線的日本占領區，並循湘江南下，直逼長沙。一九四一年，中國軍隊曾在長沙英勇抵抗日軍，但這次日軍很快就攻下長沙。在這次攻擊行動中，日軍僅在衡陽四周及其機場遭到中國軍隊

* 原注：這項強制遷徙命令並不包括出生於德系猶太人（Ashkenazic Jews），他們大都來自俄國，早在一九三七年之前就已經定居中國。

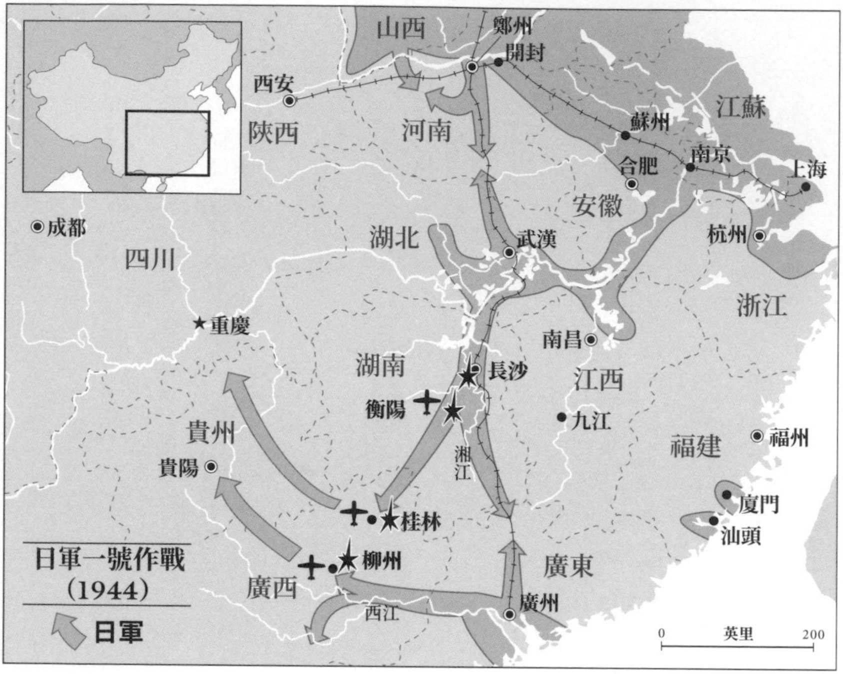

的頑強抵抗，不過八月衡陽也告失守。嗣後，日軍繼續向廣西推進，十一月，占領桂林和柳州的空軍基地。兩股日本軍隊繼續向西挺進，直逼貴陽，甚至嚴重威脅重慶。顯然此次作戰的主要目標是要摧毀中國用來轟炸日本本島的空軍基地，然而就在日軍大啖勝利的果實之際，戰局逆轉。一九四四年十一月底，B-29轟炸機群對東京狂轟濫炸，它們並非來自陳納德將軍長久以來所企盼的華東機場，而是來自美軍新近占領的馬里亞納群島（Mariana Islands）的空軍基地。

日軍「一號作戰」的攻勢重創了蔣介石的部隊，又從他手上奪走幾個面積廣大的控制區。無論如何，日軍的勝利重挫了中國軍隊原已低迷的士氣，連帶使美國對中國的作戰能力失去信心。戰時的重慶儼然是散播流言蜚語的中心，社會貧富差距懸殊，投機炒作、哄抬價格司空見慣，黑市商品以及叛國的傳言隨處可見。一位中國詩人於一九四四年以西式不押韻自由體的形式發表了一首詩歌，詩裡融合了電影廣告、新聞標題，以及國民黨官方出版品等素材，生動地捕捉到當時社會的矛盾景象。將這首詩題名為〈標題音樂〉（Headline Music）：

吃緊，吃緊，吃緊
看漲，看漲，看漲
四十萬萬元在金潮裡打滾
變，不變，莫談國事
　支支宏壯悠揚
場場歌舞美妙
為慰勞從軍同學而歌
為救濟後方難胞而舞
長約數十里之行列，餐風露宿
奶油人造冰上絕技，廣寒春色
語皆血淚，感激至於涕零

扶老攜幼，余等深為感動
國產時裝，悲劇巨片
情節哀感，纏綿緊張
奉勸太太小姐多帶手帕
天窗，天窗，天窗……[24]

就在這個時候有消息傳來，曾是國民黨控制區的農民殺害、洗劫了從日軍「一號作戰」撤退的中國軍隊，因為這批軍隊在一年前的飢荒中還殘酷地來向他們收稅。若干美國記者離開重慶抵達河南災區去探查當地的飢荒，親眼目睹了令人悚懼的畫面。「他們淚痕滿面，蓬頭垢臉，在蕭瑟的寒風中瀕臨絕望的臉龐，令我們無地自容」，白修德（Theodore White）如此記敘：

中國孩子健康時是美麗的，健康時他們的頭髮散發出自然的光澤，他們的杏眼閃閃發光。但是這些衣衫襤褸、瑟縮顫抖的小孩，眼眶裡找不到眼珠，只見一道流膿的裂縫；營養不良使他們的頭髮乾澀；飢餓不堪令他們的肚子鼓脹；刺骨的寒風造成皮膚的皸裂。他們虛弱的聲音盡是一聲聲乞食的哀啼。[25]

這些新聞記者因國民黨新聞檢查員管制他們這類慘劇的報導而深感憤怒、不齒，進而控訴重慶政權的危害人道並造成軍事悲劇。

其他的美國人，包括史迪威將軍在內，都被國民黨軍隊所實施的徵兵制度，以及那些光著腳丫、衣衫不整，被綁在一起送往前線的士兵震駭不已；這些士兵因為患有腳氣病或是營養不良而瀕臨死亡。即使處決了徵兵官員（有時還是由蔣介石所下令），也依然有濫徵情事。根據估計，一九四三年所徵召的一百六十七萬人當中，有近百分之四十四的人在前往部隊途中逃亡或死去。一九三七至一九四五年的八年抗戰中，在赴戰場之前就已經死亡的新兵總數約計一百四十萬人，換言之，每十名新兵就有一人遭逢這種下場。

面對重慶政府這種慘況，難怪部分美國將領官員要轉而寄望於共產黨的延安邊區政府。羅斯福總統及其「參謀首長聯席會議」開始討論武裝共產黨部隊，使之具備對日作戰能力的可行性，這尤其是導因於先前與共黨非正規軍合作，在歐洲戰場上對抗德軍的戰果豐碩。縱使美國的援助並無法擴及共產黨的個別部隊，不過美國軍方仍試圖把共產黨政權納入《租借法案》的援助範圍內。美國軍方不顧蔣介石的慍怒，於一九四四年七月派遣由包瑞德（Colonel David Barrett）率領的觀察小組（又名為「迪克西考察團」〔Dixie Mission〕）抵達延安。這一小組的正式任務僅限於蒐集日軍部隊移動的情報、氣象資料，以及協助被擊落的飛行員穿越日軍防線返回自己的部隊。美國軍方明令禁止這一觀察小組與共產黨進行「政治對話」，不過小組的成員不免會與共產黨的軍隊有所接觸，而看重共產黨的作戰能力。

華中的農村人口：共產黨畫分家庭階級成分的人口百分比樣本，1941-1945年[26]

地區	地主	富農	中農	貧農	雇工	其他
新行	7.6	4.8	31.0	40.0	16.6	—
二連	7.1	3.5	47.1	34.0	2.2	6.1
張塘	2.3	7.0	34.5	50.5	3.6	2.1
新四	9.0	10.0	30.0	51.0	0.0	—
白水	5.1	9.0	13.2	72.2	—	—

美國觀察小組出現在延安地區主要是副總統華萊士（Henry Wallace）在一九四四年六月造訪重慶之後一手促成的。美國進一步與中共的敦睦則是由羅斯福總統的特使赫爾利（Patrick Hurley）大力推動，赫氏在十一月飛往延安訪問。就在華萊士與赫爾利分別出訪的期間，羅斯福總統對照了第二次緬甸戰役（在此戰役中由史迪威和訓練有素的中國軍隊表現卓越）以及一號作戰的慘敗，開始堅持由史迪威將軍指揮所有中國軍隊，包含中國境內的中國軍隊。這項決定難以見容於蔣介石及其資深顧問團，雙方爭執不下，史迪威終於在一九四四年十月被召回美國，由魏德邁將軍（General Albert Wedemeyer）代替。接下來的三個月之間，蔣介石也成功阻礙了所有美國援助延安政權的計畫。

對於美國的變卦，中國共產黨雖然深覺失望，但並不感意外。共產黨向來就是獨力作戰。共產黨人一方面向外界傳達他們呼籲組織聯合政府、團結全體中國人的主張，並在延安根據地歡迎絡繹不絕的外國訪客和新聞記者，另一方面他們亦決心有系統地耕耘農村群眾對共產黨的向心力。儘管中共在其統治區內對於如何界定階級關係仍具彈性，不過這段期間，他們的政策一度偏向激進。地主階級遭到群眾的嚴厲攻訐，農民再次被依其擁有的土地而畫分成不同階級。

根據延安方面的定義，「富農」是指收入超過半數得自雇用工人的農民家庭，不過共產黨也承認，有些富農身為佃農，因此也很可能遭到剝削。因此，生活水準以及擁有家畜、生產工具的多寡也成為共產黨人社會分析與政策制定的重要依據。「中農」和「貧農」的階級畫分標準是謀生的方式與擁有的土地面積：嚴格來說，所謂「貧農」是指無論擁有或租佃土地與否，都無法養家餬口者，所以他們必須出賣勞動力以謀生，「中農」是指他們雇用其他人的勞動力或單靠自己家庭成員的勞動力就可以維持自給自足的農戶。但在地方人士的眼裡，誰理應享有幸福的生活呢？如果根據地方的標準，是貧農而不是中農的話，地方可能就會採取彈性的作法將原本個人所屬的階級調換過來。一位扶養五歲小孩的農村寡婦就是這種彈性作法的最好例子。這位寡婦擁有三點五英畝的土地、三幢房舍及一隻豬，就所擁有土地面積與生產工具看來，這位寡婦無疑應被畫列為「地主」階級。不過地方因同情這位寡婦必須養兒育女，而將她列為「中農」階級。

在整個華北地區，無論是日本占領區或日本傀儡政權統治區，甚至包括國民黨軍隊仍在作困獸之鬥的孤立區域，共產黨人一直在從事這種階級的畫分、再畫分，分析農村社會基本條件，以及通過群眾運動和自我批評來鼓動農民去打破傳統權威模式等複雜的社會過程。外國記者、美國軍事觀察團，甚至國民黨的情報單位顯然並不了解共產黨刻在執行這類複雜的

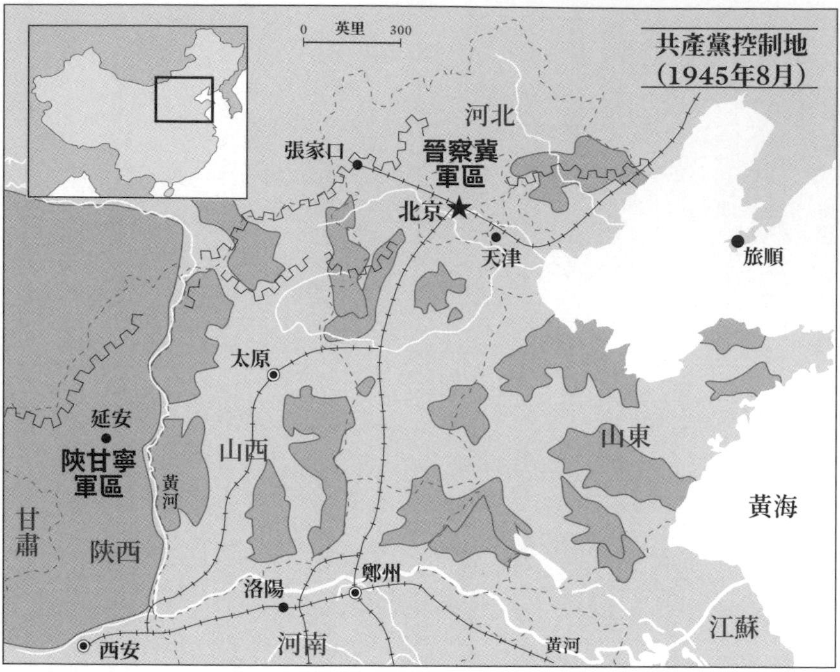

社會政策。

在許多地區，共產黨幹部實施傳統相互監視的「保甲」制度。據此，以五人為一互保的小組，小組的每一成員必須擔保其他成員不會作奸犯科。這種制度與共產黨所標榜的階級概念並沒有必然的關聯性，不過保甲制卻能讓共產黨將他們所畫定的那些「社會不良分子」逐出社群，以利於共產黨人形塑地方社會的團結意識。被歸類為社會不良分子包括偷盜糧食者、妓女、與土匪或走私鴉片者勾結的不法之徒、經常出入日軍占領區者、祕密會社的幫眾，或是曾在傀儡政府任職者。不過共產黨人的標準偶爾也是含而糊之，顯示他們對鄰里村民嚴重的不信任程度。共產黨在進行社會調查的過程中同時也會向那些無法清楚交代過去的人、通姦者、脾氣暴躁的人、不願參加政治會議者、吸食鴉片者，以及坐擁妻妾者提出警告。[27]共產黨招募新黨員的對象，乃是訓練有素、能犧牲個人欲望來追求政治新秩序的人。

共產黨員人數至此成長為一百二十萬人，八路軍與新四軍麾下共有軍隊九十萬人，毛澤東對華北共產黨勢力迅速坐大頗為滿意，便於一九四五年四月在延安召開中國共產黨「第七次全國代表大會」（中共自一九二八年於莫斯科召開六大以來到一九四五年止，都未曾召開過這類代表大會）。幾個毛的昔日政敵都曾分別公開做過自我批判，現在毛澤東的權威已經無人挑戰。由於延安曾經為了揪出奸細與叛徒而整風盛行，以致許多忠貞中共黨員都遭暴力相向，人心惶惶，因此在「七大」前後，毛都曾公開自我批判，甚至向同志們鞠躬致歉。[28]在新的黨章中，毛澤東的「思想」被尊奉為黨一切分析和行動的指南，並成為日後毛澤東個人「崇拜」的堅實基礎。在題為〈論聯合政府〉的大會報告中，毛澤東一方面向國民黨表態示好，但另一方面又宣稱共產黨的邊區政府才是正確的形式，才是孫逸仙三民主義的真正體現。共產黨現在所控制的「解放區」人口總數約為九千五百萬人，面對此情此景，毛澤東的確有資格沾沾自喜。新的黨章令黨的權力更為集中，毛澤東膺任新設立之中央委員會主席的職位。新修訂的黨章還有其他的特色，包括強化農村地區的代表功能，從黨章中剔除仿照蘇聯及世界共產主義革命運動所使用的術語與觀點。中共七大黨章的精神大抵反映了中共的獨立自主路線。

中共選擇在這個時候舉行「七大」，顯然有意與重慶方面召開的國民黨「六大」互別苗頭。國民黨在「六大」會議期間並無法進一步提升蔣介石的地位，反之，來自國民黨內青年黨員和敵對派系對蔣介石的批判聲浪此起彼落。有關國民黨內部貪汙腐化、士氣低落的耳語四處散播。甚至，蔣介石是否能繼續保有過去擁護者對他的效忠還是未定之數。

不僅在國內，國民黨在海外的影響力也逐漸在消退。一直對中國不抱任何信心的邱吉爾曾說道，繼續讓中國維持四強之一的國際地位「簡直是一場鬧劇」，並指出在「一號作戰」中，中國是如何「荒誕可笑」。一九四五年二月的雅爾達（Yalta）會議，羅斯福、史達林、邱吉爾三人無意讓蔣介石對他們所做出的重大決策有任何置喙餘地：蘇聯應在德國投降後三個月內出兵亞洲對日作戰、蘇聯收回帝俄時代割讓給日本的所有土地，包括庫頁島和千島群島（Kuril Islands）、蘇聯得租用旅順港作為海軍基地，並享有大連商港「國際化」的優越權益，以及中東鐵路與南滿鐵路的特殊權利。最後這三項決議帶給戰後中國無窮的後患。

隨著戰況的膠著，中國的唯一喘息機會繫於美國繼續提供大量戰備物資的援助，以及魏德邁將軍和他的參謀幕僚精進三十九個師的蔣介石部隊，以加強其作戰能力，並且寄望魏德邁將軍謹言慎行，不再談論武裝或訓練共產黨部隊的建議，令國民黨感到不安。儘管美國空軍密集轟炸日本本島，盟軍在緬甸的地面作戰也大有斬獲，再度暢通了滇緬公路，不過美軍卻為贏得太平洋諸島而付出慘痛的代價。魏德邁和中國一樣，並未獲悉雅爾達密約的協議內容，以及原子彈這項極機密的研究計畫，於是暗忖戰事應會延宕數年。他在蔣介石的同意下，草擬一項長程的臨時計畫，預計在一九四五年底或一九四六年初逐步推進至華東沿海地區或克復廣州，隨後北進上海。這項作戰計畫勢必讓蔣介石回憶起他十九年前的北伐行動。就在一九四五年八月初，蔣介石的部隊揭開了令人鼓舞的序曲，克復桂林，並開始揮師南下海南島。

一九四五年五月德國投降，令中國人雀躍不已，不過並未改變他們的既有步調。八月八日，俄軍依據雅爾達會議的協定大舉出兵東北攻擊日軍。然而就在兩天前，美軍在日本的廣島（Hiroshima）投下一枚原子彈。九日，美軍又以一枚原子彈轟炸日本長崎。五天後日本政府宣布投降。突如其來的結果讓中國措手不及，而整個亞洲政治的權力結構亦隨之丕變。

注釋

1 克羅利，《日本尋求自主：一九三〇至一九三八年的國家安全與外交政策》，頁三一六至三一七。

2 前揭書，頁三一九。

3 前揭書，頁三三一、三三五。

4 前揭書，頁三三八至三三九。

5 秦郁彥（Hata Ikuhiko），《盧溝橋事變》（*The Marco Polo Bridge Incident*），見莫力編，《中國的泥淖：日本在亞洲大陸的擴張，一九三三至一九四一年》，頁四五四；另詳克羅利，頁三四二至三四三。

6 劉馥（F. F. Liu），《近代中國軍事史：一九二四至一九四九年》（*A Military History of Modern China: 1924-1949.*, Princeton: Princeton University Press, 1956），頁一三三。

7 易勞逸（Lloyd Eastman），〈中日戰爭期間的國民政府中國，一九三七至一九四五年〉（Nationalist China during the Sino-Japanese War, 1937-1945），見《劍橋中國史，第十三卷第二部》，頁五五九。

8 范力沛，《敵人與朋友：中國共產黨史上的統一戰線》（*Enemies and Friends: The United Front in Chinese Communist History.*, Stanford: Stanford University Press, 1967），頁九二至九三。

9 諾思，《莫斯科與中國共產黨人》，頁一八五至一八七。

10 轉引自劉馥，頁一四五。

11 范力沛，頁一四一至一四四。

12 資料轉引自范力沛，頁一四八。

13 楊格（Arthur Young），《中國與援手，一九三七至一九四五年》（*China and Helping Hand, 1937-1945.*, Cambridge: Harvard University Press, 1963），頁一一四至一一五。

14 前揭書，頁四三五至四三七。

15 前揭書，頁一一四。

16 里爾登—安德森（James Reardon-Anderson），《延安與國際強權：中國共產黨外交政策的根源，一九四四至一九四六年》（*Yenan and the Great Powers: The Origins of Chinese Communist Foreign Policy, 1944-1946.*, New York: Columbia University Press, 1980），頁十二。

17 詹鶘（Chalmers Johnson），《農民民族主義與共產黨的力量：革命中國的崛起，一九三七至一九四五年》（*Peasant Nationalism and Communist Power: The Emergence of Revolutionary China, 1937-1945.*, Stanford: Stanford University Press, 1962），頁八六。

18 楊格，頁二二九。

19 劉馥，頁二九。

20 陳永發，〈盛開在紅太陽下的罌粟花〉（The Blooming Poppy under the Red Sun），收錄於任賽奇（Anthony Saich）與方萬德（Hans van de Ven）編《中國革命新論》（*New Perspectives on the Chinese Communist Revolution.*, Armonk, NY, 1995），頁二六三至二九八。

21 杜博妮（Bonnie McDougall），《毛澤東的「延安文藝座談會上的講話」：一九四三年本譯評》（*Mao Zedong's "Talks at the Yan'an Conference on Literature and Art" : A Translation of the 1943 Text with Commentary.*, Ann Arbor: University of Michigan Press, 1980），頁六九至七。

22 吉爾凱（Langdon Gilkey），《山東宿舍區》（*Shantung Compound.*, New York, 1966, 1975），頁四。

23 克蘭茲勒（David Kranzler），《日本人，納粹與猶太人：上海的猶大難民社區，一九三八至一九四五年》（*Japanese, Nazis and Jews: The Jewish Refugee Community of Shanghai, 1938-1945.*, New York: Yeshiva University Press, 1976），頁四八九至五〇二。

24 許芥昱（Hsu Kái-yu）編輯、翻譯，《二十世紀的中國詩：名詩選集》（*Twentieth Century Chinese Poetry: An Anthology.*, Ithaca: Cornell University Press, 1970），頁四〇三。這首詩的作者是袁水拍。

25 白修德（Theodore White）與賈安娜（Annalee Jacoby），《中國的驚雷》（*Thunder out of China.*, New York, 1946, 1961），頁一六九。

26 轉引自陳永發，《製造革命：華東與華中的共產主義運動，一九三七至一九四五年》（*Making Revolution: The Communist Movement in Eastern and Central China, 1937-1945.*, Berkeley: University of California Press, 1986），頁一三三。

27 前揭書，頁一〇三至一〇四。

28 泰偉斯（Frederick Teiwes）與孫萬國（Warren Sun），〈從列寧式的政黨到領袖魅力型政黨：中共領導模式的變遷〉（From a Leninist to a Charismatic Party: The CCP's Changing Leadership），收錄於任賽奇（Anthony Saich）與方萬德（Hans van de Ven）編《中國革命新論》（*New Perspectives on the Chinese Communist Revolution.*, Armonk, NY, 1995），頁三三九至三八七，尤其是三七三至三七五。

第十八章

國民黨的崩解

日本投降與馬歇爾使華

一九四五年八月一日，魏德邁將軍在發給「參謀首長聯席會議」一封關於重慶戰局的冗長電報中提及，「假使和平遽然降臨，可以想見全面衝突與動盪將接踵而至。中國人並未擬定復員、流行病預防、公共設施重建、均衡經濟，以及安頓數以百萬計難民的相關計畫。」至於日本投降後，魏德邁應扮演何種角色，華盛頓方面的任務指示矛盾且有重疊，命其在不介入國共內戰的前提下，應竭盡全力幫助國民政府，並「協助中央政府儘速將部隊運送至中國各大地區。」[1]

魏德邁與蔣介石達成共識，俟日本投降，美軍即可儘速依序占領五個重要港口：上海、釜山（位於韓國）、大沽、廣州、青島。日本投降不到幾周工夫，美國已占據了上述要港與其他港埠，同時派遣為數龐大的海軍陸戰隊員往赴北京、天津兩市。但他們同時又依據「參謀首長聯席會議」指示，盡可能協助空運蔣介石在重慶的部隊前往華北、華東，讓國民政府能親自接受日本的投降。裕仁天皇發布投降詔書後不到兩個月，美軍第十航空隊（U.S. Tenth Air Force）所屬C-47運輸機群即空運了蔣的美式裝備部隊逾十一萬人前往各大重點城市。日軍將領被告知不得向共產黨投降，且有證據顯示，國民黨的官員抵達之前，若干日軍仍繼續與共產黨軍隊纏鬥。不過，另一方面，紅軍總司令朱德指示共產黨員逼迫日軍將士必須就地投降，且改由中共承擔維護地方法律秩序的工作。

接收任務浩繁沉重，須耗時數月。當時有將近一百二十五萬的日本部隊駐留中國本土，另有九十萬部隊部署在東北，這還不包括武裝或半武裝的大批傀儡政權軍隊，以及一百七十五餘萬日本平民。國民政府的部隊儘管傷亡慘重，仍有兩百九十個師，總計兩百七十萬的軍力。共產黨的八路軍與新四軍的兵力加起來也有近百萬。在若干地區，受降典禮既正式又隆重，譬如在南京，日本在中國戰區的最高指揮官*於蔣介石本人特別籌辦的典禮中向中國投降，而受降典禮的地點即位於培養黃埔幹部的「中央軍校」。但多數地區的接收過程總是充斥著衝突與暴力。在山西，頑強的軍閥閻錫山甚至利用日軍擊退共產黨來拱衛他在太原的權力。

蘇聯軍隊在東北逮捕滿洲國皇帝溥儀，迫其遜位。日本投降之後，蘇軍便將大批武器裝備和軍火移交給中國共產黨。蔣介石還來不及投入足夠的兵力遏阻，中共軍隊業已快速移師至東北。

魏德邁八月時憂心復員欠缺協調，結果確實對國民黨造成嚴峻衝擊。國民黨自日本人手中收復一個又一個城市，在他們的主導下，中國的重新統一似乎指日可期，但他們的漫不經心、效率低落，尤其是貪汙腐化的行為，日益腐蝕了國民黨的群眾基礎。過去在戰爭期間公開與日本唱和的傀儡政權軍隊與政客獲允留置原職，以堵絕共產黨勢力範圍進一步擴張，更是令百姓憤怒。懲治漢奸的辦法最後於九月底公布，但內容卻疏漏百出，且對於在傀儡政府任職期間略有愛國表現的官員過度寬容。若干曾任職滿洲國、內蒙或北京等傀儡政權的軍官受到擢升。不過國民黨為了遂行特定目的，以漢奸罪名來指控那些並未逃離日本占領區的人士，也是毫不手軟，並依叛國的罪名論處。

國民黨也窮於應付穩定幣值的問題。國民政府試圖把戰時於重慶流通的「法幣」以及各傀儡政府過去發行的通貨之間的兌換率予以固定。但國民黨卻未能斷然採取行動，因而造成各個城市之間兌換率不一的紊亂局面：在武漢，法幣與偽幣之間的兌換比率是一比四十；在上海是一比一百五十；在南京則是一比兩百。法幣與美元的匯率同樣波動劇烈，在天津，法幣與美元的匯率曾是七百比一；而在上海，法幣與美元的匯率則是在一千五百元至兩千五百元比一之間震盪。投資客自然會往來穿梭這兩大城市間，他們在天津購買美元，然後再至上海拋售。糧食價格亦開始失控，沒有任何中央政府機構能夠將價格固定在合理的水準內。

＊　譯注：岡村寧次。

美國即使身處跌宕起伏的局勢之中，仍然努力不懈，促成國民黨與共產黨的敦睦修好，以遏止中國爆發內戰，並維持最低限度的民主體制。一九四五年八月，赫爾利大使親自陪同毛澤東從延安飛抵重慶，與蔣介石進行談判。協商一直進行到十月十日，兩造在會談期間曾為華東與華北的控制權而爭吵不休，不過最後還是簽訂了幾項似乎有助於未來雙方合作的共識原則*。毛與蔣宣稱同意政治民主化、軍隊國家化，以及所有黨派合法平等的必要性。為此，雙方均認為應迅速召開「國民大會」或「人民會議」共商國是，以終結孫逸仙所主張民主政治前必須經歷的「訓政階段」。雙方均認為，政府應保障人民享有「人身、信仰、言論、集會、結社之自由」，並取消「特務機關」，而將法律執行的權力留給警察或法院。雖然選舉的範圍或時機均未達成共識，雙方仍同意舉辦地方自治選舉的原則。

雙方在有關地方武裝力量與共產黨控制下的邊區政府等議題上，更難達成令人滿意的協議。共產黨已占據北方主要鐵路交通樞紐張家口，同意將軍隊撤出華南地區。反之，蔣介石堅決伸張他對全中國的控制權，於是在十一月下令攻擊共產黨，經山海關運送精銳部隊至東北。蔣至此仍未能徹底掌控南方局勢，然而對統一假象的渴望卻使蔣忽略了必須採取行動，才能進一步鞏固實質權力基礎的事實。隨著戰況的激烈開展，仍駐留在重慶擔任協調人的周恩來飛返延安。赫爾利大使則是意外於十一月底去職。

赫爾利遞呈給杜魯門（Harry Truman）總統的辭職信措詞尖銳，指陳中國的美式民主政體理想，正遭逢共產主義與帝國主義兩股力量的威脅。赫爾利更嚴厲抨擊在華的美國外交官，譴責他們全面倒向延安，結果削弱了美國為防止國民政府崩潰所做的種種努力，這些美國外交官甚至警告共產黨不應置軍隊於國民政府的指揮之下。

杜魯門總統顯然深信調停依然可行，所以又在十二月指派備受推崇的前「參謀首長聯席會議」主席馬歇爾（George Marshall）將軍為特使抵華。隨著抗戰結束，而且戰爭行將結束那幾年內，蔣介石麾下三十九個師不但已獲得美方承諾提供的裝備，訓練也都完成，接下來美國是否願意進一步涉入中國內部事務的態勢並不明朗。但是，美國在幫助蔣介石收復眾多淪陷城市、提供及時貸款給蔣、並以低價應允軍事裝備的援助之後，顯然已無法再義正辭嚴，宣稱自己站在中立的立場。不過馬歇爾仍取得雙方的同意，於一九四六年一月十日起停止武裝衝突，並說服蔣介石召開他早在秋天即與毛澤東提及的會議。

於是，三十八位代表於一月十一日齊聚南京，召開所謂的政治協商會議。在出席的三十八名代表之中，八位來自國民黨，共產黨代表有七席，五位是甫成立的「青年黨」（該黨係高聲呼籲和平統一中國、有力而敢言的團體）代表，有兩席係出身於為中國自由派知識分子發言的「民主同盟」。其餘代表則分屬各個小型政治團體與獨立於黨派之外的社會賢達。十天會期受到媒體大幅報導，中國的未來又燃起希望，各出席代表似乎對諸如立憲政

＊　譯注：《政府與中共代表會談紀要》，即《雙十協定》。

府、統一軍權、國民大會等若干關鍵議題已達成共識。二月底，由會議全體代表提名選出的委員會公布了縮編雙方軍隊的細節。

然而，種種良法美意最後還是付諸東流，原因或許在於陳義過高、不切實際。國共之間的武裝衝突於各地爆發，國民黨中央執行委員會擅改會議的重要共識。國民黨中央執行委員會限制共產黨人與民主同盟在已規畫的「國民政府委員會」中的否決權，重新肯定蔣介石的權力，而非依新憲法確立真正的內閣制度，並取消原先所賦予省級政府的自治權。共產黨人與民主同盟聲言，除非廢止這些片面決議，否則拒絕進一步合作，於是國民黨在一九四六年底召開國民大會並起草一部憲法，這都沒有民主參與的程序。此情此景不禁令人憶起一九一四、一九一五年間，袁世凱對憲法與國會的操弄。

重建民主政體的大目標煙消雲散，對左派與自由派分子的騷擾、甚至暗殺行動又死灰復燃。聞一多是這段期間最著名的受害者，一九四六年的夏天，這位長期以來不斷批判國民黨的傑出詩人於昆明遭槍殺身亡。一九四六年六月，馬歇爾再度出面斡旋，敦促雙方停止在東北的武裝衝突，恢復受到戰火波及且攸關中國經濟發展的鐵路運輸線。（共產黨切斷部分戰後仍正常運作的鐵路運輸線，因為國民政府利用這些交通網絡運載部隊攻擊共產黨。）理論上，停戰協定已經產生效力，不過國民政府仍集結大批部隊，準備於七月對東北地區發動第二波攻勢。此時，共產黨拒絕放棄華北根據地，且將其武裝力量重新整編為「人民解放軍」；另一方面也把土地改革的政策重心從減租與土地重分配，轉移到全面沒收土地與暴力

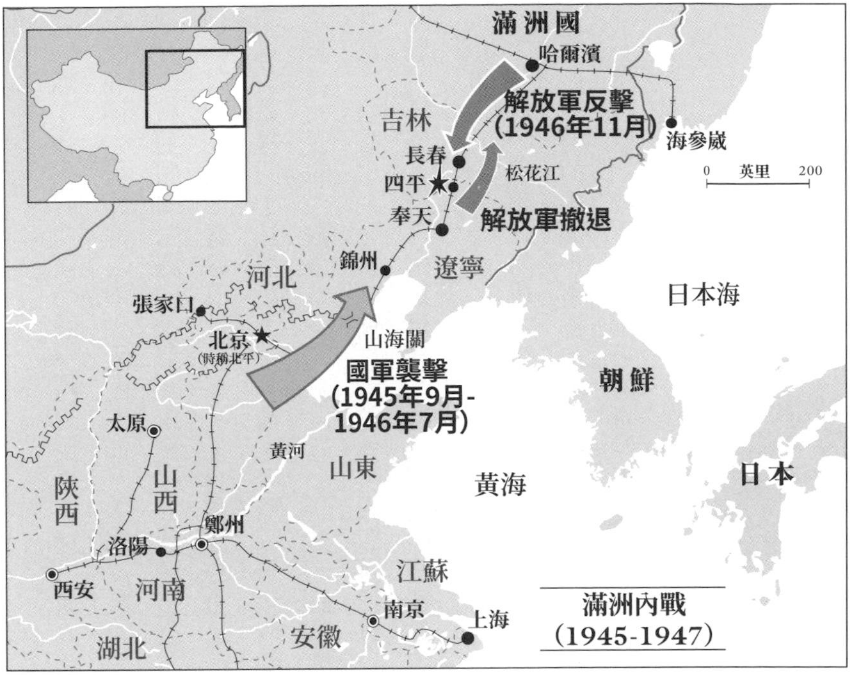

懲治階級敵人的方向上。

在國共對抗中唯一一次的破例合作，是蔣介石的工程師在一九三八年炸毀北方河道後，國共雙方均努力試圖將黃河導引至此處。這次任務是由「聯合國善後救濟總署」（United Nations Relief and Rehabilitation Administration）的官員所指揮，並於一九四七年完成艱鉅的工程。但在這段期間，中國的左翼分子對美國金援國民黨以及介入中國政治的批判聲浪日益尖銳，因而掀起一波波的示威活動。數名美國軍人遭到共產黨的綁架，一九四六年七月，一隊九輛運輸卡車與四十名護衛的海軍陸戰隊士兵於天津至北京途中的安平鎮遭到伏擊。

這次衝突的性質凸顯中國的反美情緒已邁入新的階段，同時多少也呼應了近五十年前，拳民在同一段路途攻擊洋人的事件。美國陸戰隊的機動車輛受阻於置放在路上的石塊而放慢速度，接著察覺去路已被農耕車堵住。他們還來不及撤退，只見一陣子彈掃射過來，重創後列部隊，而困住其餘部隊。那一天共產黨的部隊幾乎整天埋伏於路邊的莊稼物中開火。三名美國陸戰隊的士兵被殺，一名傷重不治，十多名受傷。根據空中偵察隊的初步觀察顯示，共產黨員死亡的人數逾十五人，傷者十二人。最後援軍抵達現場，美軍旋即前進至共產黨人的據點，發現他們已帶著傷亡者逃逸。詢問附近村民時，他們異口同聲表示並未聽見任何聲響或看見任何人跡。這類事件凸顯美國立場的進退失據，特別是美國政府並無意再捲入另一場亞洲的戰爭中。

杜魯門總統在派遣特使抵華時，即明確指示馬歇爾坦白告知蔣介石，「一個不統一、被內戰所分裂的中國，事實上不能被視為可獲得美國援助的適當地區」。[2] 換句話說，除非蔣介石進行政治改革，否則美國將停止援助。杜魯門總統於一九四六年八月十日致函蔣介石時再次強調其立場，表示「美國雖未因近來的事件而喪失對中國人民追求和平與民主之渴望的信心，卻受到動搖」。倘若蔣再執拗不知變通，杜魯門補上一句，「我有必要向美國人民重新界定與解釋美國政府的立場」。數周後，蔣介石在覆信中淡淡說道，「企求和平必須是雙方面的」，並指陳共產黨人種種違反停戰協定的行為。[3]

另一事件則更讓情勢惡化，到了一觸即發的地步。一九四六年耶誕夜，北大女學生沈崇向警方表示遭一個美國大兵抓住她讓另一個強暴。這案件本身即已聳人聽聞，再加上左派人士很快趁機巧妙宣傳，讓案件演變成一宗帝國主義欺凌中國的政治事件：據其詮釋，沈崇代表中國，而兩位大兵的行徑與帝國主義入侵無異。國民黨政府想要息事寧人，把沈崇案當成她的個人悲劇，但卻止不住學生罷課遊行的怒火。曾於一九四五年熱烈歡迎美軍前來接收北京的民眾，如今變成怒不可遏的抗議群眾。[4]

就算美國有可能成功緩和中國的緊張局勢，也是時不我予，現在中國人必須靠自己來解決自己的問題。馬歇爾在一九四七年一月初所發表的離華聲明中，黯然宣布任務失敗。是月月底，美國國務院發出一則十行的簡短新聞稿，宣布最後一個美國為調解國民黨與共產黨的組織*解散。

土地改革與東北根據地

日本投降的隔年，共產黨人便積極在勢力較大的根據地實施土地改革政策。成員約四千人、致力於從事土地改革政策的「中國農業協會」，一九四六年在一次在上海召開的會議

* 譯注：軍事調處執行部。

中，一位共產黨代表平靜而自信地闡述共產黨的改革計畫。共產黨從過去在統一戰線下謹慎進行的減租政策再向前跨越一步，承諾取消地租，並將土地歸還給耕種的農民。代表宣稱這些被「重分配」的土地，原為前清時期的滿人、戰爭期間的「漢奸」所有，也可能是一些為規避稅賦而未登記的田產，或是因農民無法償還貸款而被奪走的土地。國民黨發言人在會中否定了激進變革的需要，而聲稱農村的生活是和諧的，呼籲提高農村教育水準與改善農業生產技術才能符合時代需要。

共產黨在蘇北、河北與山東兩省，以及陝西邊區根據地的行動特別活躍，由於這些地區的佃農比例比其他區域來得低，所以土地改革的成效卓著。例如，河北與山東兩省的佃農比率僅占農戶總數的百分之十二，西南地區的佃農比率則高達百分之五十六。共產黨的說詞在北方特別有效，部分原因是黃河氾濫區一帶又遇上日軍的「三光」運動以及其他天災肆虐；加上此地冬季嚴寒，使得環境條件更形惡劣，而造成更多社會慘劇。但是，共產黨在這些地區的成功也有其歷史根源。一度仰賴領導人血緣、宗教及個人財產，並與地方福祉休戚與共的傳統社會秩序已逐漸解體。起初由國民黨率先推動、嗣後日本人繼之的地方行政機制，卻未曾賦予農村社區堅實的制度，農民的經濟與社會生活十分脆弱，他們的命運更是掌握在新形態、握有權勢、被農民視為「地方惡霸」的農村掮客手上。

共產黨人漸次滲透進這類脆弱的社區裡。日本人與其他學術研究工作者在一九三〇年代首度仔細分析貧農與佃農的生活狀態，共產黨了解到這些人是最大的盟友，在一九四六至一九四七年間不斷鼓吹一項土地改革計畫，誠如前述發言者所許諾的，該項土地計畫將取消地租，並平均分配村內的土地與財產。

一如往常在界定土豪劣紳、個別敵人和地主身分的實踐經驗，暴力是整個土改過程之中不可分割的內在要素。根據一項數據調查，在共產黨控制下的山東地區，於一九四五年時總共清查出一萬九千三百零七個「鬥爭對象」，在鬥爭過程中發生許多地主遭鬥爭致死的案例。農村改革報告顯示，社區如何透過群眾大會攻擊有錢人，殺死大家憎恨的對象，重新分配被充公的財產，窮人立即興高采烈地享用沒收得來的糧食，而非儲存起來以備荒年之需。山西一處農村甫成立的「農民協會」，其領導描述了一九四六年一月審訊當地地主沈金河*的過程，數百名村民和佃農向共產黨的地方幹部控訴這位地主對他們的不人道待遇：

最後金河在鬥爭開始時面對了數百人的指控。過去不敢在公開場合講話的老婦人站起來譴責他。李毛（音譯）的太太——一位不敢正眼瞧著別人的可憐婦人，也握著拳頭指著金河的鼻子大叫，「有一次我去撿拾掉落在你的田裡的麥子。你卻咒罵我，把我趕走。為什麼你要罵我、打我？為什麼你要搶我撿到的麥子？」雖然提出一百八十個以上的責問，

* 譯注：音譯。

但金河都沒有回答。他低著頭站在那裡。我們問他這些指控是真是假，他回答這全都是真的。我們協會的委員開會計算他負的債，總共是四百袋碾磨好、光滑的穀子。

當天傍晚，所有的村民都到金河家的院子幫忙沒收他的財產。那天晚上天氣十分冷，所以我們升起火，熊熊火焰映照著星光，十分漂亮。[5]

村民不滿意搜到的穀子總量，一再毆打沈金河，並用一根烙鐵拷打他。他在飽受驚嚇後，終於坦白交代埋錢的地點。

然而，華中、東北地區的土地改革政策又是另一種殘酷的矯正手段。被剝奪財產、逃過一死的地主（或是已被打死的地主的親人）可能期待有朝一日得以取回被沒收的財產。共產黨從事地方活動時，一直籠罩在這類歸還財產的威脅中。例如，一九四六年夏天，國民黨集結了十五萬大軍，多數配有先進美式或日式武器、裝備、運輸車輛，前進到江蘇省共產黨控制的二十九個縣，並以武裝力量悉數奪回這些縣市。共產黨在冀魯豫邊區，一九四六年時仍控制六十四個縣，此時已有四十九個縣被國民黨收復。曾經與共產黨站在同一條線的人都遭制裁，制裁手段被冠以「自首懺悔政策」這一委婉名稱。除非他們能提供贖金，否則將被囚禁在牢中，最後多半遭到處決。

由於華中、華北飽受國民黨反擊的威脅，東北地區成為共產黨希望之所繫。東北地區雖然硝煙漫漫，但資源富饒，人口總計逾四千五百萬，有大型工業城市與豐富的農業資源。茂密的山林是游擊作戰的天然屏障。東北地區的社會動盪由來已久，可以追溯至一九〇六年在哈爾濱或鐵路工作的中國人與俄國工人串聯發起的罷工行動。日軍占領初期，此地一個活躍的共產黨組織就曾在幾處孤立地區推動土地改革，並進行游擊戰，破壞日本人的軍用設施。根據日本當局所保留之逮捕紀錄，顯示這是一場主要參與者為青年人的運動，參與者的年齡有百分之二十九在二十一至二十五歲之間，二十六至三十歲之間者占百分之二十九點五。在東北地區，共產黨員的職業與社會階層背景分布亦廣：農民、工廠與鐵路工人、商人、教師、學生、軍人、警察都有。

日本人在對華作戰期間，透過滿洲國搜捕共產黨人的技巧愈發嫻熟，他們主要得力於「集體村莊」這項殘酷政策：日本人將孤立地區的逾五百萬農民組織成一萬個「集體村莊」，而讓農民在重重警力的監視之下生活。農民原有的家庭被摧毀殆盡，所以也就無法庇護敵人。日本人在滿洲國的祕密營地以共產黨人（或是疑似共產黨人）進行活體實驗，更加深了農民心中的恐懼。日本人在犯人身上注射病菌，進行活體解剖，或用來「研究」極冷、極熱對人體的影響。

隨著日本的戰敗以及蘇聯軍隊進入東北地區，此間共產黨殘餘組織死灰復燃。一九四五年，林彪率領的十萬名「八路軍」或循陸路從延安穿越綏遠，或在山東北岸乘舢舨走海路分別抵達東北，於是此地的游擊力量開始復甦。之前從農村地區徵募的游擊部隊已經組成了一支總數十五萬人的「人民自衛軍」。其中有不少是朝鮮人，他們在日本人占據家鄉時流亡滿洲，一九四五年後，當朝鮮半島沿著北緯三十八度線分成南北兩半、分屬美國與蘇聯陣營時，這些朝鮮籍士兵即定居東北。此外，轉戰華北地區的還有少帥昔日麾下的兩萬五千名老東北軍，這支部隊是由少帥的弟弟*領軍，在戰爭期間轉而投附共產黨。

林彪的軍隊大多數是東北人，他們在一九四五年的秋天抵達東北，即展現攻占重要城市的決心。這麼一來便超越了過去在貧瘠的延安地區面對國民黨與日本人攻擊時，因無能奪取重要城市而發展出來的農村戰略。林彪軍隊抵達東北後，發現蘇聯軍隊早在一九四五年八月就已占據各主要工業城、鐵路、礦區。蘇聯軍隊把接收自日本人的武器、裝備、兵工廠轉交給共產黨人，並阻撓蔣介石的部隊前進東北。蘇聯軍隊控制了穀倉與機械廠，一方面留作自用，一方面用來補充與德國作戰時的龐大耗損。根據美國調查小組的報告，俄國人把電力設備、變壓器、電動機、實驗室、醫院，以及最先進精良的機械工具拆得一乾二淨。他們奪取了總值三百萬美元的黃金，以及大批短期銀行債券，最後，還從東北幾個大型礦場拆卸了發電設備與抽水機，致使礦場在洪水氾濫時蒙受嚴重損害。

一九四五年夏天，日本人對東北的投資據估計已有一百一十億日圓，當蘇聯軍隊於一九四六年撤出東北時，這些投資大部分落入國民黨手中，例如規模龐大的鞍山鋼鐵廠、遼陽棉紗廠、撫順煤礦廠，以及許多水力發電廠。國民黨的接收大員一如在上海和其他地區，一抵達即在接收工廠的過程中大肆搜刮。中飽私囊的現象司空見慣，也經常為了私利而出租公家的財產。

因為蔣介石把在押的少帥張學良送到更安全的臺灣軟禁，與眾多少帥舊部期待他獲釋的想法有出入，以致激化了地方不滿情緒。一家報社的特派員於一九四六年底發自瀋陽的評論寫道，「對於普通百姓而言，他們感到一方面天底下的一切盡屬於南方來的人，另一方面他們今日的生活甚至不如滿洲國時代。」[6]

此刻共產黨的力量仍然十分薄弱，無法與數量龐大、作戰力強且裝備精良的國民黨軍隊相抗衡，因此決定奪下南滿城市，以松花江北岸的哈爾濱為根據地。這座人口近八十萬的工業與商業城市，成為共產黨人革命的神經中樞。指揮擴展革命行動的人員在當地的特定機構中接受老幹部的訓練，而所有現代化的傳播管道，如報紙、影片、雜誌、收音機，均被用來向市民傳遞共產主義的訊息。共產黨的領導人為了便於管理龐大的人口，將這座城市規畫為六大行政區，然後進一步再畫分為五十八個街道政府，每一街道政府的人口約一萬四千人。為了應付城內眾多流動人口——勞工、攤販、挑夫、俄式馬車車伕，共產黨採取登記制度，將盜匪與破壞分子一網打盡（俄國的祕密警察已經用船把眾多流亡的白俄人運回蘇聯），最後由一萬七千名市民組織成「巡夜自衛隊」。倘若仍無法遏止犯罪，每一巷弄街道再組織自己的巡邏隊：如傳統保甲制度的互保系統，目擊犯罪而未能上報者將視同犯罪。旅行則受到

* 譯注：張學思。

嚴格管制。

另外，控制鼠疫蔓延成為哈爾濱的中共領導一項市政管理上的考驗。這場鼠疫起因於日軍飼養長滿跳蚤的老鼠來進行細菌戰研究。一九四五年八月戰爭結束時，日本人並未撲滅這些老鼠，反而將它們放生；在一九四六年的一段潛伏期之後，一九四七年發病者逾三萬人。在蘇聯防疫專家的協助下，共產黨採取有效的隔離政策以及接種疫苗等方法，並嚴格管制所有鐵公路交通以免疫情擴散。[7]

共產黨從東北中部的根據地哈爾濱派出一隊隊幹部前往農村，承諾更激進的土地改革政策以號召農民。共產黨人主張沒收所有日本人與親日分子的土地——從日本人占領區的全面性看來，被充公的土地面積必然十分驚人。當地有許多大地主，所以林彪總計派出一萬兩千名土改幹部，但他們很少對土地面積低於七十五英畝的地主採取行動——長城以南，擁有這麼多土地的人似乎已經算得上是大地主了。若干東北的土地占有制度具備「邊境社會」的特徵，因此頗耗費土地改革者的心思。其中之一即是所謂的「依附制度」（system of dependents），依附於地主的農工既非佃農又非雇工，他們長年與地主家庭同住，在地主家吃飯、工作，收成時按一定比例獲償。另一種稱為「轉讓制度」（assignment system），在這種制度下，工人得到地主授予而擁有自己的土地、農具、住房，不必繳租，但須每年為原地主無償勞動一段日子。

當城市與農村的改革在共產黨控制區裡持續開展，林彪則致力於將人民解放軍整建成一支正規軍而非游擊隊。這個任務並不輕鬆。共產黨歷經一九四五年與一九四六年來自國民黨的猛烈攻擊，被迫北移，橫渡松花江，國民政府沿著山海關北岸掃蕩出一條寬闊的走廊地帶，打開了錦州至瀋陽與長春的交通要道（見三〇一頁地圖）。但林彪的軍隊固守哈爾濱，且於一九四六年十一月突然渡過冰封的松花江，襲擊國民政府諸將領的冬季駐防地區；又於一九四七年初趁勝追擊，數度渡江攻擊，不讓國軍有喘息餘地。最後，指揮四十萬大軍於五月重創鐵路要衝四平市。國民政府集結部隊在空軍掩護下展開反擊，林彪部隊雖然傷亡慘重，但他還是能重組殘部，切斷鐵路供輪線，藉以孤立國民政府治下各大城市。國民政府守軍的士氣開始渙散，同時也凸顯出蔣介石嚴重誤判形勢，權力還不夠穩固，便貿然派兵前往東北。國民政府的部隊在戰鬥中丟棄了數量龐大的武器裝備，包括庫房、運輸補給火車，悉數落入共產黨手中。國民政府的軍隊轉而採取守勢，開始挖掘固定的掩體，而非一味追擊林彪的軍隊。

美國駐瀋陽領事館的總領事於一九四七年五月底致電國務院，扼要地總結了國共內戰。這封電文歸納出國民黨所面臨的窘境：

> 有充分的證據顯示，彌漫在國民政府各階層中的冷漠、怨恨與失敗主義氛圍，導致投降與敗逃。主要原因在於共產黨在兵力上的優勢（歸因於大量就地增補兵源，加上地下黨員與朝鮮部隊援助）；國民政府的士兵對於前途不抱希望，而共產黨士兵團結且戰鬥力旺

盛，國民政府軍傷亡慘重、耗盡兵力，日益對官員的富裕和士兵的微薄薪餉、艱困的生活之間的嚴重落差感到憤憤不平，他們無意離鄉背井在人生地不熟的異域作戰。（而大都是本地人的共產黨士兵則是在為自己的土地而戰。）[8]

諸如此類的觀察家越來越相信，蔣介石控制東北的企圖注定是要落空了。

通膨失控，無力回天

表面上，國民黨眼前最迫切危機是北方逐漸落入共產黨之手，而軍隊士氣也隨之渙散。但通貨膨脹的問題也同樣重要，通膨破壞了蔣介石及其顧問群力圖重新建立有效中央統治的種種努力。

誠如前述，中國政府於一九四五年秋天所遭逢的經濟危機源出多端：把日本人與其傀儡企業歸還給原所有權人，過程雜亂無章，貪汙舞弊叢生；隨著國防工業的關閉與士兵復員，失業人口大量湧現；收回傀儡政府的貨幣，問題千端萬緒；幣值因地而異，造成了投機行為；蔣介石在東北發行新貨幣也衍生別的問題。國民黨回應財源短絀的一貫手段就是印製更多的鈔票，但這只會讓通貨膨脹更加惡化。以一九四五年九月為基準，從下表可看出，上海地區的躉售物價於一九四六年二月飆升爲五倍，同年五月為十一倍，一九四七年二月為三十倍。

物價飆漲，受害最深的就是所得固定的受薪階級。工廠工人的抗議聲浪尤其激烈。國民黨於二次世界大戰期間嚴密監控所有工會的活動，何況國民黨倡議的「中國勞動協會」正是由上海的青幫分子*以及國民黨的盟友杜月笙共同控制，但戰爭結束後，成千上萬的工人開始掀起一波又一波的罷工潮。一九四六年，上海發生了一千七百一十六起罷工與其他勞資爭議，全都違反了國民黨政府所規定的、在進行罷工前必須把勞資糾紛交付官方仲裁。共產黨人已成功滲透到許多工會，雖然當時仍是祕密行事，但共產黨日後透露，共產黨在戰爭最後一年，開始發展影響工會的模式。共產黨員祕密滲透到「上海中紡十二廠」（Number 12 National Shanghai Textile Mill）、「上海海關署」（Shanghai Customs Collection Agency）、「大隆機器廠」（Dalong Machine Factory）、「法商電車電燈自來水公司」（French Tram, Power, and Water Company）、「申新九廠」（Number 9 Cotton Mill）、「上海電力公司」（Shanghai Power Company），以及上海一些大型百貨公司。類似的地下黨組建模式也出現在如天津、武漢、廣州等工業重鎮。

在戰後這一波風潮中，第一次重要的罷工發生在上海電力公司。幾位工人代表遭到公司解雇後，於一九四六年一月底發動罷工。抗議的群眾封鎖發電廠，並阻止其他電力公司運

＊譯注：朱學範。

作，造成電力中斷，談判於稀微的燭光中展開。二月初，有四十個地方上的工會組織加入抗議示威行列，隨後又有七十個企業、商業的工會組織代表展現團結一致的決心。電力公司最後終於屈服了。

政府處理這些罷工事件的手段有別於往常，以較溫和的態度來回應，明顯意圖收買工人。雖然通貨嚴重膨脹，政府還是保證工人的每月工資將以一九三六年的工資為基數，乘以當時的「生活費用指數」。另一方面，國民黨為了加強控制勞工運動，解散了幾個工會組織，然後加以分割、重組成更小的團體，以便監控與操縱。一九四六年底，失業率持續高升，上海失業率約占上海總人口的百分之八，廣州為百分之二十，首都南京則高達百分之三十。

然而調整薪資以因應節節攀升的物價指數來穩定工資，既無法安撫工人，也激起雇主不滿，他們認為工人薪資過高，中國已喪失與其他工業國家競爭的優勢。於是政府在一九四七年二月實行另一項政策，訂定產品價格與工資的上限，將工資凍結在一九四七年一月生活費用指數的水準，並管制所有大城市中米、麵粉、棉紗、棉布、燃料、鹽、糖、食用油的商品價格。這套嚴密的系統（至少在紙上作業方面）監控著每個工人所能獲取的民生必需品以及烹飪、保暖所需之煤球數量。一九四七年三月間，管制措施有了正面成效，這得歸功於警力的密集監視；不過由於配給沒有效率，到處囤積居奇，加上若干商品產量下降（生產者對不自然的低廉物價的應對方法），舊的通貨膨脹問題很快就復發了。到了一九四七年四月，米價幾乎是二月時的兩倍，食用油則是二點五倍。到了五月，示威遊行不斷，敗象已露，政府

法幣貶值的過程，1945年9月至1947年2月[9]
（1945年9月=100）

月分	上海躉售物價指數
1945	
9	100
10	110
11	288
12	257
1946	
1	269
2	509
3	742
4	748
5	1,103
6	1,070
7	1,180
8	1,242
9	1,475
10	1,554
11	1,541
12	1,656
1947	
1	1,990
2	3,090

便放棄了這項凍結物價的措施。

一九四七年夏天，蔣介石的東北戰爭也開始陷入窘境。魏德邁將軍在杜魯門總統的要求下返回中國，評估中國的政治與經濟情況，國民黨再次承認了財政危機的事實。這次政府於七月試圖透過中央銀行研擬計畫，藉由人為干預壓低價格的手段來控制食物與燃料的配給。這項計畫的受益者是政府公務人員、教師學生、工廠工人，以及部分文化工作者。然而這項很有企圖心的計畫僅在幾個重點城市實施，並未能遏止通貨膨脹的燎原之勢；但是它確實使上海的生活費用指數低於躉售物價指數，顯示這項政策多少有助於人民度過難關。在按比例分配工廠的原料、煤與進口的油給私人企業與公用事業上頭也發揮某些功效。但整個一九四七年底到一九四八年這段期間，各項物價以驚人的比例持續攀升。到了一八四八年春天，政府開始發行糧食卡分配食物給住在大城鎮的居民，這項措施雖然一時得到部分民眾支持，但仍無法抑制物價上揚。

從頁三一八、三一九的表可以看到指數的震盪十分劇烈，而通貨膨脹意味著使用現金簡直像一場災難。即使是發行大面額的鈔票，店員一天數次更換價目表，還是無法處理日常的現金交易。一袋米（重約一百七十一磅）於一九四八年六月初的售價是六百七十萬元，到了同年八月漲至六千三百萬元。同一時期，一包四十九磅的麵粉，價格從一百九十五萬元漲至兩千一百八十萬元；一桶二十二加侖的食用油從一千八百五十萬元漲至一億九千萬元。（一九三七年夏天，這三項商品的價格分別為十二、四十二、二十二元。）

一九四八年七月，蔣介石與宋子文等顧問會商，討論出一項扼制財政失控的大膽方案。國民政府決定放棄舊的法幣，改發行新的金圓券，匯率定為三百萬法幣兌換一金圓。多位國民黨顧問警告，政府若是無法大幅縮減因蔣的龐大軍費支出所造成的財政赤字，發行金圓券並無法控制惡化的經濟形勢。（一九四八年的財政赤字占總支出的百分之六十六。）這些顧問也認為，除非美國政府同意給中國鉅額的貸款，以穩定幣值，否則金圓券也無法奏效。事實上，美國拒絕了此項提議。

蔣介石動用總統的緊急處分權，於一九四八年八月十九日公布一系列「財政經濟緊急處分」。國民黨官員坦承這幾乎是力挽狂瀾的最後一搏了，因此下了改革的猛藥。同時為建立人民對金圓券的信心，政府允諾金圓券的總發行量將限定在二十億元。嚴禁罷工與示威，同時凍結工資，禁止哄抬物價。中國公民私人擁有的金、銀和外匯，均須至銀行兌換成金圓券，以增加政府所持有的「貨幣準備金」（specie reserve）與外匯存底。此外，為充實國庫，政府也大幅調高商品的營業稅。不過在海外（例如香港、美國、瑞士）擁有銀行帳戶的中國人並不需要將存款兌換成金圓券，而一般認為海外置產是富人為了金錢背叛祖國的手段。海外資產超過三千美元者，僅需向政府做資產登記，但政府並沒有有效的機制查核他們是否進行登記。

財政緊急處分唯一有一絲成功希望的，只有上海一地。蔣介石的長子蔣經國於一九三七年自俄返國後，在江西擔任行政專員數年，他啣命全權負責這項財政經濟緊急處分政策。蔣

上海躉售物價與生活費用指數，1947年至1948年 10
（1947年5月=100）

時間	躉售物價指數	生活費用指數
1947		
6	112	107
7	130	122
8	141	131
9	179	146
10	282	208
11	319	226
12	389	290
1948		
1	544	405
2	780	642
3	1,260	923
4	1,460	1,100
5	2,100	1,432
6	7,650	3,022
7	11,100	5,863

經國以鐵腕作風與無比的熱情投入這項工作，這正是他之前建設江西時所展現出的個人風格。在上海，蔣經國動員一切力量掃蕩囤積居奇與投機炒作，下令逮捕，甚至有時立即處決違法亂紀者，突擊批發商的倉庫或嫌疑犯的住家，致力使人民恪守改革政策。蔣經國本人運用地方上的青年組織，配合甫成立、以反共為宗旨的「戡亂建國大隊」來推動這項任務。街頭放了「密告箱」，

上海躉售物價與生活費用指數，1948至1949年[11]
（1948年8月=100）

時間		躉售物價指數	生活費用指數
1948			
	9	106	缺
	10	118	缺
	11	1,365	1,170
	12	1,921	1,670
1949			
	1	6,900	6,825
	2	40,825	52,113

便於民眾投訴投機者或違反哄抬價格禁令的商家。載著擴音器的卡車沿街播放，提醒民眾新的法律措施。為了殺雞儆猴，蔣經國不惜打擊權貴，其中之一是指控涉入黑市股票買賣的青幫頭目杜月笙的兒子，有的大財閥則因操縱匯市而鋃鐺下獄。

縱使有這種道德家式的犧牲奉獻與雷厲風行的貫徹精神，但金圓券政策終歸失敗了。上海畢竟不是孤立於中國之外，蔣經國在上海越成功，上海商人將商品售往其他地區的壓力就越大，因別的地方的物價也在持續飆漲。農民若能在其他地區賣得好價錢，也沒有道理要求他們以比較低的價格在上海地區出售產品。所以，上海的食物與製造品開始嚴重短缺，政府的政策也窒礙難行了。當某些消費性商品（譬如香菸）依新的稅制課徵重稅時，商家便歇業，直到取得允諾可以在新稅制下提高售價為止。趕印金圓券的消息傳出，不久就超過了政府所允諾的二十億元上限。到了一九四八年十月，商家已無物可賣，餐館倒閉，到處都無法取得醫療藥品，財政經濟緊急處分改革方案顯然已告失敗。

九、十月期間，上海惡化的經濟情勢一度獲得舒緩，再度燃起經濟復甦的希望。不過接下的發展可以從上表窺見。金圓券開始步入舊法幣的後塵。囿於現實，中華民國開始了以物易物的經濟活動。

國民黨的軍事挫敗

共產黨正是在國民黨經濟與政治政策挫敗、喪失民心的氛圍之下，才贏得關鍵性的軍事勝利。一九四七年春天，國民政府靠著武裝力量維持了華北四條戰略走廊的暢通：一是北京以北，經山海關要道直抵東北的瀋陽與長春；一是自北京往西南至閻錫山軍隊駐防的太原；一是自北京沿張家口的鐵路往西北的包頭；最後是位於山東省境內連接濟南與港市青島的戰略要道。國民政府同時扼守了聯絡徐州與開封、洛陽與西安的鐵路要衝。

不過共產黨人此時已控制華北的農村地帶。農民游擊隊經常切斷蔣介石的補給線，令蔣用來包圍中共的武裝力量移動遲滯，且經常暴露在危境之中。一九四八年五月蔣的軍隊已無力回天，瀋陽與長春兩市遭到共軍的圍困，只能仰賴國民政府空軍的空投獲取補給物資。國民政府用來戍守瀋陽的二十萬大軍，即使訓練精良，且配備大砲、裝甲車等裝備，一旦飛機場遭到破壞，這支精銳之師就只能坐困愁城、束手待斃。美軍軍事顧問建議將這支軍

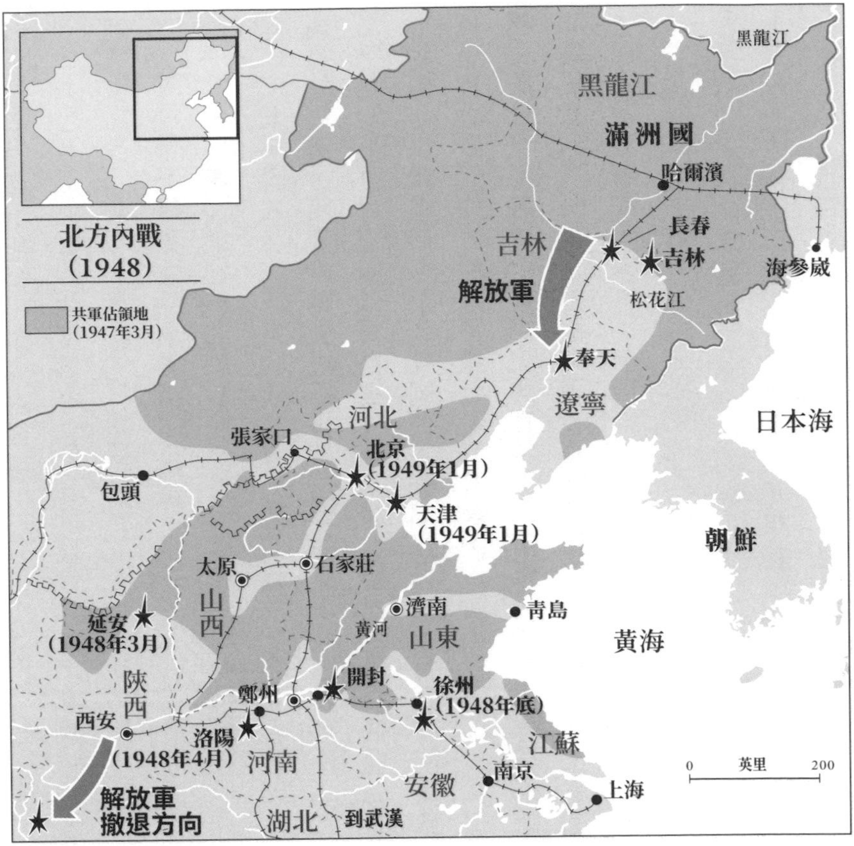

隊從北調回關內，以強化華北的防衛力量，但蔣介石仍予以拒絕，此時他的威望可說岌岌可危，而又已在這場戰役中投入太多資源，實在有非贏不可的壓力，無法撤手。洛陽在拉鋸戰中三度易手，最後在一九四八年的四月被共軍攻陷，斷絕了西安的東向交通。共產黨在山東境內的諸多重要勝仗切斷了濟南至青島的戰略走廊。這關鍵性的結果將國民政府的十萬守軍孤立在濟南，無法經由青島取得海上補給，而當時青島仍有美國海軍特遣部隊的三千名陸戰隊及五十架飛機駐守。共軍在彭德懷的統率之下，於三月攻克延安，彭德懷的信心大振，遂大膽南下四川，不過激戰之後，彭的部隊最後還是被擊退了。

毛澤東歷經幾次知名大捷，錘鍊出了信心，又接收了數量龐大的車輛、武器、軍火之後，於一九四八年宣布人民解放軍將由原先主要的游擊戰形式，過渡到大兵團對決的正規作戰。昔日共產黨人在東北已實行過此類戰略，此次的目標則是奪取開封。開封臨黃河，是拱衛通往武漢、西安鐵路交通樞紐鄭州市的重要據點。國民政府於開封駐守了二十五萬正規部隊，並有五萬保安隊隊員奧援。為了對抗國民政府的武裝力量，共產黨總計投下五組共二十萬勁旅。共產黨於六月底控制開封一周之後，又遭國民黨軍隊的反擊、空軍的轟作而失守。但是國民政府的勝利只不過是虛有其表，這次戰役國軍共折損了九萬人，而共軍守紀律、不擾民的表現卻贏得一場漂亮的宣傳戰。所以共產黨人的撤退並無法令國民黨人稍感釋懷，因為國民黨的高級軍官曾做過國、共雙方軍力的比較調查，發現共產黨人的武裝力量已獲致驚人的成長，誠如上表所示。

這項殘酷的評估完成於動盪的政治局勢之中。一九四八年春天，蔣介石獲得壓倒性的勝利而被新近成立的國民大會（中共與民主同盟宣稱不具合法性的代表組織）選舉為總統，並被授予大權，以規避甫通過之一九四七年新憲法的制約，俾使「避免緊急危難，採取緊急措施以維護國家安全。」[12]但蔣介石的權力正日漸減弱，他的支持度早已低迷不振，更因

國、共兵力的消長，1945年至1948年[13]

	1945年8月	1948年6月
國民黨		
裝備精良部隊	1,620,000	980,000
裝備落後部隊	2,080,000	1,200,000
砲	6,000	21,000
共產黨		
裝備精良部隊	166,000*	970,000
裝備落後部隊	154,000	590,000
砲	600	22,800

* 鑑於我們僅能知道中共在戰爭結束時於延安的兵力，這一數據被嚴重低估。

一九四八年七月政府軍屠戮手無寸鐵的學生而蒙受嚴重的傷害。

這齣悲劇的根源是戰亂頻仍，華北各城常常湧入大量難民，其中最常抒發意見的當屬學生，他們因為共軍捷報頻傳而被迫撤出原來的學校、校園，被國民黨安頓在特設的地區。學生領取微薄的生活費用，到處遊蕩，露宿於公園或廟宇，看起來就像乞丐，有時還作奸犯科。政府為了宣傳，安排五千名東北學生南下北京，這些學生於一九四八年七月發動示威遊行，隊伍前進至北京市參議會議長的宅邸。當局不僅不願傾聽他們的不平心聲，反而用裝甲車輛封鎖遊行隊伍的去路，以機槍向示威者開火*。十四名學生罹難，百餘人受傷，這一事

* 譯注：此即所謂「七五事件」。

件不免令人想起一九二五年反英的五卅事件、一九二六年軍閥殘殺北京學生，或者一九三五年「十二・九」的抗議行動。到了一九四八年九月，恓恓惶惶的流亡學生的數目急遽升高，僅北京一地就有兩萬至三萬人，南京則有兩萬人，武漢有一萬人。

在北京殺戮事件與金圓券改革失敗之後不久，重兵防守的濟南城旋因士兵叛逃而陷落；至此，蔣介石丟失了山東省的最後據點。九、十月間，林彪以卓越的戰略，在東北發動了一連串戰役，瀋陽與長春相繼淪陷，蔣介石的四十萬精兵或敗、或降、或逃，僅有兩萬名國府部隊經由東北南方循海路撤退。

蔣介石指出，東北的失陷儘管「令人沮喪」，但「就軍事防衛而言，緩和了政府的沉重負擔」，他仍然試圖在華北與華中重組軍隊、部署防線。共軍總司令朱德決定投入六十萬兵力奪占鐵路交通運輸要衝徐州，對抗勢均力敵但擁有空中優勢的國民政府軍隊。歷經一九四八年底六十五天的激戰，共軍展現出嫻熟的砲戰技巧，且在戰略方面遠勝於蔣的麾下將軍而大獲全勝。國民政府軍隊指揮官困於蔣介石個人矛盾而不切實際的命令，以及部隊的大量逸逃。鄧小平在這次複雜而耗時的戰役中，指揮共產黨人以無比的毅力，動員四省逾兩百萬農民提供後勤支援。鄧小平曾是留法勤工儉學運動中最年輕的學生，現在已是四十五歲的老幹部了。

第三次戰役則與前兩次大捷*時間重疊，林彪於一九四九年一月攻克天津，隨後夾帶壓倒性的戰略優勢轉向西行，成功勸服了國民政府北京衛戍司令**投降，於是共產黨的部隊不費一兵一卒就在一月三十一日進入昔日京城。蔣介石確定華北失守已無可挽回，即於十天前宣布下野，辭去總統一職。不過蔣氏仍維持國民黨總裁之位，日後證明這種角色的分割只會混淆並挫傷抵禦能力。

攻占了華北各大城市之後，共產黨即刻面臨前所未有的行政與經濟課題。毛澤東於一九四九年三月五日中央委員會全體會議所提報告坦承：

> 從一九二七年到現在，我們的工作重點是在鄉村，在鄉村聚集力量，用鄉村包圍城市，然後取得城市。採取這樣一種工作方式的時期現在已經完結。從現在起，開始了由城市到鄉村並由城市領導鄉村的時期。黨的工作重心由鄉村移到了城市。在南方各地，人民解放軍將先占城市，後占鄉村。[14]

就實踐層面而言，毛澤東的這段話意味著中共必須根據哈爾濱的經驗，竭盡全力避免國民黨在一九四五年底接管華東日占區所犯下的嚴重行政與財政錯誤。中共三令五申，要求人

* 譯注：這三次大捷即中共史上所謂的遼瀋戰役、淮海戰役、平津戰役。

** 譯注：傅作義。

民解放軍在占領城市中嚴守軍紀，不騷擾平民的商業活動，不重分配城市富人的財產給窮人。工廠派有哨兵巡邏，機器皆有守衛以防遭洗劫。新的「人民幣」發行後，金圓券必須在很短的期間內兌換新幣。自此之後，明令禁止金、銀、外幣之間的匯兌。

中共幹部將國民黨的官員與軍人安置回原籍，或者經過一段期間的政治教育之後，收編入人民解放軍。共產黨透過仲裁來防止勞工組織進行罷工活動，並說服勞工在過渡階段暫時接受資產階級的「合理剝削」。流民皆能獲得餵養，且盡可能送他們回家鄉。學生重返學校。政府控制糧食、油的儲備，藉以在物資短缺時期穩定物價。為了鼓勵城市居民儲蓄，中共開辦了「折實儲蓄」方案，這是一種用來平抑通貨膨脹的聰明設計。存款戶取得承諾，他們的儲蓄將依一般的糧食與燃料價格來計算，在儲蓄解約時得調整以等值的糧食與燃料來支付，再加上原來本金的所有孳息。這些措施並非都能立竿見影，但共產黨人在實施這些政策時所表現出的真誠，贏得各種政治立場之中外觀察家的一致讚賞。

另一方面，蔣介石大致與三百五十年前滿人占據北京、侵呑華北京原時南明朝廷所面臨的選擇一樣，只能試圖在華中或華南（也許是南京）成立一個政權，依恃長江天險的屏障與共產黨分庭抗禮；或者在西南組織一個政權，或在福建的廈門地區或廣州建立沿海根據地；抑或同國姓爺一般退守臺灣。

自一八九五年以來即為日本人統治且具特殊經濟地位的殖民地臺灣島，於一九四五年底為國民政府光復。國民黨在重新伸張中央政權的過程中，許多政客「搜刮民脂民膏」

（carpetbagging），其行徑一如國民黨部分官員在上海、東北的表現。他們顢頇無能、腐敗，故無法獲得人民的擁戴，同時也腐蝕了日本人經濟建設中較令人滿意的成果。前浙江省軍事領導人、福建省政府主席陳儀，受蔣介石委派擔任「臺灣省行政長官」一職，因其部屬的不當行為引爆了臺灣人民的強烈反彈。憤懣的臺灣人民於一九四七年二月掀起反政府的騷動，國民政府的軍隊向人群開火，槍殺許多示威者。隨後數周，透過一連串殘酷行動，陳儀下令逮捕、處決數千名傑出的知識分子與地方領袖，企圖瓦解臺灣人的精神，此舉令人髮指的程度讓人想起蔣介石於一九二七年在上海的清黨策略。

在臺灣人的反抗運動爆發後，蔣介石召回陳儀，改派另一批作風穩健的文官*，就在魏道明這位新任省主席主政之下，漸漸把臺灣建設成未來可容納大批外省籍人士的基地。就在北京淪陷的數月前，幾千箱清朝檔案文件連同前清宮典藏之藝術珍品運往臺灣，為國民政府以中華民族文化遺產保護人自居，作了一次有力宣傳。一支忠於蔣介石的三十萬部隊，在二十六艘砲艦與飛機的掩護下，於一九四九年初登陸臺灣。此情此景正式宣告蔣介石應已作了撤守臺灣的抉擇。

一九四九年春天是中國休養生息的階段，當時共產黨人正在重新整編、安頓長江北岸的

* 譯注：魏道明等人。

部隊，組織華北各省人民政府。蔣介石於一九四九年一月正式下野之後，即由廣西軍閥李宗仁繼任總統。自從李宗仁在南京就職以來，便試圖勸服毛澤東對共產黨所提之國民黨投降八點條件做出讓步，但是徒勞而無功。毛澤東堅持下列八項和平條件不容妥協：一、懲辦所有戰犯；二、廢除不合法的一九四七年憲法；三、廢除國民黨的法統；四、改編國民政府部隊；五、沒收官僚資本；六、改革土地租佃制度；七、廢止所有賣國條約；八、召開「政治協商會議」，以成立民主聯合政府。

李宗仁還在考慮這些條件時，共軍嚴正聲明他們不能容忍外國帝國主義利益介入中國內戰。而共產黨為了表達立場，做出和日本人相似的反應，日本於一九三七年十一月因美國砲艦「班乃島號」（Panay）試圖撤出南京危城內美國使館人員，而以重砲、機槍將之擊沉。一九四九年四月，英國派遣驅逐艦「紫水晶號」（Amethyst）航行至南京提供使館人員補給品，同時準備視情勢需要撤出英國公民。當「紫水晶號」溯長江而行時，遭到北岸共軍排砲的猛烈轟擊，英軍十七人死亡、二十人受傷。前往援救的英國海軍船艦亦遭擊退。雖然英國最後還是把船救了出來，但英軍實在無力對抗這種異常激烈的反帝國主義行動。

歷經了冗長的討價還價，共產黨人終於在一九四九年四月向李宗仁代總統下了最後通牒，要求他必須在五天內接受投降八點條件。在李宗仁拒絕後，共產黨重啟戰端。四月二十三日，南京不戰而下，嗣後杭州、武漢旋踵相繼陷落。上海在僅作象徵性的抵抗之後亦於五月底被共軍克復。隨後數月間，共軍以驚人的速度鞏固戰果，其表現只有

一六四五、一六四六年滿人與其漢人附庸問鼎中原可堪匹敵。彭德懷的部隊西行占領西安，後雖遭到一位來自甘肅的回人將軍頑強抵抗，最後還是於一九四九年八月將蘭州納入共產黨版圖內。是月，林彪的軍隊占領長沙，並在彭部朝西北進入新疆之際，飛馳南下廣州。九月，國民政府位於新疆的軍隊隨同綏遠、寧夏的軍隊向共產黨乞降。而一度受阻於東南沿海的林彪部隊，於十月中旬進占廣州，以及廈門——這是護衛臺灣的最後一道門戶，因此設有重兵固守。共產黨其他軍隊轉向西南，十一月中拿下貴州；月底則克復蔣介石的抗戰根據地重慶。

毛澤東已預期到最後勝利，於九月底在北京召開新的政治協商會議。表面上看來這一會議服膺其所宣布的「民主之聯合政府」原則，但實際上卻由中國共產黨一手主導，而該會議所包含的其餘十四個黨派代表，大都隸屬於一些小型政黨。他們選出中央政府的成員（毛澤東膺選為主席，朱德則為副主席）；選定北京取代南京市為中國國都；新國旗則是紅底，上飾一顆五角金星，輔以四顆小金星*；並改以西方通用的格里高里曆法（Gregorian Calendar）紀年**。毛澤東在一九四九年十月一日的開國大典上，佇立在曾經是明、清皇宮大門的天安門之上俯瞰著歡聲雷動的人群，正式宣布中華人民共和國的誕生。

即使國民黨的垮臺並未重演明朝覆亡時種種犧牲小我的英雄事蹟，但其意象還是類似的。的確，國共之間數度戰況慘烈，蔣介石的幾位幕僚和效忠者選擇自裁明志。不過極少人能媲美十七世紀的儒士，以死證道，以生命在各地傳續烈火。只有在閻錫山這位長壽軍閥治

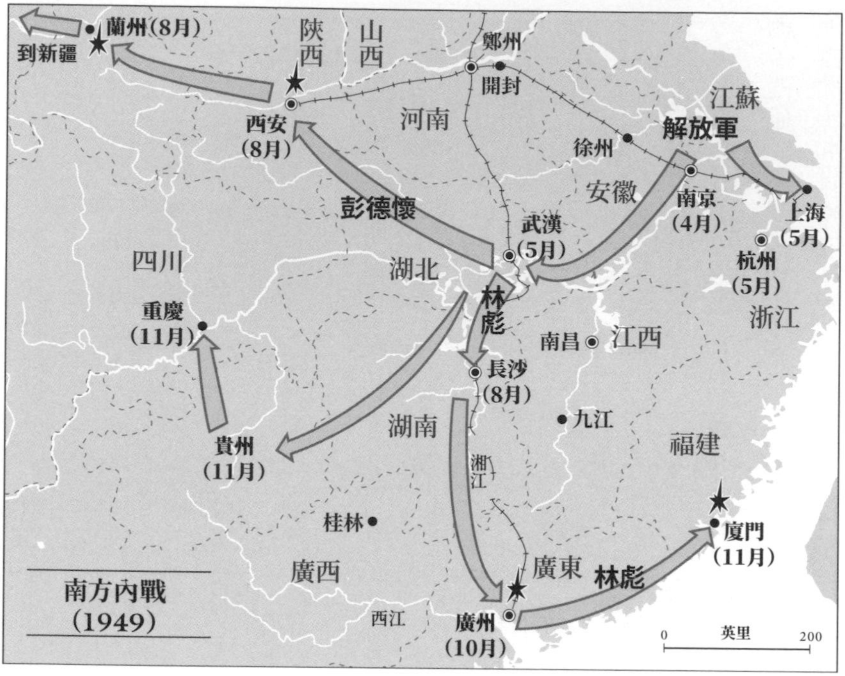

南方內戰
(1949)

下的山西曾出現怪異的高尚犧牲行徑。此人並非國民黨的正規軍人，而是閻錫山所屬「犧牲救國同盟會」的領袖人物梁化之。梁化之如同閻錫山的其他部將，經年累月與山西共產黨人奮戰，最後受困於防禦工事堅實的太原城。太原一役戰況慘烈，因數千名日軍受閻錫山之邀，組成先遣部隊抵抗共軍，因而一度取得優勢（閻錫山雖立下決一死戰的誓言，但最後還是遺棄了部屬）。當共軍最後於一九四九年四月攻入太原，梁化之縱火焚燒囚禁共產黨人的監獄，並在熊熊火光直入雲霄時自裁身亡。

但這類行動畢竟只是少數，全國上下此刻戒慎恐懼者多，以死明志者少。這是一場持久、血跡斑斑、錯綜複雜、令人困惑的內戰；洋溢著英雄主義，也充斥著殘酷無情；有崇高的社會理想，也暗藏惡習弊端。我們可以透過西方偉大的攝影家之一、一九四九年底身處中國的卡地亞—布列松（Henri Cartier-Bresson）的作品去揣想當年的時代氛圍。布列松所拍攝的黑白照片，精準捕捉到中國人心中的徬徨無依。街頭的乞婦、飢餓的孩童、痀僂的苦力、肩上披掛著口糧、疲憊不堪的解放軍戰士，同樣疲倦的國民黨官員在碼頭看護著行李、流離失所的農民群眾、蜂擁至銀行兌換遽然貶值的紙幣的市井小民、倉促間豎立布告牌以迎接新征服者的學生，這些人早已成為革命洪潮中的一部分，如今更必須思考如何邁向嶄新但不確定的未來。

* 原注：這顆最大的星星象徵共產黨，其餘四顆小星分別代表建立政權的四大階級：民族資產階級、小資產階級、工人、農民。

** 原注：國民黨同樣採用西曆紀年，但以一九一一年革命的翌年為元年，所以一九四八年即為民國三十七年。

注釋

1 羅曼紐斯與森德蘭，《在CBI流逝的歲月》，頁三九〇與三九四。

2 美國國務院（U.S. Department of State）編，《美國與中國的關係，特別有關一九四四至一九四九年時期的關係》（*United States Relations with China, with Special Reference to the Period 1944-1949., Washington, D.c., 1949* Stanford: Stanford University Press, 1967），頁六〇六。

3 前揭書，頁六五三。

4 詹姆斯·庫克（James A. Cook），〈滲透與新殖民主義：沈崇遭強姦一案與一九四六至四七年間反美學生運動〉（Penetration and Neo-Colonialism: The Shen Chong Rape Case and the Anti-American Student Movement of 1946– 47），見《共和時期中國》（*Republican China*），第二十二卷第一期，一九九六年，頁二六十五至九十七。

5 韓丁（William Hinton），《翻身——中國一個村莊的革命紀實》（*Fanshen: A Documentary of Revolution in a Chinese Village.*, New York: Vintage, 1966），頁一三七至一三八，引文稍經修改。

6 胡素珊（Suzanne Pepper），《中國的內戰：一九四五至一九四九年的政治鬥爭》（*Civil War in China: The Political Struggle, 1945-1949.*, Berkeley: University of California Press, 1978），頁一七七。

7 本段有關滿洲各事件的概述，全部取材自列維安（Steven Levlne），《勝利的鐵砧：一九四五至一九四八年滿洲的共產主義革命》（*Anvil of Victory: The Communist Revolution in Manchuria, 1945-1948.*, New York: Columbia University Press, 1987）。鼠疫的資料見本書頁一四八至一五〇。處理早期滿洲黑死病危機之類似議題的著作，有納森（Carl Nathan），《一九一〇至一九三一年滿洲的黑死病防治與政治》（*Plague*

Prevention and Politics In Manchuria, 1910-1931., Camgbridge: Harvard University Press〕。

8 美國國務院，頁三一六。

9 易勞逸（Lloyd Eastman），《毀滅的種子：處於戰爭與革命中的國民政府中國，一九三七至一九四九年》（*Seeds of Destruction: Nationalist China in War and Revolution, 1937-1949.*, Stanford: Stanford University Press, 1984），頁一七四。

10 張嘉璈（Chang Kia-ngau），《惡性通貨膨脹：中國在一九三九至一九五〇年的經驗》（*The Inflationary Spiral: The Experience in China, 1939-1950.*, Cambridge: MIT Press, 1958），頁三五六。

11 張嘉璈，頁三五九。

12 包華德（Howard Boorman）編，《民國名人辭典》（*Biographical Dictionary of Republic China.*, New York: Columbia University Press. 1967-1971），第一卷，頁三三五。

13 恰森（Lionel Chassin），《共產黨征服中國：一九四五至一九四九年的內戰史》（*The Communist Conquest of China: A History of Civil War, 1945-1949.*, Cambridge: Harvard University Press, 1965），頁一七七。

歷史與現場 272

追尋現代中國：革命與戰爭（三版）

The Search for Modern China (Third Edition)

作者　史景遷（Jonathan D. Spence）
翻譯（二版）　溫洽溢
翻譯（三版新增內容）　孟令偉、陳榮彬
審訂　陳榮彬
中英文校訂　臺大翻譯所團隊（黃怡瑋、吳侑達、蔣義、蔡惟方、Jonathan Siu Wai Lee Jr.、徐嘉煜）
責任編輯　蔡佩錦、石瓊寧、陳怡慈
執行企劃　林進韋
美術設計　SHRTING WU
內頁排版　SHRTING WU、薛美惠
協力美編　苗銀川
董事長　趙政岷
出版者　時報文化出版企業股份有限公司
108019 台北市和平西路三段240號1-7樓
發行專線｜02-2306-6842
讀者服務專線｜0800-231-705｜02-2304-7103
讀者服務傳真｜02-2304-6858
郵撥｜1934-4724 時報文化出版公司
信箱｜10899臺北華江橋郵局第99信箱
時報悅讀網　www.readingtimes.com.tw
電子郵件信箱　ctliving@readingtimes.com.tw
人文科學線臉書　http://www.facebook.com/jinbunkagaku
法律顧問　理律法律事務所｜陳長文律師、李念祖律師
印刷　勁達印刷有限公司
初版（原文二版）　2002年10月
二版一刷（原文三版）　2019年8月23日
二版六刷　2022年1月22日
定價　380元

時報文化出版公司成立於一九七五年，並於一九九九年股票上櫃公開發行，於二〇〇八年脫離中時集團非屬旺中，以「尊重智慧與創意的文化事業」為信念。

ISBN 978-957-13-7910-4｜Printed in Taiwan

追尋現代中國：革命與戰爭（三版）／史景遷（Jonathan D. Spence）著；溫洽溢, 孟令偉、陳榮彬 譯. – 二版. -- 臺北市：時報文化, 2019.8｜面；14.8x21公分. --（歷史與現場；272）｜譯自：The search for modern China｜ISBN 978-957-13-7910-4（平裝）｜1.民國史｜628｜108012388